utb 5885

Eine Arbeitsgemeinschaft der Verlage

Brill | Schöningh – Fink · Paderborn
Brill | Vandenhoeck & Ruprecht · Göttingen – Böhlau · Wien · Köln
Verlag Barbara Budrich · Opladen · Toronto
facultas · Wien
Haupt Verlag · Bern
Verlag Julius Klinkhardt · Bad Heilbrunn
Mohr Siebeck · Tübingen
Narr Francke Attempto Verlag – expert verlag · Tübingen
Psychiatrie Verlag · Köln
Ernst Reinhardt Verlag · München
transcript Verlag · Bielefeld
Verlag Eugen Ulmer · Stuttgart
UVK Verlag · München
Waxmann · Münster · New York
wbv Publikation · Bielefeld
Wochenschau Verlag · Frankfurt am Main

Für Elias – „Pluto ist kein Planet."

Evangelia Karagiannakis

Lernstrategien und Arbeitstechniken für MINT-Studiengänge

Ein Lehr- und Übungsbuch

33 Abbildungen
 5 Tabellen
28 Studentische Beispiele online

Die Autorin: **Evangelia Karagiannakis** studierte Linguistik in Bonn und Swansea/GB. Als Lehrerin, Dozentin und wissenschaftliche Mitarbeiterin (u. a. Pädagogische Hochschule Freiburg, Columbia University, NYC/USA, Hochschuldidaktik-Zentrum Baden-Württemberg, Universität Ulm) entdeckte sie ihre Begeisterung für Didaktik, Diversität und die Arbeit mit Kolleg/innen und Studierenden. Seit fast drei Jahrzehnten bildet sie weltweit Lehrende und Lernende aus. Auch die MINT-Studierenden sind ihr längst ans Herz gewachsen.
An der Universität Ulm arbeitete sie deshalb in der Lehrentwicklung für die MINT-Studiengänge und lehrt außerdem verschiedene Soft Skills für Studierende.

Bibliografische Information der Deutschen Nationalbibliothek
Die Deutsche Nationalbibliothek verzeichnet diese Publikation in der Deutschen Nationalbibliografie; detaillierte bibliografische Daten sind im Internet über http://dnb.d-nb.de abrufbar.

Das Werk einschließlich aller seiner Teile ist urheberrechtlich geschützt. Jede Verwertung außerhalb der engen Grenzen des Urheberrechtsgesetzes ist ohne Zustimmung des Verlages unzulässig und strafbar. Das gilt insbesondere für Vervielfältigungen, Übersetzungen, Mikroverfilmungen und die Einspeicherung und Verarbeitung in elektronischen Systemen.

© 2022 Eugen Ulmer KG
Wollgrasweg 41, 70599 Stuttgart (Hohenheim)
E-Mail: info@ulmer.de
Internet: www.ulmer.de
Lektorat: Sabine Mann, Sabine Bartsch
Herstellung: Birgit Heyny
Umschlagbild: Evangelia Karagiannakis
Umschlaggestaltung: Atelier Siegel, Stuttgart
Satz und Abbildungsvorbereitung: Fotosatz Buck, Kumhausen
Druck und Bindung: Pustet, Regensburg
Printed in Germany

UTB Band-Nr. 5885
ISBN 978-3-8252-5885-6   https://doi.org/10.36198/9783838558851

Inhalt

Come in		9
1	**Let's go! – Wo stehe ich, wohin möchte ich?**	**11**
1.1	Begriffsklärung	11
1.2	Bestandsaufnahme und Zielsetzung	13
1.3	Reflexion als Lernstrategie	15
2	**Fachtexte erschließen I – Background und erste Lesestrategien**	**17**
2.1	Die Fertigkeit *Lesen*	17
2.1.1	Zur Einstimmung einige Experimente	17
2.1.2	Wesen des Lesens	18
2.1.3	Lesearten	19
2.1.4	Lesestile	21
2.2	Lesestrategien I	22
2.2.1	Skimming und Scanning	22
2.2.2	Texte schrittweise erschließen mit SQ3R oder PQ4R	22
2.2.3	Randmarkierungen/Marginalien	25
2.2.4	Textnetz	25
2.2.5	Lautes Denken	27
	Lösungen zu Abschnitt 2.1.1	28
3	**Wie funktioniert und was begünstigt Lernen?**	**29**
3.1	Lerntheorien – Das Wichtigste im Überblick	29
3.1.1	Die Auffassung von Lernen in der Antike	29
3.1.2	Der Nürnberger Trichter	30
3.1.3	Die drei einflussreichsten Theorien des 20. Jahrhunderts	30
3.2	Lernförderliche Voraussetzungen und Rahmenbedingungen	35
3.2.1	Innere Voraussetzungen	35
3.2.2	Äußere Rahmenbedingungen	40
4	**Was geschieht im Kopf, wenn wir lernen?**	**43**
4.1	Das menschliche Gehirn	43
4.2	Lernen und Gedächtnis	46
4.2.1	Lernen	46
4.2.2	Gedächtnis	48
4.3	Lerntypen, Multiple Intelligenzen und Lernstile	51
4.3.1	Lerntypen	51

4.3.2	Multiple Intelligenzen	52
4.3.3	Lernstile	53

5 Motivation und Glaubenssätze ... 57

5.1	Motivation	57
5.1.1	Definition und Merkmale	57
5.1.2	Motivationstypen	58
5.1.3	Entstehung und Verlauf von Motivation	60
5.1.4	Indikatoren für Motivation	61
5.2	Glaubenssätze	63
5.2.1	Selbsterfüllende Prophezeiungen	63
5.2.2	Begriffsklärung, Entstehung und Wirkung von Glaubenssätzen	64
5.2.3	Negative und positive Glaubenssätze	65
5.3	Tipps und Tricks zur Selbstmotivation	67

6 Zeitmanagement I – Einige Basics und übergeordnete Strategien ... 69

6.1	Aspekte und Prinzipien des Zeitmanagements	69
6.2	Den Zeitverbleib ermitteln – Zeitflussanalyse	70
6.3	Die Zeitplanung angehen – Prioritäten setzen	73
6.3.1	Zeittypen	73
6.3.2	Wichtig versus dringend	75
6.3.3	Toolbox „Prioritäten setzen"	75
6.4	Toolbox „Allgemeine Zusatzstrategien zur Zeitplanung"	79

7 Zeitmanagement II – Die kurzfristige Planung ... 83

7.1	Begriffsklärung zur kurz-, mittel- und langfristigen Planung	83
7.2	Der Tagesplan/die To-do-Liste – Grundprinzip und Formen	84
7.3	Toolbox „Kurzfristige oder Tages-Planung"	85
7.3.1	Aufgaben ermitteln, zusammenstellen und verteilen	85
7.3.2	Die Zeit einschätzen	86
7.3.3	Die Zeit verteilen	87
7.4	Konsequenzen unzulänglicher Zeitplanung	93

8 Zielformulierung – Schritt für Schritt ... 96

8.1	Merkmale von Zielen	97
8.2	Ziele identifizieren und formulieren	97
8.2.1	Drei Schritte zur Zielformulierung nach Kittl & Winheller	98
8.2.2	Zielformulierung nach Engelmeyer & Meier	98
8.2.3	Zielfindung und Zielformulierung im NLP	99
8.3	Toolbox „Hilfreiche Zusatzstrategien zur Zielformulierung"	102

9 Zeitmanagement III – Die mittel- und langfristige Planung ... 106

9.1	Die langfristige Planung – der Semesterplan	106
9.1.1	Zwischenziele – Meilensteine ermitteln	106
9.1.2	Checkliste für die langfristige Planung	107
9.2	Die mittelfristige Planung – der Wochenplan	108
9.2.1	Allgemeiner Wochenplan für das ganze Semester	108
9.2.2	Spezieller Wochenplan für besondere Phasen	109

9.3	Toolbox „Hilfreiche Zusatzstrategien zur mittel- und langfristigen Planung"	110
10	**Fachtexte erschließen II – Komplexe Texte lesen, verstehen, zusammenfassen**	**114**
10.1	Lesestrategien II	114
10.1.1	Allgemeine Hinweise	114
10.1.2	Inhalte knacken mit Traffic Light Reading und REAP	115
10.1.3	Texte verstehen und Auszüge erstellen – Textindex und Exzerpt	117
10.2	Fachtexte zusammenfassen	120
10.2.1	Überblick, Nutzen und Prinzipien	120
10.2.2	Aspekte des Zusammenfassens	121
10.3	Wissenschaftliche Papers lesen	123
10.3.1	Aufbau und Struktur	123
10.3.2	Lesen und Verstehen	125
11	**Vorlesungen und Vorträge – Vorbereiten, zuhören, mitschreiben, nacharbeiten**	**128**
11.1	Eine persönliche Bestandsaufnahme	128
11.2	Die Fertigkeit *Hören*	129
11.2.1	Wesen des Hörens	129
11.2.2	Hörstile	130
11.3	Allgemeines zum Verarbeiten von Vorlesungsinhalten	131
11.4	Vorlesungen vorbereiten	133
11.5	In Vorlesungen aktiv zuhören	134
11.6	In Vorlesungen mitschreiben und diese nachbereiten	136
11.6.1	Vorgefertigte Notizraster	136
11.6.2	Ergänzungen und Variationsmöglichkeiten	141
11.6.3	Mitschreiben bei vorhandenem Skript	142
11.6.4	Fazit	143
12	**Lerninhalte strukturieren und vernetzen**	**145**
12.1	Mapping-Techniken	145
12.2	Diagramme	148
12.3	Strukturen	150
12.4	Strukturlegetechnik	153
13	**Lerninhalte wiederholen und speichern**	**155**
13.1	Allgemeine förderliche Faktoren und Hinweise	155
13.2	Wiederholungen	156
13.3	Mnemotechniken	156
13.3.1	Externe Mnemotechniken	157
13.3.2	Internale Mnemotechniken	159
14	**Prüfungen meistern I – Basics und Schritte**	**165**
14.1	Einige Basics zur Prüfungsvorbereitung	165
14.1.1	Das wissen Sie bereits	165
14.1.2	Prüfungsformen	166
14.1.3	Prüfungsaufgaben	168

14.1.4	Prüfungssituationen überblicken	169
14.2	Schritte der Prüfungsvorbereitung	170
14.2.1	Material sichten und Überblick verschaffen	170
14.2.2	Inhalte auswählen und Prioritäten setzen	172
14.2.3	Inhalte strukturieren, aufbereiten und vernetzen	177
14.2.4	Inhalte memorieren und wiederholen	178
14.2.5	Wissen aktiv abrufen – Prüfungen simulieren	181
15	**Prüfungen meistern II – Entspannt, motiviert und konzentriert bis zuletzt**	**183**
15.1	Umgang mit Anspannung, Stress und Lampenfieber	183
15.2	Erste Hilfe für den Notfall – Last-Minute-Strategien	187
15.3	Vor, während und nach der Prüfung	189
15.4	Motiviert und konzentriert bleiben	191
16	**Das war's. – War's das?**	**194**
	Quellenverzeichnis	**196**
	Literatur	196
	Internetquellen	201
	Quellennachweis	201
	Register	**202**

Come in

Vorlesungen, Tutorien, Übungsblätter, Prüfungen, Nebenjob, Sport – und dann auch noch Corona! Haben Sie manchmal oder sogar oft das Gefühl, dass die Zeit vorn und hinten nicht reicht, um allen Anforderungen gerecht zu werden? Ein kleiner Trost: Sie sind damit nicht allein. Studierende der MINT-Fächer stehen meist von Studienbeginn an vor besonders großen Herausforderungen. Ihr Studium umfasst ein gewaltiges Arbeitspensum und erfordert ein sehr hohes Maß an Selbstorganisation. Und nebenher sollen Sie auch noch fit und gut gelaunt bleiben. Wie kann das klappen?

In diesem Buch habe ich für Sie eine Fülle an Informationen, effektiven Lernstrategien und Arbeitstechniken zusammengestellt und (wo es mir sinnvoll erschien) speziell für die MINT-Fächer kommentiert – von der Vorlesungs-Mitschrift über das Erschließen von Fachliteratur, die Prüfungsvorbereitung bis hin zum allgemeinen Zeitmanagement. Im ersten Teil erfahren Sie außerdem, wie Informationsverarbeitung und Lernen überhaupt funktionieren und welche Rolle Ihre persönlichen Vorlieben und Ihre Einstellung dabei spielen.

Dabei folgen die Ausführungen konsequent einem Dreischritt: (1) theoretischen Input erarbeiten → (2) praktisch anwenden und ausprobieren → (3) auswerten und persönliche Konsequenzen ziehen. Zu allen Themen finden Sie authentische Ergebnisse und/oder Anmerkungen von Studierenden für Studierende (direkt im Buch und/oder online).

Mein Tipp: Arbeiten Sie aktiv mit diesem Buch, tun Sie dies während des Semesters und wenden Sie die Inhalte gleich an. Erweitern Sie so nach und nach Ihr Methodenrepertoire und steigern Sie Ihren Studienerfolg. Nehmen Sie sich dafür so viel Zeit, wie Ihnen guttut. Vielleicht geht es Ihnen am Ende ähnlich wie den beiden Studierenden, die folgendes Fazit zogen:

https://www.utb.de/doi/suppl/10.36198/9783838558851

Stimmen von Studierenden

Ich bin wie die meisten direkt nach dem Abitur an die Universität gewechselt und wurde überrannt von dem ganzen Stoff, Klausuren und dem Gefühl, unmöglich allem gerecht werden zu können. Ich hatte keine Ahnung vom richtigen Lernen, Lernplan erstellen, Einteilen und auch davon nicht, mich an den Plan zu halten. […] In diesem Seminar habe ich vor allem gelernt, mir Ziele zu setzen, Motivation zu behalten und wie mein optimales Zeitmanagement aussieht. Ich habe sehr hilf-

> *reiche Arbeitstechniken kennengelernt, an denen ich mich ausprobieren konnte.*
>
> —
>
> *Ich dachte eigentlich, ich weiß längst, wie man gut studiert. Zu meiner Überraschung habe ich festgestellt, dass ich doch recht viel verbessern konnte. Am Ende war dadurch sogar meine Masterarbeit früher fertig als geplant.*

Das Konzept und alle Strategien und Techniken in diesem Band wurden in meinen Seminaren über viele Jahre ausgiebig von MINT-Studierenden der Bachelor- und Masterstudiengänge (und auch in anderen Fachbereichen) erprobt. Vor allem die Studierenden der Uni Ulm haben so ziemlich alles ausprobiert, kritisch unter die Lupe genommen und auf Herz und Nieren geprüft. Tausend Dank hierfür! Ganz besonders bedanke ich mich bei all denjenigen Studierenden, die mir ihre Arbeitsergebnisse für diese Publikation – also für Sie, liebe Leser/innen – zur Verfügung gestellt haben:
N. Alber, E. Ankerhold, E. Aslancan, A. Botzenhardt, A. Decker, M. Dzemaili, F. Engler, S. Ewert, P. Fenske, I. Götschel, J. Hohn, L. Holz, R. Jocher, L. Klamt, D. Lehmann, K. Maier, I. Ngadop, J. Schmid, F. Schultz, A. Stampf, M. Thielker, J. Weiss, A. Zidi.

Mein Dank gilt auch den Mitarbeiter/innen des Ulmer Verlags, allen voran Sabine Mann und Birgit Heyny, deren begeisterte Rückmeldungen meine Motivation beflügelten.

Elias und Joachim versorgten mich mit kritisch-konstruktiven Fragen und Diskussionen, physikalischen Erläuterungen und anschaulichen Beispielen. Katerina spürte zielsicher verirrte Buchstaben, Wörter sowie – „Anführungs"- und sonstige – Zeichen im Manuskript auf und hielt spritzige Anmerkungen und Ideen bereit. Für euch drei habe ich einen üppigen Strauß Sonnenstrahlen arrangiert, garniert mit dem Rascheln des Maulbeerbaums, Olivenzweigen und der betörenden, Jasmin-getränkten Sommerluft.

Ulm, Januar 2022   Evangelia Karagiannakis

1 Let's go! – Wo stehe ich, wohin möchte ich?

> **Arbeitsanregung: Vervollständigen Sie bitte die folgenden Sätze schriftlich.**
> - Ich habe mich entschieden, dieses Buch zu lesen und zu bearbeiten, weil ...
> - Meine Stärken in Bezug auf Lernstrategien und Arbeitstechniken schätze ich so ein: ...
> - Diese Teilaspekte sind für mich besonders herausfordernd: ...
> - Um meine Lernstrategien und Arbeitstechniken zu verbessern, habe ich bereits Folgendes unternommen und ausprobiert: ...
> - Meine drei wichtigsten Ziele in Bezug auf das Thema sind ...
> - Damit ich diese Ziele erreiche, werde ich während der Arbeit mit diesem Buch Folgendes tun: ...

TIPP Diese Analyse können Sie mit denselben Sätzen für jede beliebige Lehrveranstaltung durchführen. Ersetzen Sie hierzu einfach „Buch", „Buch lesen" usw. sowie „Lernstrategien und Arbeitstechniken" durch Titel und Thema der Veranstaltung. Wozu das gut ist, erfahren Sie in wenigen Minuten.

1.1 Begriffsklärung

In der Fachliteratur werden verschiedene Begriffe gebraucht, die im Großen und Ganzen alle das Gleiche bezeichnen. Hierzu gehören: *Lernstrategien, -taktiken, -verfahren, Lern- und Arbeitstechniken, Study Skills* u. a. Manche Expert/innen versuchen, die Bezeichnungen voneinander abzugrenzen, was aber nicht wirklich gelingt. Eine eher synonyme Verwendung ist deshalb weit verbreitet. Die folgenden zwei Definitionen decken die Kernbedeutungen der Begriffe ab:

„*Eine Lernstrategie ist ein Plan, den jemand im Kopf hat, um ein Ziel zu erreichen*" (Bimmel & Rampillon 2001: 196).

„*Als Arbeitstechnik bezeichnet man ein [...] zu erlernendes partiell-standardisiertes Verfahren, sich Wissen, Fertigkeiten oder Fähigkeiten anzueignen, zu verarbeiten oder zu vermitteln, um so letztendlich Handlungskompetenz zu erwerben*" (Leiß 2003: 35).

Eine Strategie oder Technik im Kontext von Lernen zeichnet sich also durch folgende Merkmale aus:
- Man hat sie „im Kopf", ist sich der Strategie/Technik bewusst, hat sich mit ihr auseinandergesetzt und weiß, wie sie funktioniert und wann man sie wozu sinnvoll einsetzen kann.
- Sie muss erlernt werden, jemand muss sie also – mündlich oder schriftlich – erklären und einführen, und man muss sie selbst üben.
- Sie ist ein „partiell-standardisiertes Verfahren", bestimmte Schritte werden (fast) immer nach dem gleichen Muster automatisch durchgeführt.
- Man braucht sie, um handlungsfähig zu sein und Ziele erreichen zu können.

Lernstrategien/Lerntechniken sind demnach vergleichbar mit Methoden, die man zunächst erlernt, um sie später zur Erfüllung bestimmter Aufgaben und zur Lösung von Problemen einsetzen zu können. Dabei gibt es allgemeine, fächerübergreifende Strategien und Techniken (z. B. Sammeln von Informationen, Umgang mit Texten allgemein, Umgang mit Zeit und anderen Ressourcen) und fachbezogene (z. B. Bedienung eines Elektronenmikroskops, Anfertigung eines Versuchsprotokolls, Umgang mit einem Fachlexikon). Beide Typen gehören zu den Schlüsselkompetenzen, die in vier Kategorien unterteilt werden:
- **Sozialkompetenz** → Teamgeist, Toleranz, Kritikfähigkeit, interkulturelle und Diversity-Kompetenz, Empathie, Ambiguitätstoleranz, Perspektivwechsel, Wertschätzung u. a.
- **Personal- und Selbstkompetenz** → Lern- und Leistungsbereitschaft, Kreativität, Belastbarkeit, Eigenverantwortung, Engagement, Reflexionsvermögen, Zeitmanagement, Flexibilität, Selbsteinschätzung, Selbstorganisation, Sorgfalt, Stressresistenz u. a.
- **Methoden- und Lernkompetenz** → Mitschriften und Protokolle anfertigen, Informationen auswerten, Lesestrategien, Präsentationstechniken, Literaturrecherche, Ideen generieren, Problemlösungsfähigkeit, Prüfungsvorbereitung, kritisches Denken u. a.
- **Fach- und Sachkompetenz** → breites Allgemeinwissen, solides Grundlagenwissen, fachbezogene Spezialkenntnisse, Fachsprache, fachliche Standards, fachspezifische theoretische und angewandte Kenntnisse, Materialkunde, Fertigungsverfahren u. a.

Ein Studium ist dann besonders gut und erfolgreich zu bewältigen, wenn Sie als Studierende einerseits einen gewissen Fundus an Schlüsselkompetenzen bereits mitbringen und diesen andererseits durch das Studium vertiefen und erweitern. Es versteht sich von selbst, dass die allermeisten fachbezogenen Kompetenzen erst im Laufe des Studiums erworben werden. Typischerweise hat man sich verschiedene Kompetenzen aus den drei anderen Kategorien bereits vor Studienbeginn in der Schule, im Elternhaus und in anderen Lebensbereichen zumindest in Ansätzen angeeignet. So kann man auf eine solide Grundlage aufbauen und das vorhandene Repertoire – passend zu den Anforderungen der neuen Rahmenbedingungen – weiterentwickeln, optimieren und ausbauen.

1.2 Bestandsaufnahme und Zielsetzung

Im vorliegenden Buch geht es um ausgewählte Aspekte aus den Kategorien *Personal- und Selbstkompetenz* sowie *Methoden- und Lernkompetenz*, und das hat gute Gründe. Auch wenn es Lernenden manchmal vielleicht nicht so vorkommt, so gibt es während der Schulzeit zwei Gruppen von Menschen, die es meistens sehr gut mit ihnen meinen: die Eltern und die Lehrenden. Sie erinnern ihre Kinder und Schüler/innen bis zuletzt an Dinge, die erledigt werden müssen, an die pünktliche Abgabe des Referats, die nächste Klausur oder sonstige Termine und Fristen. Sie versorgen sie mit (zusätzlichen) Materialien, Informationen und Wissen, stellen Fragen, unterstützen in schwierigen Phasen und versuchen, bei Hängepartien immer wieder zu motivieren. Dabei kennen sie ihre Schützlinge so gut, dass sie meistens wissen, was diese benötigen und was ihnen guttut und sie weiterbringt.

Vermutlich haben Sie es bereits bemerkt: Im Studium ändert sich dies grundlegend. Dozierende kennen die Teilnehmer/innen ihrer Veranstaltungen, insbesondere der Vorlesungen, eher nicht persönlich. Sie erinnern Studierende selten daran, Termine einzuhalten, Hausaufgaben zu erledigen, Übungsblätter rechtzeitig abzugeben oder sich auf die nächste Sitzung oder Prüfung vorzubereiten, setzen aber all dies voraus. Die meisten Dozierenden sind hilfsbereit und beantworten gerne Fragen, jedoch müssen Sie als Student/in von sich aus auf sie zugehen, sich also aktiv um Beratung bemühen. Auch die zu verarbeitende Stoffmenge steigt, sowohl relativ zur verfügbaren Zeit als auch absolut. Sie sind nun vollkommen selbst dafür verantwortlich, sich Wissen anzueignen und die jeweils passenden Rahmenbedingungen dafür zu schaffen.

Dies geschieht besonders gut, wenn Sie zu Beginn eines jeden Lernprozesses oder jeder Lernetappe, also in jedem Fach, zum Thema jeder Lehrveranstaltung oder Lerneinheit, drei Dinge tun: (1) den jeweiligen Ist-Zustand analysieren, (2) vorläufige Ziele formulieren sowie (3) von Anfang an Verantwortung für Ihren Lernprozess übernehmen und konkret formulieren, wie Sie dies gewährleisten möchten. Den eigenen „Status quo, seinen Lernprozess, sein ureigenes Lernthema und seinen nächsten Schritt ins Bewusstsein zu bringen, ist Voraussetzung für jedes weitere Lernen" (Karagiannakis & Lewark 2006: 72). Das gilt auch für den Wissenszuwachs und Lernerfolg, den Ihnen dieses Buch bietet.

Die erste Annäherung an Ihre persönlichen Voraussetzungen und erste Zielformulierungen rund um Lernstrategien und Arbeitstechniken haben Sie bereits zu Beginn des Kapitels erledigt. Es lohnt sich, nun etwas detaillierter hinzuschauen und sich bewusst zu machen, wo genau Ihre bereits vorhandenen Stärken liegen, wo Verbesserungspotenzial besteht und woran Sie unbedingt arbeiten sollten. Das gelingt beispielsweise mit dem Erstellen einer persönlichen *Kompetenz-Chart* (Tab. 1). Der Fokus liegt hier nicht nur auf der Frage nach Stärken und Schwächen, sondern auch nach Vorlieben und Abneigungen. Es werden also Ihre konkreten Beispiele für die folgenden Aussagen gesucht: *Das kann ich gut und mag es. – Das kann ich gut, mag es aber nicht. – Das kann ich nicht so gut, mag es aber. – Das kann ich nicht so gut und mag es auch nicht.*

> **Arbeitsanregung: Meine Kompetenzen**
> Übertragen Sie die Tabelle auf ein Blatt Papier (oder erstellen Sie eine am Computer) und schreiben Sie in jedes Feld möglichst viele studienrelevante Kompetenzen, die auf Sie zutreffen (z. B. *komplexe Sachverhalte erklären, Zeitmanagement, im Tutorium Fragen stellen, Verantwortung abgeben, Work-Life-Balance*).

Tab. 1 Kompetenz-Chart

	Das mag ich gern.	Das mag ich nicht so gern.
Das kann ich gut.	…	…
Das kann ich nicht so gut.	…	…

TIPP Manchmal kann es sehr hilfreich und motivierend sein, sich mit anderen Studierenden über die eigenen Lerngewohnheiten, Stärken und Schwierigkeiten auszutauschen. Regen Sie doch einmal in Ihrer Lerngruppe an, dass alle diese Tabelle zunächst für sich allein ausfüllen, und diskutieren Sie danach die Ergebnisse.

> **Stimmen von Studierenden**
>
> *Ich war erstaunt, wie lange ich nachdenken musste, um meine Eigenschaften richtig einzuordnen, fand es aber sehr hilfreich, mich selbst ein bisschen zu analysieren. Das hat mich sogar dazu angeregt, mich danach mit meiner Familie darüber zu unterhalten.*
> –
> *Mir fiel es sehr schwer, mir bewusst zu werden, was mir wirklich Spaß macht und was ich gut kann. Hingegen konnte ich die negativen Dinge schnell aufzählen. Am Ende war es sehr motivierend zu sehen, dass nicht alles so negativ ist, wie es mir manchmal scheint.*
> –
> *Die Diskussionen mit anderen Teilnehmenden sind sehr wertvoll. Ich habe schnell festgestellt, dass ich mit vielen Problemen nicht allein bin. Das löst zwar nicht die Probleme, macht aber Mut, sich damit auseinanderzusetzen und gemeinsam nach Lösungen zu suchen.*
> –

> *In den anderen Ergebnissen ist mir aufgefallen, dass sich immer wieder die gleichen Punkte finden, bei den einen als Stärke, bei den anderen als Schwäche. Ich glaube, dass wir viel voneinander und auch über uns selbst lernen können.*

1.3 Reflexion als Lernstrategie

„Reflexion […] gewinnt angesichts rasanter gesellschaftlicher Entwicklungen an existenzieller Bedeutung. Nachhaltiges, sich in der Welt bewährendes Lernen basiert auf Reflexionskompetenz" (Zartmann 2014: 17). Zur Entwicklung einer solchen Kompetenz, insbesondere der Selbstreflexion, haben sich Konzepte wie Lern- oder Studientagebücher, Arbeitsjournale, Portfolios und verwandte Formen etabliert. (Für einen auf das Studium bezogenen Überblick vgl. Degenhardt & Karagiannakis 2008 sowie Boldt & Karagiannakis 2009.) Mitte der 1980er-Jahre in den USA und in Kanada entwickelt und verbreitet, gelangte die Idee reflexiver Medien Anfang der 1990er-Jahre auch nach Deutschland. Hier fanden sie zunächst Einzug in den schulischen Kontext und sind inzwischen längst auch im Hochschulbereich weit verbreitet. „Das primäre Ziel von Lerntagebüchern [und anderen reflexiven Medien] besteht darin, Lernende zur vertieften Reflexion anzuregen" (Rambow & Nückles 2002: 1). Dazu werden sowohl neue Inhalte als auch der Lernweg selbst zusammengefasst, dokumentiert, reflektiert und – im übertragenen oder im wörtlichen Sinne – bewertet, Letzteres unbedingt (auch) von den Lernenden selbst, also von Ihnen. Indem Sie sich die eigenen Lernwege bewusst machen, können Sie erfolgreiche und weniger erfolgreiche Strategien, Schwierigkeiten, Fragen usw. offenlegen, dadurch Ihre persönlichen Lernweisen insgesamt verbessern und den Lernerfolg steigern.

In den MINT-Fächern ist diese Vorgehensweise mit dem Führen eines Labortagebuchs vergleichbar. Hier werden wissenschaftliche Experimente von der Planung über die Durchführung und Beobachtung bis zur Auswertung schriftlich festgehalten. So wird auch dokumentiert, welche Schritte, Instrumente und Verfahren angewandt wurden, an welchen Stellen es Probleme gab usw.

Die zahlreichen Varianten und Auffassungen von der Arbeit mit reflexiven Medien lassen sich grob zu zwei Typen zusammenfassen: Die meisten Formen von Tagebüchern werden dazu genutzt, Dokumentationen, Reflexionen u. Ä. hineinzuschreiben. Portfolios beinhalten darüber hinaus auch ausgewählte Originaldokumente, sogenannte *Einlagen* oder *Artefakte*, die zu einem besonderen Lerneffekt oder Aha-Erlebnis geführt haben, die man für besonders gelungen hält, mit denen man eine Entwicklung darstellen will usw. In beiden Fällen „soll erreicht werden, dass sich die Studierenden Lerninhalte stärker selbst erarbeiten, um so effektiver und mit dauerhafterem Erfolg zu lernen" (Boldt & Karagiannakis 2009: 2).

Damit Sie, die Leser/innen dieses Buches, ebenfalls einen größtmöglichen Gewinn aus der Arbeit mit demselben erreichen können, gehören regelmäßige Reflexionen auch hier zum festen Konzept und werden durch entsprechende Impulse immer wieder angeregt. Je nachdem, wie Sie diese individuell umsetzen werden, wird peu à peu ein vereinfachtes Reflexionsmedium zwischen Studientagebuch und Portfolio entstehen (im Folgenden *Portfolio* genannt). Hierzu einige vorbereitende Hinweise:

> **Arbeitsanregung: Analog oder digital?**
> Überlegen Sie am besten jetzt, ob Sie Ihr Portfolio analog oder digital (E-Portfolio) anlegen wollen. Für Portfolios, die über einen langen Zeitraum entstehen (länger als ein Semester) und/oder zur Bewertung, für eine Bewerbung o. Ä., vorgelegt werden müssen, empfiehlt sich ein E-Portfolio. Als begleitendes Medium zur Lektüre dieses Buches ist ein analoges Portfolio vermutlich von Vorteil. So können Sie problemlos Printmaterialien, die Sie bearbeitet haben, handgeschriebene Notizen usw. einfügen, ohne sie vorher einscannen zu müssen. Verwenden Sie auf jeden Fall ein separates „Buch", z. B. ein Ringbuch, in dem Sie schnell an beliebiger Stelle Materialien einfügen, entfernen oder umsortieren können.
> Entscheiden Sie sich spontan und entsprechend Ihrer Vorlieben für ein Format und probieren Sie es aus. Sie werden schnell merken, ob es die richtige Wahl für Sie ist, und können bei Bedarf zu einem anderen Format wechseln. Allerdings sollten Sie den Wechsel nicht zu lange hinauszögern, damit sie nicht zu viele Materialien von einem Format ins andere übertragen müssen.
> Fügen Sie nun die Ergebnisse aus den beiden vorangegangenen Arbeitsanregungen in Ihr Portfolio ein. Verfahren Sie so auch mit allen Ergebnissen zu den Arbeitsanregungen im weiteren Verlauf Ihrer Arbeit mit diesem Buch.

Stimmen von Studierenden

Die Portfolioarbeit war für mich eine völlig neue Erfahrung. Sehr befremdlich fand ich anfangs die Vorstellung, dass meine individuellen Bezüge zum Lernstoff wichtig sein sollten. Ich merke aber sehr schnell: Gerade diese persönlichen Reflexionen haben zu den größten Aha-Erlebnissen und Erkenntnissen geführt.
–
Die Arbeit mit Lerntagebuch und Portfolio war für mich eine absolut bereichernde Erfahrung!
–
Die regelmäßigen Reflexionen waren für mich ungewohnt und ich empfand sie zunächst als etwas aufwendig. Es stellte sich aber bald Routine ein und am Ende des Semesters kann ich sagen: Ich habe noch nie so viel in einem Seminar gelernt wie in diesem. Das Portfolio hat einen ganz entscheidenden Beitrag an meinem Lernerfolg.

2 Fachtexte erschließen I – Background und erste Lesestrategien

2.1 Die Fertigkeit *Lesen*

2.1.1 Zur Einstimmung einige Experimente

1. Welche Schriftzeichen erkennen Sie?
Notieren Sie Ihre Vermutungen.

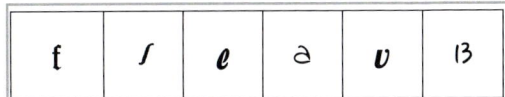

Abb. 1 Schriftzeichen erkennen (mod. nach Westhoff 1997)

2. Was bedeutet das Wort *Migration*?
Notieren Sie die Bedeutung, die Ihnen als erste spontan einfällt.

3. a) Lesen Sie nun die folgenden Texte. Machen Sie nach jedem Text eine kurze Pause.

Text 1: Wie Sie sbselt gearde fetslsteeln knenön, ist es nhict so enstchdneied, in welehcr Reieohnflge die Buhstabecn in eenim Wrot sehten. Wcithig ist leiidglch, dass der estre und der ltzete Buhbsatce imemr an der rhitecgin Stlele sheten. Den Rset soiertrt uensr Gerihn, dnen man lsiet Wöretr nchit Butsachbe für Bhtuascbe, sonedrn erfsast sie als gznae Eniehit.

Text 2: Im Flale der konmpelretemän Dsioiturtbin wderen bertfefedne Luate, heir Voklae, als Aolpohnle bzw. Viaarnetn eiins Poehnms bacrteteht. Zu den käplemntmoer ditiebuetrirsn Aleonplhon des Detcuhsen geörht das Poehnm /x/ mit senien Ahploloenn [x] (Ach-Luat) und [ç] (Ich-Luat). Deabi shtct [x] ncah dnluekn Veaokln, z. B. [naxt] (Nhact), und [ç] ncah heelln Vaeklon oedr Kotnneosann, z. B. [nıçt] (nciht) oedr [durç] (dcurh).

Text 3: Unrednadistng and uinsg the lwas of qutuanm pyhciss oneps the way to ftuure tenigoloches scuh as quuntam comrpuets, hgih-peforramce sonsers and otimzepid igminag tehcqniues. In the fcuos aera of Qutuanm Inofmatoirn and Teloohgncy, an intrlicdispenairy goup of sesncitits amis to binrg teshe qnutuam sstymes udenr cotronl and crary tehm itno apilpatocin.

3. b) Überlegen Sie kurz rückblickend:
Welchen der drei Texte konnten Sie am besten entziffern, also vermutlich auch am schnellsten lesen? Haben Sie nach dem Entziffern alle Inhalte verstanden? Wenn Sie MINT-Student/in sind und Ihre Muttersprache Deutsch ist, welchen Text haben Sie inhaltlich besser verstanden, Text 2 oder Text 3?

4. Vergleichen Sie Ihre Ergebnisse jetzt mit den Lösungen am Ende dieses Kapitels.

2.1.2 Wesen des Lesens

„Unter LESEN ist eine sprachlich-geistige Tätigkeit zu verstehen, durch die der Inhalt schriftlich fixierter Aussagen erschlossen wird. Es bedeutet eine aktive Auseinandersetzung des Lesers mit den vom Autor im Text versprachlichten Informationen". (Schreiter 1996a: 83).

Lesen zielt darauf, sinnvolle Zusammenhänge zu bilden. Der Lesevorgang wird auf der einen Seite vom Text und seiner Struktur gesteuert, auf der anderen Seite von den jeweiligen Lesenden, die ihr Vorwissen, Erfahrungen, Interesse und bestimmte Erwartungen an einen Text herantragen. Lesen ist daher ein sehr individueller Prozess, der immer wieder anders verläuft.

Lesekompetenz setzt sich zusammen aus sprachbezogenen Prozessen, Wissensaktivierung und Strategieverwendung. Dabei besteht der Vorgang des Lesens aus mehreren Teilprozessen, die i. d. R. automatisch ablaufen:
1. **Vor dem Lesen** eines Textes, also z. B. nachdem das Thema/die Überschrift bekannt ist,
   – wird Vorwissen aktiviert,
   – werden Überlegungen zum Textfeld angestellt.
2. **Während des Lesens** werden
   – Buchstaben und Wortformen verarbeitet,
   – Strategien zur Bedeutungserschließung angewendet,
   – Semantik und Syntax verarbeitet,
   – satzübergreifende Aspekte wie logische Verbindungen, Referenzen, Textstruktur usw. verarbeitet.
3. **Nach dem Lesen**
   – wird der Text zusammengefasst,
   – werden kritische Überlegungen zum Text angestellt,
   – wird die Bedeutung des Textes für den eigenen Zusammenhang eingeschätzt.

In der zweiten Phase hängt das Ergebnis des Leseprozesses in besonders hohem Maße vom Vorwissen und den Erwartungen ab. Wie Experiment 1 in Abschnitt 2.1.1 zeigt, braucht man einen Kontext, an dem man sich orientieren kann, um Inhalte zu erfassen. Die isolierten Schriftzeichen sind zunächst nicht eindeutig zu identifizieren, sie erhalten erst in konkreten Wörtern eine exakte Bedeutung. Diese kann jedoch je nach Umgebung und den benachbarten Zeichen variieren. Ähnliches gilt für die Bedeutung von Wörtern, in Experiment 2 das Wort *Migration*. Je nachdem, an welchen Kontext man aus fachlichen oder privaten Gründen denkt, assoziiert man unterschiedliche Bedeutungen mit ein und demselben Begriff. Experiment 3 zeigt noch deutlicher, wie stark Vorkenntnisse das Leseresultat beeinflussen: Sachlich betrachtet bestehen alle drei Texte hauptsächlich aus einem Wirrwarr aus Buchstaben und nicht existierenden Wörtern. Dennoch sortiert das Gehirn die Einzelteile um, sodass alles einen Sinn ergibt. Dabei kann das Sortieren jedoch unterschiedlich leicht- oder schwerfallen, schnell oder langsam vonstattengehen.

Text 1 wird von Muttersprachler/innen i. d. R. recht zügig gelesen, oft sogar so zügig, als seien die Buchstaben der einzelnen Wörter überhaupt nicht gemischt worden. Je nachdem welche Vorkenntnisse die Lesenden mitbringen, fallen die Texte 2 und 3 unterschiedlich leicht oder schwer. Bei Text 2 handelt es sich um einen linguistischen Fachtext in deutscher Sprache. Text 3 beschreibt auf Englisch ein interdisziplinäres Forschungsprojekt im MINT-Bereich und beinhaltet viele Fachausdrücke aus diesem Kontext. Sind die Lesenden MINT-Studierende (oder -Lehrende) mit Deutsch als Muttersprache, kommt es deshalb häufig vor, dass ihnen das Lesen und Verstehen des muttersprachlichen Textes 2 schwerer fällt als das Erschließen des fremdsprachlichen Textes 3, denn der allergrößte Teil der Kommunikation und Publikationen im MINT-Bereich findet auf Englisch statt.

Für das Lesen von wichtigen (Fach-)Texten bedeutet das: Je besser man die zweite Phase des Lesens vorbereitet, je mehr passendes Vorwissen man also mit geeigneten Strategien aktiviert, desto schneller und besser erfasst man den Inhalt. Es bedeutet auch, dass man beim Lesen gründlich und sorgfältig vorgehen und sich konzentrieren sollte, da man sonst Gefahr läuft, das falsche Vorwissen anzuwenden, entscheidende Inhalte zu übersehen oder etwas zu lesen, das gar nicht im Text steht.

2.1.3 Lesearten

Man unterscheidet zwei Lesearten, das *laute* und das *leise* (auch: *stille*) *Lesen*.

Lautes Lesen, im Sinne von *jemandem etwas vorlesen*, dient der Fremdinformation. Bei dieser Leseart kommt es besonders auf die passende Realisierung der Schriftzeichen an. Hier konzentriert man sich unbewusst auf korrektes Lesen, also eine gute Aussprache, Intonation usw. Dadurch wird der Inhalt oft nicht oder nur teilweise verstanden. Nach dem Vorlesen eines unbekannten Textes benötigt man deshalb meist Zeit, um noch einmal leise zu lesen.

Tab. 2 Lesestile und Leseziele

Verstehensabsicht	Lesestil	Leseziele	Allgemeine Beispiele	Studienrelevante Beispiele
Erfassen, was das insgesamt gemeint ist	**global/ kursorisch** → erfordert schnelles, oberflächliches Lesen	• sich einen ersten Überblick verschaffen → *Worum geht es?* • Thema, Textsorte, Intention eines Textes verstehen	• eine E-Mail überfliegen, um einen Eindruck vom Stand der Dinge zum Thema X zu bekommen • ein Inhaltsverzeichnis überfliegen → *Welche Teilthemen werden behandelt?*	• Inhaltsverzeichnis des Vorlesungsskripts durchschauen • Abstract eines Papers überfliegen • ...
Herausfinden, was das Wichtigste im Text ist	**orientierend/ sortierend** → erfordert überfliegendes Lesen	• Gliederungsmerkmale und Informationsketten erkennen • Hauptpunkte eines Textes finden → *Was muss ich lesen, was kann ich weglassen?*	• die Titelseite der Zeitung überfliegen, um herauszufinden, ob dort etwas über Sport steht	• einen Fachartikel überfliegen und prüfen, ob er für das aktuelle Thema relevant ist • ...
Eine ganz bestimmte Information erhalten und verstehen wollen	**selektiv/ selegierend** → erfordert genaueres Lesen an ausgewählten Stellen	• gezielt eine bestimmte Information im Text suchen/finden, von der man weiß, dass sie tatsächlich dort steht	• einen Zugfahrplan/ein Kinoprogramm in einem bestimmten Abschnitt lesen, um herauszufinden, ob in diesem Zeitfenster ein passender Zug fährt/ein guter Film läuft	• Beispielrechnungen zum Satz X im Skript suchen • einen Beweis im Skript lesen, um eine Übungsaufgabe zu lösen • ...
Alles genau wissen und verstehen wollen	**detailliert** → erfordert langsames, gründliches Lesen	• den Inhalt möglichst vollständig erfassen	• Bedienungsanleitung • Packungsbeilage eines Medikaments • Kochrezept • das „Kleingedruckte" in einem Vertrag	• neuen Beweis verstehen • Zusammenfassungen für die Klausur lernen • ...

Leises/stilles Lesen dient der Eigeninformation; man liest, weil man einen Text verstehen möchte. Manche Menschen bedienen sich dabei einer sogenannten *inneren Lautgebung*, konzentrieren sich jedoch auf den Inhalt. Schriftliche Zeichen (Wörter oder Sätze) werden wahrgenommen, Schriftzeichen mit Wortbedeutungen in Verbindung gebracht, der Sinn wird erschlossen und in den Kontext eingebaut. Unbekannte Wörter werden aus dem Kontext erschlossen, Inhalte erfasst und in Beziehung zu bereits bestehendem Wissen gesetzt. Phonetische Kenntnisse (Intonation, Pausen o. a.) werden umgesetzt, spielen aber eine untergeordnete Rolle.

> **Arbeitsanregung: Lesearten in meinem Studium**
> Machen Sie sich einmal bewusst, bei welchen Gelegenheiten Sie im Studium laut oder leise lesen. Welche Art von Texten lesen Sie wann auf welche Art und mit welchem Ziel? Wenn Sie Texte leise lesen, wie genau läuft das ab? Sehen Sie eventuell Bilder oder Grafiken vor Ihrem inneren Auge oder hören Sie sich innerlich selbst sprechen? Murmeln Sie möglicherweise leise vor sich hin? Machen Sie hierzu kurze Notizen in Ihrem Portfolio.

2.1.4 Lesestile

Als Lesestil bezeichnet man die Art und Weise, wie man einen Text liest. Es existieren insgesamt vier Lesestile; welchen davon man benutzt, hängt immer von der Textsorte und dem Ziel des Lesens ab. Tabelle 2 zeigt die Lesestile, ihre jeweiligen Verstehensabsichten und Lernziele sowie einige allgemeine und studienrelevante Beispiele.

> **Arbeitsanregung: Textsorten und Lesestile in meinem Studienfach**
> Ergänzen Sie die letzte Spalte der Tabelle 2, indem Sie zu jedem Lesestil weitere studienrelevante, auf Ihr eigenes Fachgebiet bezogene Beispiele eintragen.

2.2 Lesestrategien I

2.2.1 Skimming und Scanning

Häufig werden zur Erschließung von Texten im Studium allgemein die Strategien *Skimming* und *Scanning* genannt.

Beim **Skimming** (engl. *to skim* → überfliegen, abschöpfen) stehen das Sammeln erster Eindrücke sowie eine erste Orientierung im Fokus (*Was ist das für ein Text? Worum geht es?*). Dabei orientiert man sich an Leitfragen wie diesen:
- Um welche Textsorte handelt es sich?
- Mit welchem Thema/Themenbereich beschäftigt sich der Text?
- Was kann ich anhand der Zwischenüberschriften und/oder anderer Layout-Merkmale (z. B. Fett- oder Kursivdruck) erkennen?
- Welche Schlüsselbegriffe tauchen im Text häufig auf?

Skimming ist also eine Form des globalen und orientierenden Lesens.

Das **Scanning** (engl. *to scan* → ab-/durchsuchen, überfliegen) hat zum Ziel, ganz bestimmte Inhalte zu finden (*Finde ich in diesem Text Informationen zu X?*). Der Text wird fokussiert auf bestimmte Stichwörter und Aspekte überfliegend abgesucht. Es handelt sich hierbei also um selektives Lesen.

Diese Strategien sind gut geeignet für eine erste Orientierung, bleiben aber beide auf der Oberfläche stehen. Sie bieten keinerlei Möglichkeit, die Einzelheiten eines Textes zu erfassen und sich intensiv damit zu beschäftigen (detailliertes Lesen). Hierzu bedarf es zusätzlicher Strategien.

2.2.2 Texte schrittweise erschließen mit SQ3R oder PQ4R

Die Lesestrategien in diesem Abschnitt beginnen alle mit Variationen von Skimming oder Scanning. Diese werden jedoch lediglich zum Einstieg in die Textarbeit verwendet. Danach folgen mehrere Schritte einer intensiven Auseinandersetzung mit den Textinhalten.

SQ3R/Fünf-Schritt-Lesemethode
Inhalte eines Sachtextes werden in fünf Schritten erarbeitet (Abb. 2):
1. **Survey** → Man verschafft sich einen Überblick, indem man sich Klappentext, Inhalts- oder Stichwortverzeichnis, (Zwischen-)Überschriften, Fettgedrucktes, Grafiken usw. anschaut.
2. **Question** → Aufgrund des ersten Eindrucks werden W-Fragen an den Text formuliert: *Wer? Was? Wann? Wo? Wie? Warum? …*
3. **Read** → Der Text wird nun gründlich gelesen. Dabei werden Schlüsselbegriffe markiert, Randnotizen gemacht, unbekannte Fachausdrücke nachgeschlagen, die Antworten auf die zuvor gestellten Fragen gesucht.
4. **Recite** → Die Kernaussagen jedes Abschnittes werden immer direkt im Anschluss an das Lesen desselben mit eigenen Worten schriftlich zusammengefasst. Bei komplexen Inhalten kann hier auch eine Skizze, ein Diagramm o. Ä. angefertigt werden.

5. **Review** → Mithilfe der eigenen Zusammenfassung werden die wichtigsten Inhalte des Textes wiederholt und, wenn nötig, noch einmal am Text überprüft. Das geht am besten, indem man sie sich selbst oder jemand anderem laut vorträgt.

Warum ist eine so detaillierte Bearbeitung von Texten notwendig für nachhaltiges Lernen? Einen Text nur zu lesen, reicht häufig nicht mal aus, um ihn vollständig zu verstehen, aber selbst wenn dies der Fall ist, wird das Verstandene nicht zwangsläufig gespeichert (vgl. Steiner nach Lehner 2015: 64). Erst die aktive Auseinandersetzung mit den Inhalten führt zu einem umfangreichen Verständnis und wirkt sich positiv auf das Behalten aus. Dieser Effekt wird durch drei Faktoren besonders verstärkt:

- Eine „fragende[…] Grundhaltung" (Lehner 2015: 63) beim Lesen führt dazu, dass man den Text wie mit „einer speziellen Brille" (ebd.) liest und immer wieder überprüft, ob hier eine Antwort auf eine der zuvor formulierten Fragen vorliegt.
- Das Identifizieren und Markieren von Schlüsselbegriffen erfordert eine vertiefte Betrachtung des Textes, man schaut also genau hin.
- Zusammenfassungen führen dazu, dass man sich auf das Wesentliche konzentriert, Dinge komprimiert darstellt, nebenbei Fachsprache und das Gedächtnis trainiert (vgl. Boeglin 2007: 113).

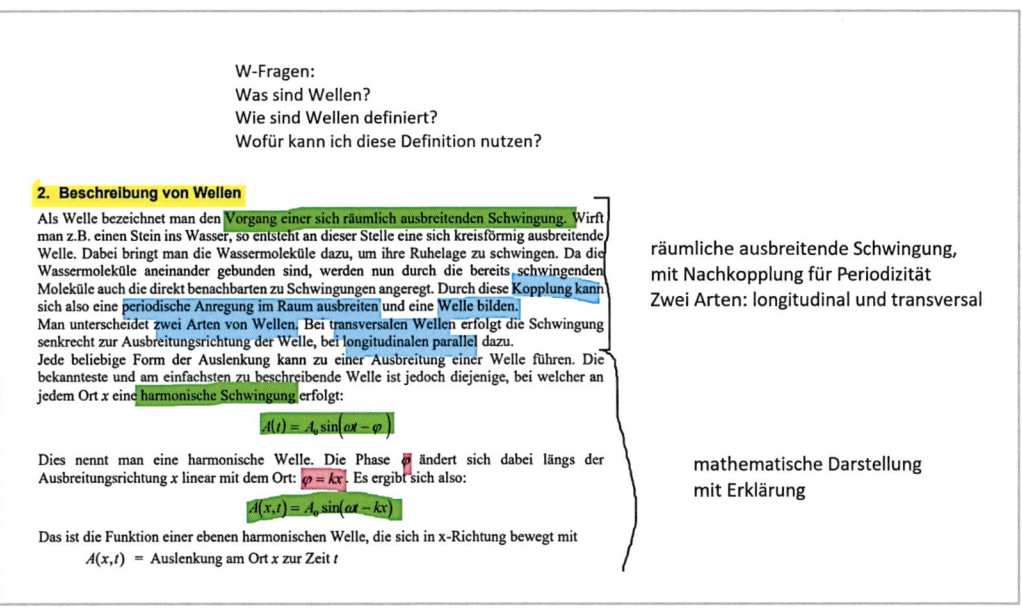

Abb. 2 SQ3R, stud. Beispiel (Ausschnitt), *Chemie*

PQ4R (auch: SQ4R)/Sechs-Schritt-Lesemethode

Variante von *SQ3R*, bei der die Inhalte eines Sachtextes in sechs Schritten erarbeitet werden:

1. **Preview** → wie Schritt 1 der *SQ3R*-Methode
2. **Question** → wie Schritt 2 der *SQ3R*-Methode
3. **Read** → wie Schritt 3 der *SQ3R*-Methode
4. **Reflect** → Beim Lesen wird über den Inhalt reflektiert. Man setzt die Inhalte in Bezug zu bereits vorhandenem Wissen, sucht eventuell nach passenden Beispielen. Außerdem hinterfragt man die Inhalte kritisch: „Trifft das zu, was der Text behauptet? Gibt es (Gedanken-)Experimente, dass das funktioniert, was in diesem Abschnitt vorgeschlagen wird?" (Rost 2008: 184).
5. **Recite** → wie Schritt 4 der *SQ3R*-Methode
6. **Review** → wie Schritt 5 der *SQ3R*-Methode

INFO **SQ3R und PQ4R**

Die Methode *SQ3R* (auch *PQRST* für *Preview, Question, Read, Self-Recitation/Summary, Test*) wurde Mitte der 1950er-Jahre von dem US-amerikanischen Bildungspsychologen F. P. Robinson entwickelt, der u. a. Studierende darin trainierte, aus Fachbüchern zu lernen (Robinson 1946). Fast 30 Jahre später ergänzten E. L. Thomas und H. A. Robinson die Methode um den Schritt *Reflect* und gaben ihr den Namen *PQ4R* (Thomas & Robinson 1972). Vor allem für das vernetzte Lernen hat sich die zweite Variante bewährt.

Stimmen von Studierenden

Die ersten beiden Schritte der SQ3R-Strategie waren für mich sehr ungewohnt. Während des dritten Schritts empfand ich die beiden Vorschritte jedoch als hilfreich. Ich konnte die Abbildungen nun in Verbindung zum Text bringen und die Fragen halfen mir, den Text genauer zu analysieren und auf wichtige Aussagen zu achten.

—

Die PQ4R-Methode hat super funktioniert. Besonders Schritt 4 (Reflect) habe ich genossen. Es hat mir Freude bereitet, darüber nachzudenken, was ich mit welchem bereits vorhandenen Wissen verknüpfen kann. Durch das Zusammenfassen der Kernaussagen im 5. Schritt habe ich ein noch tieferes Verständnis für den Inhalt entwickelt. Der 6. Schritt hat mir besonders geholfen, mir noch einmal die wichtigsten Aussagen des Textes vor Augen zu führen, indem ich mir selbst die Wiederholung laut vorgetragen habe. Ich denke, die Methode ist besonders für sehr komplexe Texte geeignet.

2.2.3 Randmarkierungen/Marginalien

Der Grundgedanke der in diesem Abschnitt vorgestellten Lesestrategien besteht darin, einen Text so zu bearbeiten, dass man sich anschließend anhand von kurzen Informationen an den Rändern schnell orientieren kann (Abb. 3).

Variante 1
Während des Lesens eines (Fach-)Textes werden vorher festgelegte Markierungen in Form von Symbolen oder Abkürzungen am Rand angebracht (vgl. Brenner 2011: 76). Hier einige Vorschläge:

ⓘ	= Das ist neu für mich.	*	= Das wusste ich schon.
?x	= Dazu habe ich eine Frage.	Erl	= Erläuterung zu einer Aussage
!!	= wichtige Aussage	Bsp	= Beispiel
Beg	= Begründung	↯	= bin anderer Meinung
✓	= entspricht meiner Meinung		
??	= Das verstehe ich nicht./unklare Textstelle		
-x-	= Das möchte ich in der Lerngruppe besprechen.		

TIPP

Falls Sie bereits mit Randmarkierungen arbeiten und solche gefunden haben, die ausreichend informativ und hilfreich sind, verwenden Sie diese weiter. Überprüfen Sie dennoch anhand der Vorschläge, ob Sie noch etwas ergänzen könnten. Probieren Sie Markierungen aus der Liste aus oder überlegen Sie sich selbst neue.

Variante 2
In einem ersten Lesedurchgang werden wichtige Begriffe unterstrichen oder anderweitig markiert. Im zweiten Durchgang werden wichtige Stichwörter, Satzteile usw. am Rand notiert. Dabei können Abkürzungen verwendet werden (vgl. Rost 2008: 190 ff.).

2.2.4 Textnetz

Bei dieser Strategie liest man den Text zunächst abschnittsweise und markiert wichtige Begriffe und Stellen (einkreisen, unterstreichen, mit einem Textmarker hervorheben o. a.). Es kann hilfreich sein, zwei bis drei Farben für unterschiedliche Kategorien (z. B. Definition, Beispiel, Beweis) oder Unterthemen festzulegen. Hat man eine größere Sinneinheit auf diese Weise gelesen, schaut man die Markierungen durch und stellt Querverbindungen her. Fragen, die hierbei helfen, sind: *Welche Stellen gehören inhaltlich zusammen? Welche Ober- und Unterbegriffe gehören zusammen? Welche Begriffe werden wo erläutert?* Diese zusammengehörenden, markierten Stellen werden durch Linien verbunden, die einfach über den Text gezogen werden.

Fällung der Salzsäuregruppe

✱ Die HCl-Gruppe ist die erste Gruppe im Trennungsgang. Das Gruppenreagenz ist eigentlich das Chloridion (Cl⁻). Die Fällungslösung muss stark sauer sein, um Ausfällungen von TiO_2 etc. zu vermeiden.

✱ Zur gelösten Analysenprobe (Wasser, verd. HNO_3) wird etwas konzentrierte Salzsäure gegeben. Es fallen gegebenenfalls AgCl (käsig weiß), $PbCl_2$ (weiße Nädelchen) und Hg_2Cl_2 (weiß) aus. Die weitere Vorgehensweise um den Nd. weiter zu untersuchen ist ihn abzuzentrifugieren und mit etwas Wasser aufzukochen. Bleichlorid ist in heißem Wasser gut, in kaltem Wasser schlecht löslich. In einem Gemisch wird also heiß lösliche Bleichlorid ausgelaugt und durch unverzügliches Zentrifugieren von dem unlöslichen Rest abgetrennt. Das heiße Zentrifugat scheidet während des Abkühlens stark glitzernde Kristallnädelchen aus, die häufig beim Operator eine starke Faszination ausüben. Das Blei kann aus der wässrigen Lösung leicht als Sulfat, Chromat oder Iodid identifiziert werden. Gibt man auf den, in heißem Wasser unlöslichen Nd, der AgCl oder auch Hg_2Cl_2 (Kalomel) enthält, Ammoniaklösung, so löst sich das Silberchlorid unter Komplexbildung auf. Während das Hg_2Cl_2 der Kalomelreaktion unterliegt, unlöslich bleibt und abzentrifugiert wird. Das in Ammoniak gelöste Silberchlorid kann durch Ansäuern wieder ausgefällt werden. Ein Chromat- oder Iodid-Zusatz zum als $[Ag(NH_3)_2]^+$ gelösten AgCl führt zu rotbraunen (Ag_2CrO_4) oder gelben (AgI) Fällungen.

Die Kalomelreaktion:

Hg_2Cl_2 (Kalomel) verfärbt sich bei NH_3 Zusatz nachtschwarz. (Diese Reaktion gab dem Kalomel seinen Namen. Kalomel: altgriechisch καλός kalos für „schön" und

Abb. 3 Randmarkierungen, stud. Beispiel (Ausschnitt), *(Wirtschafts-)Chemie*

TIPP Linien quer über den Text zu ziehen, mag etwas verwirrend klingen. Verwenden Sie helle, transparente Stifte oder einen Bleistift und ziehen Sie ganz feine Linien. So entsteht das Bild eines luftigen Netzes, das eine gute Orientierung über die Zusammenhänge gibt und den Text trotzdem nicht verunstaltet.

Stimmen von Studierenden

Für die Strategie „Randmarkierungen" habe ich sowohl Symbole aus der Liste als auch eigene Zeichen benutzt. Ich habe öfters kurze Pausen zwischen den Abschnitten eingelegt und mir über das Gelesene Gedanken gemacht. Mir hat die Strategie geholfen, um eine gewisse Ordnung in den Text zu bringen. Man sieht auf einen Blick, an welchen Stellen man nochmal nachhaken muss oder welche man mit seinen Kommilitonen besprechen sollte. Außerdem hat man den Text nicht nur oberflächlich gelesen, sondern sich gleich Gedanken über den Inhalt gemacht.

—

Variante 2 der Randmarkierungen gefiel mir wirklich gut und war sehr hilfreich. Dabei habe ich aber meine eigene Zeichen-Legende entworfen. Beim ersten Lesen habe ich manches in verschiedenen Farben unter-

> *strichen (habe mir den Text auf mein iPad geladen) und im zweiten Durchlauf dann die Randnotizen gemacht.*
>
> —
>
> *Ich habe größere Abschnitte beim ersten Lesen mit einem Textnetz versehen. Im nächsten Durchgang habe ich mich daran orientiert und Randmarkierungen ergänzt. Die Kombination war ziemlich effektiv.*

2.2.5 Lautes Denken

Ein Text wird im Wechsel von Lesen und Nachdenken erarbeitet. Hierzu unterbricht man das Lesen nach jedem Abschnitt (oder einer Sinneinheit) und „denkt laut" darüber nach. Dabei orientiert man sich an einer Liste von Leitfragen:

- Was sagt mir der Text? → *Es wird gesagt/Sicher ist/Im Text steht/…, dass …*
- Woran denke ich dabei? → *Beim Zuhören dachte ich/Das erinnert mich an …*
- Was habe ich noch nicht verstanden? → *Unklar ist mir/Erstaunt hat mich …*
- Was folgt wohl noch? → *Ich denke, …/Vielleicht kommt bald …/Gut fände ich …*

> **Stimmen von Studierenden**
>
> *Beim „Lauten Denken" hatte ich das Gefühl, dass ich mir viel mehr Gedanken zum Text und allgemein zum Thema des Textes gemacht habe, als wenn ich den Text nur durchgelesen und das Wichtigste markiert hätte. Einige Textstellen konnte ich mit bereits vorhandenem Wissen verknüpfen.*
>
> —
>
> *Die Methode „Lautes Denken" hat mir sehr weitergeholfen, weil man sich die Sachverhalte selbst erklären muss und es dabei auffällt, wenn es an dem einen oder anderen Inhalt noch hakt.*

Arbeitsanregung: Transfer und Reflexion
In den folgenden Kapiteln 3 bis 5 geht es um grundlegendes Basiswissen rund um das Thema *Lernen*, also um Fachtexte. Versuchen Sie, in jedem Kapitel eine andere der in den Abschnitten 2.2.2 bis 2.2.4 aufgeführten Lesestrategien anzuwenden und auszuprobieren. Reflektieren Sie jeweils am Ende des Kapitels Ihre Erfahrungen mit der Strategie und notieren Sie ggf. Änderungsvorschläge. Wenden Sie dann dieselbe bzw. die überarbeitete Strategie auf einen studienrelevanten Fachtext an.

Lösungen zu Abschnitt 2.1.1

1. Welche Schriftzeichen erkennen Sie?

f	fremdes Getränk
s	gelber Saft
l	Salbei
a	starkes Hünachen
v	braver Junge
B	B rote Blumen

Abb. 4 Schriftzeichen Auflösung

2. Was bedeutet das Wort *Migration*?

- Biologie: Wanderung oder Bewegung bestimmter Tiergruppen
- Geologie: Wandern bestimmter Stoffe, besonders von Erdöl, in porösem oder kluftigem Gestein
- Informatik, EDV: das Migrieren von Daten, z. B. in ein anderes Betriebssystem
- Soziologie: Abwanderung von Menschen in ein anderes Land, eine andere Gegend usw.

(Quellen: https://www.duden.de und https://www.dwds.de)

3. Lesen Sie nun die folgenden Texte. Machen Sie nach jedem Text eine kurze Pause.

Text 1: Wie Sie selbst gerade feststellen können, ist es nicht so entscheidend, in welcher Reihenfolge die Buchstaben in einem Wort stehen. Wichtig ist lediglich, dass der erste und der letzte Buchstabe immer an der richtigen Stelle stehen. Den Rest sortiert unser Gehirn, denn man liest Wörter nicht Buchstabe für Buchstabe, sondern erfasst sie als ganze Einheit. (mod. nach http://www.a-␣c␣h␣-d.eu)

Text 2: Im Falle der komplementären Distribution werden betreffende Laute, hier Vokale, als Allophone bzw. Varianten eines Phonems betrachtet. Zu den komplementär distribuierten Allophonen des Deutschen gehört das Phonem /x/ mit seinen Allophonen [x] (Ach-Laut) und [ç] (Ich-Laut). Dabei steht [x] nach dunklen Vokalen, z. B. [naxt] (Nacht), und [ç] nach hellen Vokalen oder Konsonanten, z. B. [nɪçt] (nicht) oder [dʊrç] (durch).

Text 3: Understanding and using the laws of quantum physics opens the way to future technologies such as quantum computers, high-performance sensors and optimized imaging techniques. In the focus area of Quantum Information and Technology an interdisciplinary group of scientists aims to bring these quantum systems under control and carry them into application. (mod. nach https://www.uni-ulm.de)

3 Wie funktioniert und was begünstigt Lernen?

> **Arbeitsanregung: Brainstorming und Erprobung Lesestrategie 1**
> 1. Brainstorming: Notieren Sie zwei bis drei Minuten lang, was Ihnen spontan zum Stichwort *Lernen* einfällt.
> 2. Erprobung Lesestrategie 1: Wählen Sie eine der in Kapitel 2 vorgestellten Lesestrategien aus und versuchen Sie, sie auf dieses Kapitel anzuwenden.

3.1 Lerntheorien – Das Wichtigste im Überblick

3.1.1 Die Auffassung von Lernen in der Antike

Über die Frage, wie Menschen zu Erkenntnissen kommen, wurde bereits in der Antike nachgedacht. Zu den bekanntesten Ansätzen gehört die Auffassung von Platon (ca. 428–348 v. Chr.), wonach Menschen jegliches Wissen bereits in sich tragen, ohne sich dessen bewusst zu sein. Ursache dafür ist eine unsterbliche Seele, die bereits vor der Entstehung des Körpers vorhanden war, sich in der Welt der Ideen – eine Art eigenständige, übergeordnete Idealkonzeption von Begriffen – aufgehalten und sich dort Wissen angeeignet hat. Bei der Geburt zieht die Seele in den menschlichen Körper und das Wissen um die Ideen gerät in Vergessenheit. Das Wissen ist zwar weiterhin im Menschen vorhanden, es bedarf aber konkreter Auslöser von außen, damit er sich dessen bewusst wird. Nach Platons Theorie der *Anamnésis* (griech. → Erinnerung) ist es die Aufgabe von Lehrenden, diese Auslöser gezielt zu generieren, damit Lernende sich an das bereits vorhandene, aber verschüttete Wissen erinnern können. Bereits Sokrates (469–399 v. Chr.), dessen Schüler Platon war, verglich die Arbeit von Lehrenden mit der von Hebammen und betonte damit den Aspekt des Helfens, der Förderung und Stärkung von inneren Kräften, Eigenverantwortung und Autonomie von Lernenden.

Demgegenüber steht die Auffassung von Aristoteles (384–322 v. Chr.), Schüler und Kritiker von Platon, der die Seele als eine *tabula rasa* (lat. → unbeschriebene Tafel) bezeichnet. Demnach ist die Seele bei der Geburt leer von jeglichen Vorstellungen und muss erst gefüllt werden. Anders als bei Platon kommt den Lehrenden hier die Aufgabe zu, diese Tafel aktiv mit Inhalten zu befüllen, während die Lernenden lediglich passiv konsumieren.

3.1.2 Der Nürnberger Trichter

Die Bezeichnung *Nürnberger Trichter* geht zurück auf ein Buch des Nürnberger Dichters Georg Philipp Harsdörffer (1607–1658). Diesen Trichter, so die Vorstellung, muss man lediglich oben auf dem Kopf der Lernenden ansetzen, um neues Wissen hineinzugießen. Der Begriff beschreibt keine Lerntheorie, wird aber in der Pädagogik bis heute für eine Art des Lernens verwendet, bei der Lernende passiv sind, während Lehrende ihnen Inhalte eintrichtern. Manche Lerntheorien und Lehrformen vertreten im Kern eine ähnliche Auffassung. Ein Beispiel hierfür ist der bis heute weit verbreitete Frontalunterricht, wozu auch die klassische Form der *Vorlesung* gehört, also ein 90-minütiger Vortrag, der (fast) nicht durch Fragen der Studierenden unterbrochen werden kann.

3.1.3 Die drei einflussreichsten Theorien des 20. Jahrhunderts

Der Behaviorismus

Die Vorstufen der behavioristischen Lerntheorien wurden bereits zu Beginn des 20. Jahrhunderts entwickelt, knapp 20 Jahre später galt Watson als Begründer des Behaviorismus. Im Mittelpunkt der verschiedenen Ansätze, inklusive der Vorstufen, steht das Verhalten von Menschen, das aus Ketten von Reizen und darauf folgenden Reaktionen bzw. aus Aktionen und sich anschließenden Konsequenzen besteht (vgl. Göhlich et al. 2007: 9). Die zentralen Theorien des Behaviorismus sind:

- **Klassisches Konditionieren** nach Pawlow und Watson (siehe INFO *Pawlow und Watson*): Auf bestimmte Reize folgen bestimmte angeborene Reaktionen. Letztere kann man durch entsprechendes Training neuen Reizen zuordnen. Hierbei handelt es sich also um ein *Reiz-Reaktion-Lernen*.
- **Instrumentelles** und **operantes Konditionieren** nach Thorndike und Skinner (siehe INFO *Thorndike und Skinner)*: Ein bestimmtes Verhalten ruft eine bestimmte Konsequenz hervor. Der Lernvorgang kann auf zweierlei Weise verlaufen:
    - **Versuch-Irrtum-Lernen**: Durch Ausprobieren lernt man ein bestimmtes Verhalten, um damit eine bestimmte Konsequenz zu erreichen. Das Verhalten wird also als Instrument (Mittel zum Zweck) eingesetzt, um ein bestimmtes Ergebnis zu erzielen. → *Instrumentelles Konditionieren nach Thorndike*
    - **Lernen durch Verstärkung**: Beliebige spontane Verhaltensweisen, auch solche, die unbeabsichtigt oder rein zufällig ausgeführt werden und nicht zwangsläufig an die vorhandene Situation geknüpft sind, werden durch positive oder negative Verstärkung (Lob/Tadel, Lernerfolg/Misserfolg) verstärkt oder abgeschwächt. → *Operantes Konditionieren nach Skinner*

Alle behavioristischen Theorien haben gemeinsam, dass „Lehrende wissen, was die Lernenden zu lernen haben. Lernen wird als konditionierter Reflex gesehen, der durch Adaption erworben wird" (Baumgartner & Payr 1997: 1). Das Gehirn wird dabei als *Black Box* betrachtet, deren innere Abläufe uninteressant sind. Entsprechend fiel die Kritik an den behavioristischen Lerntheorien aus:
- Nur Lernprozesse, die durch äußeres Verhalten beobachtet und bestimmt werden, können erklärt werden.
- Es gibt keinen Raum für individuelle Schwerpunkte der Lernenden.
- Problemlösungsfähigkeit ist unwichtig, es müssen nur Informationen wiedergegeben werden.
- Lernende bleiben passiv (vgl. *Nürnberger Trichter* und *tabula rasa*).

Trotz dieser Kritikpunkte war der Behaviorismus im 20. Jahrhundert lange Zeit der vorherrschende lerntheoretische Ansatz, und hier vor allem das instrumentelle und operante Konditionieren mit der Vorstellung, dass Lernen durch Lob und Tadel beeinflusst werden könnte (vgl. Göhlich et al. 2007: 9f).

Pawlow und Watson INFO

Iwan P. Pawlow (1849–1936), russischer Mediziner und Physiologe. Experimentierte um 1900 zur Produktion von Magen- und Speichelsäure bei Hunden. Beim Anblick von Futter (Reiz) setzte bei den hungrigen Tieren reflexartig Speichelfluss (Reaktion) ein. Eher zufällig machte Pawlow eine Nebenentdeckung: Schon bald begann der Speichelfluss bei den Tieren beim bloßen Anblick der Person, die normalerweise das Futter brachte, auch wenn diese ohne Futter kam. Daraufhin wurde der Reiz „Futter" so lange mit dem zunächst neutralen Reiz „Glockenton" kombiniert, bis die Tiere auch auf den Ton allein mit Speichelfluss reagierten. → **Pawlowscher Hund**

John B. Watson (1878–1958), US-amerikanischer Psychologe und Begründer des Behaviorismus. Übertrug um 1920 die Erkenntnisse von Pawlow auf Menschen. Dem Kleinkind *Little Albert* wurde eine kleine, weiße Ratte gezeigt, nach der es neugierig und unbekümmert griff. Später ertönte jedes Mal, wenn der Junge das Tier berührte, ein lauter, bedrohlicher Hammerschlag, auf den er reflexartig mit Angst reagierte. Diese Angst übertrug er allgemein auf Ratten sowie auf ähnlich aussehende Dinge (Kuscheltiere, Pelzjacke, Hase u. a.). → **Little-Albert-Experiment**

INFO **Thorndike und Skinner**
Edward L. Thorndike (1874–1949), US-amerikanischer Psychologe. Experimentierte etwa zeitgleich mit Pawlow zur Intelligenz von Katzen, Hunden und Hühnern. Sie wurden in eine Box gesperrt und mussten den Mechanismus finden, mit dem sich die Tür öffnete (z. B. einen Hebel drücken, an einer Schnur ziehen). Gelang ihnen dies, bekamen sie draußen Futter. Je öfter sie in die Box gesperrt wurden, desto schneller fanden sie die richtige Lösung. → **Instrumentelles Konditionieren**, *Puzzle Box*

Burrhus F. Skinner (1904–1990), US-amerikanischer Psychologe. Setzte ab den 1930er-Jahren die Ergebnisse von Thorndike fort. Er sperrte Ratten und Tauben in eine Box und überließ sie sich selbst. Auf bestimmte spontane Verhaltensweisen der Tiere (z. B. Drücken eines Hebels, nachdem ein Licht angegangen war) folgten angenehme Konsequenzen, auf andere unangenehme oder keine. → **Operantes Konditionieren**, *Skinner Box*

Der Kognitivismus

Die Kritik an den behavioristischen Theorien führte im Laufe der 1960er-Jahre zur Entwicklung des Kognitivismus (siehe INFO *Begründer des Kognitivismus*). Dieser Ansatz versuchte zu ergründen, wie Menschen Informationen aufnehmen, verarbeiten, verstehen, speichern und wieder abrufen. Damit werden die inneren Prozesse einer aktiven Informationsverarbeitung durch den Menschen betont. Das Gehirn wird trotzdem als *Black Box* betrachtet, allerdings nicht, weil man die inneren Vorgänge für uninteressant hält, sondern weil man sie nicht genau beobachten und beschreiben kann. Fest steht aber: Lernen erfolgt …

- am Modell, durch Einsicht oder Erkenntnis,
- durch eine aktive Auseinandersetzung mit dem Lerninhalt,
- durch die Suche nach Lösungen für ein existierendes Problem sowie
- durch den Erwerb von Methoden und Fähigkeiten für das Lösen von Problemstellungen.

Lehrenden kommt in dieser Theorie jedoch auch eine zentrale Rolle zu, da sie diejenigen sind, die Aufgaben und Problemstellungen auswählen und aufarbeiten, Informationen und Materialien zur Verfügung stellen usw., also indirekt ebenfalls als Wissensvermittler/innen agieren. In gewissem Sinne ist dies vergleichbar mit Platons Auffassung von Lehrenden als Hebammen, die Lernende dabei unterstützen, sich vorhandenes Wissen zu erarbeiten. An dieser Rolle von Lehrenden setzt die Kritik am Kognitivismus an (vgl. Meir o. J.: 13):

- Probleme sind vorhanden oder werden von Lehrenden vorgegeben.
- Lernwege und Ergebnisse liegen bereits vor.
- Lernende können nur die vorgegebenen Wege gehen.
- „Richtig" und „falsch" sind bereits definiert.

Begründer des Kognitivismus INFO
Zentrale Figuren in der Kritik am Behaviorismus und Mitbegründer des Kognitivismus waren die beiden US-Amerikaner Noam Chomsky (* 1928, Linguist) und Ulric Neisser (1928–2012, Psychologe).
Chomsky, einer der bekanntesten Linguisten der Gegenwart, wurde vor allem für seine intensive Forschung zum Erstspracherwerb bei Kindern sowie seine Modelle zur generativen Transformationsgrammatik bekannt. Er ging davon aus, dass Menschen einen angeborenen Spracherwerbsapparat besitzen, der alle für den Spracherwerb, die Sprachrezeption und Sprachproduktion notwendigen Prinzipien beinhaltet.
Neisser löste mit seinem 1967 erschienenen Buch *Cognitive Psychology* maßgeblich die *Kognitive Wende* aus. Er vertrat die Ansicht, die kognitive Psychologie untersuche, wie Menschen Informationen und Wissen aufnehmen, verarbeiten, strukturieren, speichern und nutzen, also erlernen. Dabei stand die Funktionsweise des Gedächtnisses im Mittelpunkt seines Interesses.

Der Konstruktivismus

Gegen Ende der 1980er- und Anfang der 1990er-Jahre entwickelte sich schließlich das heutige Verständnis von Konstruktivismus als Lerntheorie. Hier wird Lernen als aktiver Konstruktionsprozess durch die Lernenden selbst betrachtet. Abhängig vom persönlichen Vorwissen und von der konkreten Lernsituation konstruiert jede/r eine individuelle Repräsentation der Welt. Nach Gräsel et al. (1997) zeichnet sich Lernen durch folgende Kriterien aus:

- „Lernen ist ein **aktiver und konstruktiver Prozess**" (Gräsel et al. 1997: 5). Neue Inhalte werden in Beziehung zu bereits vorhandenem Wissen und Erfahrungen gesetzt, interpretiert und dadurch wird neues Wissen konstruiert.
- Lernen ist an **konkrete Situationen und Kontexte** geknüpft. Lernumgebungen müssen deshalb so gestaltet sein, dass sie authentischen Situationen so ähnlich wie möglich sind, also „inhaltlich in ihrer Komplexität nicht reduziert sind und auch Informationen enthalten, die für die Lösung des Problems nicht bedeutsam sind" (ebd.: 6).
- Lernen ist **selbstgesteuert**. Wie Lernende ihren Lernprozess organisieren, planen, durchführen, auswerten, ob und wenn ja, welches Vorwissen sie einbeziehen usw., entscheiden sie selbst.
- „Lernen ist ein **sozialer Prozess**" (ebd.: 7). Lernen findet stets in sozialen Umgebungen statt, sei es durch die direkte Auseinandersetzung mit anderen Personen oder aufgrund der Tatsache, dass die Art und Weise des individuellen Lernens unter dem Einfluss der Kultur steht, in der gelernt wird (ebd.).

Lernen impliziert also persönliches Erfahren, Erleben und Interpretieren und geht so weit, dass Probleme von den Lernenden selbstständig generiert, formuliert und gelöst werden. Lehrpersonen sollen deshalb nicht Wissen vermitteln, sondern die passenden, unterstützenden Rahmenbedingungen schaffen, sodass Lernende sich selbstständig mit Lerninhalten auseinandersetzen, diese erschließen und Zusammenhänge entdecken können.

Auch die konstruktivistische Auffassung von Lernen ist nicht frei von Kritik, besonders der radikale Konstruktivismus (siehe INFO *Vertreter des Konstruktivismus*). Hier eine Auswahl an Kritikpunkten:

- Die Existenz einer von menschlicher Erkenntnis unabhängigen Realität wird geleugnet. Reale kulturelle, wissenschaftliche oder sonstige Begebenheiten liegen aber in der Lebenswelt von Menschen vor. Nicht die Begebenheiten selbst werden subjektiv konstruiert, sondern ihre Rekonstruktion wird aktiv und abhängig von den individuellen Voraussetzungen gesteuert (vgl. Reich 2002: 96).
- Im radikalen Konstruktivismus scheint jedes Subjekt unabhängig von anderen zu agieren und zu existieren. Menschen existieren aber nie allein, sie konstruieren deshalb auch ihre Wirklichkeit immer nur in Absprache mit anderen Menschen (ebd.: 98) oder sind auf die Unterstützung durch andere angewiesen.
- Der radikale Konstruktivismus produziert einen unauflöslichen Widerspruch: „Die Realität bringt Wirklichkeit hervor, aber die Realität existiert nicht in Wirklichkeit" (Strebel 2009: 5).

INFO **Vertreter des Konstruktivismus**
Bezeichnend für die Varianten der konstruktivistischen Lerntheorien ist die Tatsache, dass ihre Hauptvertreter verschiedenen Wissenschaftsdisziplinen angehören, z. B.:
- **Ernst von Glasersfeld** (1917–2010), deutscher Philosoph und Kommunikationswissenschaftler, sowie **Heinz von Foerster** (1902–2002), österreichischer Biophysiker und Philosoph → begründeten den **radikalen Konstruktivismus** (Objektivität ist unmöglich, jede Wahrnehmung ist vollständig subjektiv)
- **Francisco Varela** (1946–2001), chilenischer Biologe, Philosoph und Neurowissenschaftler, sowie **Humberto Maturana** (1928–2021), chilenischer Neurobiologe und Philosoph → Vertreter des **radikalen Konstruktivismus**, führten den Begriff der *Autopoiese* (altgriech. *autos* → selbst und *poiein* → erschaffen) ein (Fähigkeit, sich selbst erhalten, verändern und erneuern zu können)
- **Paul Watzlawick** (1921–2007), österreichischer Philosoph, Psychotherapeut und Kommunikationswissenschaftler → beschäftigte sich u. a. mit der *Konstruktion von Wirklichkeit* und wurde hierzu vor allem durch die Publikation *Anleitung zum Unglücklichsein* bekannt (Erstveröffentlichung 1983)

- **Kersten Reich** (* 1948), deutscher Pädagoge, Didaktiker und Kulturtheoretiker → Begründer des **interaktionistischen Konstruktivismus** (sozial und kulturell orientierter konstruktivistischer Ansatz, der die Bedeutung von kulturellen und lebensweltlichen Aspekten bei der Konstruktion von Wirklichkeiten beachtet)

Beim Konstruktivismus handelt es sich also um ein interdisziplinäres System von (Lern-)Theorien.

Arbeitsanregung: Transfer und Reflexion
Beantworten Sie nun die folgenden Fragen und notieren Sie die wichtigsten Ergebnisse in Ihrem Portfolio. Betrachten Sie dazu auch das anfängliche Brainstorming.
- Was war neu für mich? Was hat mich überrascht?
- Welche dieser Ansätze oder Elemente daraus habe ich in meinem Studium (nicht) erlebt?
- Welche eigenen Kritikpunkte oder potenzielle Schwierigkeiten sehe ich?

3.2 Lernförderliche Voraussetzungen und Rahmenbedingungen

Grundsätzlich unterscheidet man zwischen inneren und äußeren Voraussetzungen bzw. Rahmenbedingungen des Lernens (die Begriffe werden meist synonym verwendet). Zu den inneren gehören u. a. Motivation, Konzentration sowie physiologische Voraussetzungen. Äußere Rahmenbedingungen, die den Lernprozess beeinflussen, sind beispielsweise Quellen, Speicher, Lernort und Arbeitsplatz sowie inhaltliche und zeitliche Planung.

3.2.1 Innere Voraussetzungen

Konzentration
Konzentration wird definiert als eine „anhaltende Anspannung, Sammlung aller geistigen Kräfte auf ein Problem, Ziel, angespannte Aufmerksamkeit" (https://www.dwds.de). Man sammelt also bewusst und willentlich geistige Energie und fokussiert sie auf ein bestimmtes Ziel und dessen Erreichung. Dabei sind die Begriffe *Konzentration* und *Aufmerksamkeit* eng miteinander verknüpft. Aufmerksamkeit bezeichnet u. a. den „linear ansteigende[n], messbare[n] Zustand der Wachheit" im „Gegensatz zum Schlaf" (Reysen-Kostudis 2010: 84), einen „quantitativ angebbare[n] Zustand des Organismus, der von hellwach bis (im Extremfall) komatös reicht" (Spitzer 2002: 141). Störende Faktoren gleich welcher Art (Hunger, Müdigkeit, Lärm o. a.) ziehen die Aufmerksamkeit auf sich und somit weg von der Sache, auf die man sich eigentlich konzentrieren möchte.

Grundsätzlich gibt es zwei Formen der Konzentration/Aufmerksamkeit, nämlich (vgl. Reysen-Kostudis 2010: 85):
- **die selektive Aufmerksamkeit**, bei der sich die gesamte Energie auf einen einzigen Fokus konzentriert und alles andere nicht wahrgenommen oder nicht beachtet wird
- **die geteilte Aufmerksamkeit**, bei der mehrere Dinge gleichzeitig behandelt werden, z. B. Materialien sortieren und dabei Musik hören; durch die Stadt gehen, auf den Verkehr sowie andere Passanten achten und dabei mit jemandem telefonieren

Der Übergang zwischen diesen beiden Zuständen ist fließend. In der Regel sind Menschen offen für viele unterschiedliche Wahrnehmungen gleichzeitig. „Erst wenn etwas auftaucht, das uns besonders auffällt und uns wichtig erscheint, richten wir unsere Aufmerksamkeit gezielt auf diesen Punkt" (ebd.). Eine beachtliche Menge an Faktoren kann sich förderlich oder hinderlich auf Konzentration und Aufmerksamkeit auswirken. Sie werden ebenfalls nach inneren und äußeren Faktoren unterschieden (vgl. Geuenich et al. 2015: 9–19).

Zu den inneren hinderlichen Faktoren gehören beispielsweise:
- schlechte und/oder unregelmäßige Ernährung
- zu wenig trinken
- fehlende oder ungenügende Pausen
- Übermüdung
- Zeitdruck, Stress
- Sorgen, Probleme, Ängste, negative Emotionen

Äußere hinderliche Faktoren sind u. a.:
- störende Geräusche (Straßenlärm am offenen Fenster, Benachrichtigungs- und sonstige Handytöne, die Unterhaltung der WG-Mitbewohner/innen)
- Unordnung oder unschöne Atmosphäre am Arbeitsplatz
- häufig wechselnde Arbeitsplätze
- mangelnde technische Ausrüstung (fehlende Medien, zu kleiner Arbeitsplatz, unbequemer Stuhl)
- unvollständige Arbeitsmaterialien (Bücher, Handouts, Papier, Stifte)

Viele der genannten Faktoren sind so banal, dass sie leicht aus dem Blickfeld geraten oder nicht ernst genommen werden. Gerade deshalb sollte man sie genauer in Betracht ziehen und möglichst viele davon abstellen.

Arbeitsanregung I: Was meine Konzentrationsfähigkeit behindert
1. Erinnern Sie sich an zwei möglichst studienrelevante Situationen, in denen Sie sich schlecht oder gar nicht konzentrieren konnten, geben Sie ihnen einen kurzen Titel und schreiben Sie die Titel auf. Wählen Sie nun eine der notierten Situationen aus, bearbeiten Sie die Schritte 2 und 3 für diese eine Situation und analysieren erst danach die nächste.

2. Gehen Sie die oben stehende Liste an hinderlichen Faktoren durch, überprüfen Sie, welche der Faktoren in Ihrer ausgewählten Situation vorkamen, und notieren Sie diese. Ergänzen Sie ggf. weitere Faktoren, die nicht in der Liste stehen.
3. Vervollständigen Sie nun die folgenden Sätze, indem Sie die notierten Faktoren der jeweils passenden Kategorie A, B oder C zuordnen.
   A: Wenn ich ehrlich bin, könnte ich diese Faktoren leicht abstellen, nämlich so: ...
   B: Diese Faktoren könnte ich mit etwas mehr Aufwand im Prinzip auch abstellen oder zumindest minimieren, und zwar so: ...
   C: Diese Faktoren kann ich (momentan) nicht leicht abstellen, weil ...
4. Wenn Sie beide Situationen auf diese Weise analysiert haben, nehmen Sie sich vor, ab sofort beim Lernen ungefähr drei der Ergebnisse aus A und mindestens ein Ergebnis aus B umzusetzen. Schreiben Sie dazu die ausgewählten Maßnahmen leserlich auf einen Bogen Papier und platzieren Sie diesen gut sichtbar an Ihrem Arbeitsplatz. Legen Sie einen konkreten Zeitrahmen fest, innerhalb dessen Sie sich an die neuen Rahmenbedingungen halten werden. Ergänzend – aber nicht als Ersatz – können Sie auch Erinnerungen in Ihr Handy programmieren.
5. Versuchen Sie in der Folgezeit, sich an Ihre Vorgaben zu halten und sie umzusetzen. Überprüfen Sie am Ende des festgelegten Zeitrahmens, ob Ihnen dies gelungen ist. Wenn ja, was hat sich verändert? Wenn nein, warum nicht?
6. Wenn die neuen Maßnahmen erfolgreich waren und Sie diese verinnerlicht haben, wählen Sie weitere Maßnahmen aus Ihrer Ergebnisliste und gehen Sie vor wie in Punkt 5. Wenn Sie sich nicht daran gehalten haben oder nicht erfolgreich waren, ermitteln Sie die Gründe und leiten Sie daraus neue Maßnahmen ab. Gehen Sie damit um, wie in 5. beschrieben.

Wenn möglichst viele der störenden Faktoren abgestellt oder in ihr Gegenteil gekehrt werden (zu viel Ablenkung → Störquellen abstellen), wirkt sich dies positiv auf Aufmerksamkeit und Konzentration aus. Zwei weitere, besonders förderliche Aspekte sind die *Motivation* (Kap. 5) sowie ein konsequentes, effizientes *Zeitmanagement* (Kap. 6, 7 und 9).

Pflanzen am Arbeitsplatz TIPP
Stehen in dem Zimmer, in dem Sie hauptsächlich lernen, eigentlich Pflanzen? Wenn nicht, sollten Sie sich vielleicht die eine oder andere pflegeleichte Pflanze zulegen, denn: Pflanzen absorbieren Staub und Schall, schlucken Kohlendioxid, geben Sauerstoff ab und erhöhen die Luftfeuchtigkeit. Außerdem schaffen sie eine angenehme Atmosphäre. Das alles wirkt sich häufig positiv auf Konzentration und Motivation aus.

Ebenfalls sehr hilfreich ist es, sich bewusst zu machen, was sich bisher quasi intuitiv förderlich auf die eigene Konzentration ausgewirkt hat.

> **Arbeitsanregung II: Was meine Konzentrationsfähigkeit beflügelt**
> (in Anlehnung an Reysen-Kostudis 2010: 91)
> 1. Erinnern Sie sich an zwei Situationen, in denen Sie hoch konzentriert waren und die nicht zu lange zurückliegen. Das können studienrelevante, aber auch private Situationen sein. Geben Sie ihnen einen kurzen Titel und notieren Sie diese. Wählen Sie nun eine der beiden Situationen aus, bearbeiten Sie die Schritte 2 und 3 für diese eine Situation und analysieren Sie erst danach die zweite.
> 2. Notieren Sie, was genau dazu geführt hat, dass Sie sich so gut konzentriert haben (z. B. das allgemeine Thema, der konkrete Inhalt eines Gesprächs/Videos/Podcasts/Buches, die Umgebung, die Art der Tätigkeit, der/die Gesprächspartner/in, ein besonderes Gefühl/Erfolgserlebnis, die Aussicht auf etwas Schönes).
> 3. Vervollständigen Sie nun die folgenden Sätze. Schreiben Sie für jeden konzentrationsförderlichen Aspekt einen separaten Satz und notieren Sie zu beiden Satztypen so viele Sätze, wie Ihnen aus der Analyse der Situation einfallen.
>   A: Ich kann mich gut konzentrieren, wenn ...
>   B: Ganz besonders beflügelt mich ...
> 4. Wenn Sie beide Situationen auf diese Weise analysiert haben, formulieren Sie mindestens drei Konsequenzen, die sich aus den Sätzen in 3. ergeben. Schreiben Sie dazu Sätze wie „*Ab sofort/In den nächsten X Tagen/Wochen werde ich ... tun*" leserlich auf einen Bogen Papier und platzieren Sie diesen gut sichtbar an Ihrem Arbeitsplatz. Legen Sie einen konkreten Zeitrahmen fest, innerhalb dessen Sie sich an die neuen Rahmenbedingungen halten werden. Auch hierfür können Sie ergänzend Erinnerungen in Ihrem Handy speichern.
> 5. Gehen Sie nun so vor, wie in den Schritten 5 und 6 der Arbeitsanregung I.

Physiologische Voraussetzungen

Zu den physiologischen Voraussetzungen gehören einerseits Aspekte wie Gesundheit, Ernährung, Bewegung, Sport, Schlaf und andererseits Überlegungen zu Arbeitszeit und Pausen. In zahlreichen Untersuchungen wurde festgestellt, dass die meisten Menschen etwa zwischen 9.00 und 12.00 Uhr sowie zwischen ca. 16.00 und 19.00 Uhr besonders produktiv sind. Dabei liegt der Höhepunkt ungefähr in der Mitte der Zeitfenster (Schräder-Naef 2000: 94). Dieser Umstand wird häufig als sogenannte Leistungskurve dargestellt (Abb. 5).

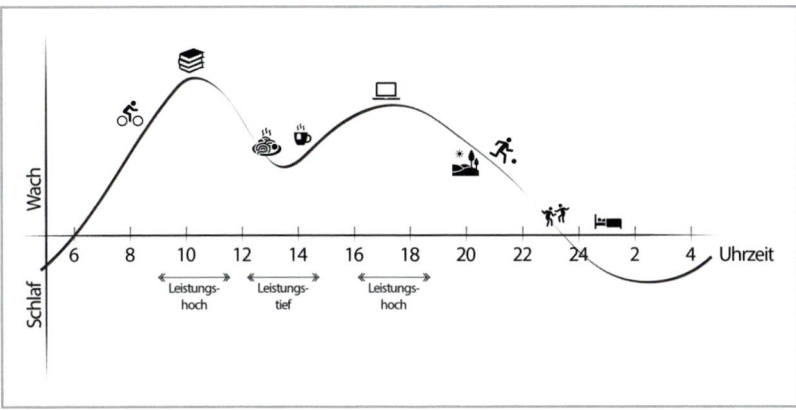

Abb. 5 Leistungskurve (mod. nach https://cdn.shopify.com/s/files/1/0396/1864/2086/files/Leistungskurve-1024x455.png?v=1595776839)

> **Arbeitsanregung: Meine persönliche Leistungskurve**
> Beobachten Sie sich etwa eine Woche lang möglichst genau und notieren Sie, wann Sie besonders leistungsfähig sind und gut lernen können und wann nicht. Ermitteln Sie so Ihre persönliche Leistungskurve, zeichnen Sie sie auf und deponieren Sie sie griffbereit oder gut sichtbar an Ihrem Arbeitsplatz.

Wichtig ist auch die Frage, wie lange am Stück Körper und Geist leistungsfähig sind und wie viele Stunden am Tag insgesamt ein Mensch überhaupt zu arbeiten in der Lage ist. Diese scheinbar banalen Fragen werden in der heutigen Zeit gern übergangen. Das tägliche Arbeits- und Leistungspensum wird in allen Altersgruppen oft völlig selbstverständlich überzogen und überfrachtet.

Untersuchungen zeigen, dass Erwachsene durchschnittlich acht bis neun Stunden am Tag Leistung erbringen können. Dabei hängt es stark davon ab, um welche Art von Leistung es sich handelt und wie hoch die Motivation zur Erbringung derselben jeweils ist. Geht man nach dem Lernen z. B. noch begeistert zum Sport, kann die tägliche Gesamtleistungszeit problemlos überschritten werden.

> **Stimmen von Studierenden**
>
> *Ich habe festgestellt, dass meine Leistungskurve auch zwei Hochs hat, die allerdings leicht verschoben sind.*
> –
> *Ich benutze eine Trink-App. Seitdem habe ich auch keine Kopfschmerzen mehr.*
> –

> *Gegen Ablenkung durch Geräusche helfen mir Ohrenstöpsel. Sie halten zwar nicht alle Geräusche ab, aber es wird allgemein ruhiger. Das Handy stelle ich auf stumm und deponiere es weit weg von meinem Arbeitsplatz.*
>
> —
>
> *Ich benutze eine App, mit der ich andere Apps auf dem Handy und dem PC-Browser temporär sperre oder für den Tag eine maximale Benutzungszeit festlege.*
>
> —
>
> *Wenn ich mit einem Thema fertig bin, räume ich den Schreibtisch auf und fange erst danach mit dem nächsten an. Abends räume ich alles weg und bereite den Platz für den nächsten Tag vor. Das motiviert mich, morgens nach dem Frühstück gleich loszulegen.*
>
> —
>
> *Ablenkende Gedanken schreibe ich in ein Notizbuch und lege es dann weg. Das hilft mir oft weiter.*

3.2.2 Äußere Rahmenbedingungen

Inhaltliche Planung

Für die Einteilung von Aufgaben in Lern- bzw. Arbeitsphasen sind mehrere Faktoren wichtig.

- **Phasen des Lernens** → Jeder Arbeitsverlauf gliedert sich in drei Phasen: in die *Einstiegs- und Anwärmphase*, die *Hauptarbeits- und Konzentrationsphase* sowie die *Schluss- und Endspurtphase*. Sinnvollerweise beginnen Sie deshalb mit etwas Leichtem und Kurzem, erledigen dann die schwierigsten Aufgaben, danach etwas Leichtes und ganz am Ende wieder etwas Schwierigeres.
- **Ähnlichkeitshemmung** → Mangelnde Abwechslung behindert Aufmerksamkeit und Konzentration. Folglich behindern und hemmen sich ähnliche Aufgaben gegenseitig. Soweit dies machbar ist, sollten sich deshalb unterschiedliche Aufgabentypen stets abwechseln. Ist das mal nicht möglich, sollten Sie unbedingt eine Pause einlegen und etwas völlig anderes tun, bis eine Aufgabe auch innerlich erledigt ist und bevor die nächste begonnen wird.

Zeitliche Planung und Pausen

Das Gehirn kann nicht unbegrenzt lange Informationen verarbeiten, es müssen deshalb unbedingt regelmäßig Pausen eingelegt werden. Etwa alle 20 bis 30 Minuten sind fünf Minuten Pause und Erholung notwendig, nach eineinhalb Stunden ca. 15 bis 20 Minuten und nach dreieinhalb bis vier Stunden Arbeit mindestens eine Stunde Pause, Ablenkung und Entspannung. Während der Pausen sollten Sie den Arbeitsplatz unbedingt verlassen und sich ein wenig belohnen, z. B. in der 5-Minuten-Pause mit Musik an einem bequemen Ort oder einem Getränk, in der 20-Minuten-Pause mit etwas Bewegung usw.

Der Lehr-Lernbetrieb ist allerdings in allen Bildungseinrichtungen und fast überall auf der Welt i. d. R. so organisiert, dass vor allem die kurzen Pausen nach 20 bis 30 Minuten nicht stattfinden. Wenn etwa in diesem Rhythmus inhaltliche (Teil-)Themen wechseln, ist dies immerhin schon eine kleine Abwechslung für das Gehirn. Wenn nicht (oder als Ergänzung) können Sie versuchen, dem Gehirn durch kleine, unauffällige Tricks etwas Abwechslung zu verschaffen oder diese zu intensivieren, z. B. durch:
- Verändern der Sitzhaltung
- die Beine strecken, anspannen und wieder entspannen
- die Arme nach unten strecken, anspannen und wieder entspannen
- die Schultern anheben und senken oder kreisen lassen
- unauffällig gähnen; dabei mit beiden Händen sanft die Wangenmuskulatur massieren

Unter solchen Rahmenbedingungen ist es umso wichtiger, diejenigen Pausen, die wirklich stattfinden, unbedingt als solche zu nutzen. Verlassen Sie den Hörsaal, Seminarraum, das Labor oder den häuslichen Arbeitsplatz und bewegen Sie sich.

Aufgaben einteilen

Um die vorangegangenen Aspekte bestmöglich berücksichtigen zu können, teilen Sie die anstehenden Aufgaben in kleine Portionen ein. Am besten schreiben Sie diese einzeln auf separate Zettelchen und deponieren sie am Arbeitsplatz. Immer, wenn eine Teilaufgabe erledigt ist, entfernen Sie den entsprechenden Zettel. Das hat den positiven Nebeneffekt, dass man sieht, wie die anstehenden Aufgaben immer weniger werden.

> **Arbeitsanregung: Lernphasen planen**
> Überprüfen Sie einmal, ob Sie Ihre Lernphasen bewusst sowohl inhaltlich als auch zeitlich planen, und wenn ja, wie. Falls Ihr bisheriges Vorgehen stark von den oben beschriebenen Informationen abweicht, nehmen Sie sich zwei bis drei Dinge vor, die Sie ändern möchten. Notieren Sie diese, legen Sie den genauen Zeitraum für die Umsetzung fest und probieren Sie sie aus. Überprüfen Sie am Ende, was sich verändert hat.

Stimmen von Studierenden

Besonders gut kann ich mich konzentrieren, wenn ich davor draußen an der frischen Luft war, zu Fuß, auf dem Rad oder beim Joggen. Bei schlechtem Wetter hilft auch irgendeine Art von Bewegung innerhalb der Wohnung.

—

Meine Pausen plane ich oft ganz genau und nehme mir hierfür bestimmte Dinge vor, z. B. Wäsche aufhängen oder meine Pflanzen gießen. So gönne ich meinem Kopf regelmäßig eine Auszeit und bekomme nebenher Uni und Alltagsaufgaben perfekt unter einen Hut.

—

Ich teile mir meine Arbeit immer in viele Abschnitte ein und mache dazwischen Pausen. Hierfür stelle ich mir einen Wecker und mache dann ein 5-Minuten-Workout, höre Musik oder beides. Dadurch lerne ich sehr effektiv.

—

Wenn ich keine Pausen mache, werde ich sehr unproduktiv und bin angespannt.

Arbeitsanregung: Transfer und Reflexion
- Reflektieren Sie nun darüber, wie es Ihnen mit der ausgewählten Lesestrategie ergangen ist. Womit sind Sie gut zurechtgekommen, womit nicht? Für welche studienrelevanten Texte könnten Sie die Strategie (oder Elemente daraus) verwenden? Was würden Sie eventuell verändern?
- Legen Sie am besten gleich fest, wann Sie die Strategie auf einen studienrelevanten Text anwenden werden, und probieren Sie sie aus.

4 Was geschieht im Kopf, wenn wir lernen?

Arbeitsanregung: Brainstorming und Erprobung Lesestrategie 2
1. Brainstorming: Beginnen Sie bitte wieder mit einem Brainstorming. Haben Sie sich schon einmal mit der Funktionsweise des Gehirns und des Gedächtnisses, mit Lerntypen oder ähnlichen Themen beschäftigt? Notieren Sie einige Minuten lang, was Sie dazu bereits wissen oder schon mal gehört haben.
2. Erprobung Lesestrategie 2: Denken Sie daran, nun eine andere der in Kapitel 2 vorgestellten Lesestrategien auszuwählen und sie in diesem Kapitel anzuwenden.

4.1 Das menschliche Gehirn

Vier Bereiche

Das menschliche Gehirn (Abb. 6) lässt sich grob in die vier Bereiche *Großhirn, Kleinhirn, Stammhirn* (auch *Hirnstamm*) und *Rückenmark* aufteilen (vgl. Bertram 2020: 14). Direkt unter der Schädeldecke liegt der entwicklungsgeschichtlich jüngste und größte Teil des Gehirns, das *Großhirn* (*Cerebrum*). Es besteht aus zwei Hälften (*Hemisphären*) und sieht aus wie eine riesige, geleeartige Walnuss. Die beiden Hälften sind durch einen Nervenstrang, den *Balken* (*Corpus callosum*), miteinander verbunden, über den sie Informationen austauschen. Verarbeitet werden diese in der äußeren, runzeligen Hülle des Großhirns, der *Hirnrinde* (*Cortex*).

Unterhalb der beiden Hemisphären liegt am Hinterkopf das stark verästelte *Kleinhirn* (*Cerebellum*). Es ist u. a. für die Koordination, Steuerung und Feinabstimmung von Bewegungen verantwortlich. Bei schweren Verletzungen oder Erkrankungen des Kleinhirns (durch Schlaganfall, Tumor o. a.) wird die Motorik erheblich gestört (vgl. ebd.: 19).

Das Kleinhirn mündet in das *Stammhirn*, den ältesten Teil des Gehirns. Er ist für die Steuerung der meist unbewusst ablaufenden, lebensnotwendigen Prozesse wie Atmen, Schlucken, Herzschlag, Schlaf-Wach-Rhythmus usw. zuständig. Hier werden in Traumphasen auch bestimmte Muskeln vorübergehend gelähmt, damit man Bewegungen aus dem Traum nicht in der Realität ausführt. Das Stammhirn, die „Transit- und Schaltstation" (ebd.: 17) zwischen Groß- und Kleinhirn, ist in die drei Bereiche *verlängertes Mark*, *Brücke* und *Mittelhirn* unterteilt. Im Mittelhirn werden die sogenannten *Botenstoffe* (*Neurotransmitter* → *chemische Stoffe*) produziert, die bei der Informationsverarbeitung eine wichtige Rolle spielen (s. u.).

Das Stammhirn mündet schließlich ins *Rückenmark*, das sich im Inneren der Wirbelsäule befindet. Über das Rückenmark gelangen Informationen vom Gehirn in die Organe und umgekehrt.

Großhirn, Kleinhirn und Rückenmark bilden zusammen das *zentrale Nervensystem*, die Schaltzentrale des Körpers. Daneben verfügt der menschliche Körper auch über das *periphere Nervensystem*, also Nerven, die etwa in den Augen, Armen oder Beinen sitzen. Diese Nerven leiten die von der Außenwelt empfangenen Informationen weiter an das zentrale Nervensystem (vgl. Rubner 1999: 15).

Limbisches System und Thalamus

Im Zentrum des Großhirns liegt das *limbische System* (Abb. 6), welches aus mehreren zusammenhängenden Strukturen besteht, darunter der *Hippocampus* (griech. → Seepferdchen) und die beiden *Amygdala* (griech. → Mandelkerne). Beide sind in hohem Maße für Lernprozesse wichtig. Die Amygdala verarbeiten Sinneseindrücke, bewerten sie nach gut/schlecht, angenehm/unangenehm usw. und steuern Angst, Aggressivität und andere Emotionen. Sie sind für das emotionale Lernen ebenso wie für die Verarbeitung von Stressreaktionen zuständig (vgl. Bertram 2014: 29). Im Hippocampus werden Fakten, Ereignisse und Ortsinformationen gespeichert und eingehende Informationen in den zeitlichen und räumlichen Gesamtzusammenhang eingeordnet (vgl. Spitzer 2002: 24). Stuft der Hippocampus eingehende Reize als interessant oder wichtig ein, werden sie weitergleitet und gespeichert. Auch an der emotionalen Bewertung von

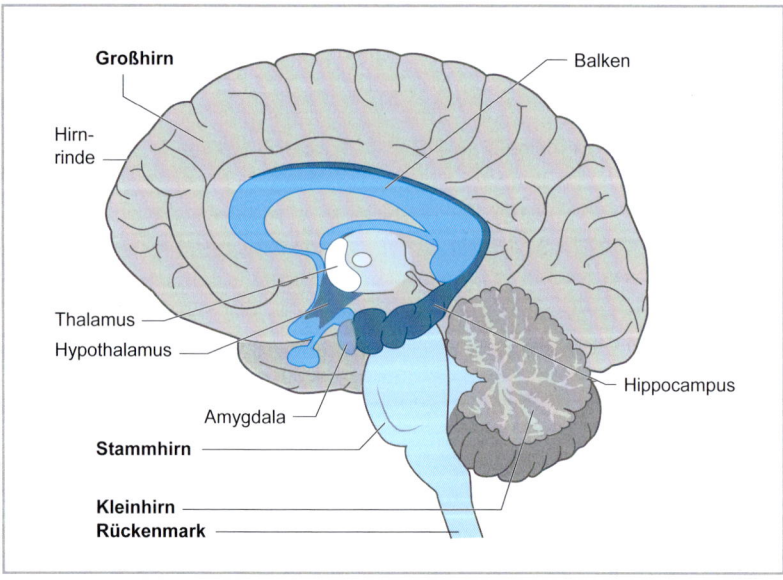

Abb. 6 Das menschliche Gehirn (mod. nach https://www.alamy.com, Bild 2E3M602)

Reizen ist der Hippocampus beteiligt (vgl. Grein 2013: 10f). „Dauerstress führt dazu, dass das Hippocampusvolumen abnimmt" (Bertram 2014: 32). Stress hat also einen negativen Einfluss auf den Lernerfolg, wohingegen sich eine entspannte, anregende Atmosphäre ohne ablenkende Reize positiv auswirkt. Ebenfalls zum limbischen System gehört der *Hypothalamus*, in dem vegetative Prozesse geregelt werden.

Eine sehr wichtige Rolle im Gehirn spielt außerdem der *Thalamus*, gleich oberhalb des Hypothalamus. Wie eine „Relaisstation" (Rubner 1999: 94) empfängt er sowohl von den Sinnesorganen als auch vom limbischen System Informationen und leitet sie zur Weiterverarbeitung an die Hirnrinde (vgl. ebd.).

Neuronen und Synapsen

Jahrzehntelang ging man in den Neurowissenschaften davon aus, dass das Gehirn etwa 100 Milliarden Neuronen sowie 10- bis 50-mal mehr nicht-neuronale Zellen besitzt und damit das größte und kognitiv leistungsfähigste unter den Primaten und allgemein unter den Säugetieren ist (vgl. Herculano-Houzel 2012: 10661). Mit einer eigenen, neu entwickelten Zählmethode kommt Herculano-Houzel nun auf 86 Milliarden Neuronen und ebenso viele nicht-neuronale Zellen, wobei die „gleichen neuronalen Skalierungsregeln [wie für] nichtmenschliche Primaten gelten" (ebd.: 10665). Das menschliche Gehirn sei damit in Bezug auf die Zusammensetzung der Zellen lediglich ein vergrößertes Primatengehirn mit zwar bemerkenswerten, jedoch nicht außergewöhnlichen kognitiven Fähigkeiten und einem erhöhten Stoffwechsel, schlichtweg aufgrund seiner immensen Zahl an Neuronen (vgl. ebd).

Bei allen Neuronentypen kann man einen ähnlichen Aufbau feststellen: Das Zentrum bildet ein mikroskopischer Zellkörper (*Nukleus*), von dessen Rändern Fasern (*Dendriten*) abgehen. An einer Seite hat der Zellkörper eine Art Kabel (*Axon*), das an seinem anderen Ende verzweigt ist und mit den Endknöpfchen in mehrere andere Neuronen mündet. Treten zwei Zellen miteinander in Kommunikation, dann empfangen die Dendriten Signale, während die Axone Signale senden. Hierfür sitzen auf den Dendriten oft mehrere Zehntausend kleiner Knospen, an welche die Endstücke der Axone anderer Zellen andocken. Diese Kontaktstellen heißen *Synapsen* (griech. *synaptein* → sich verbinden) (vgl. Rubner 1999: 17f).

Bei jeder bewussten oder unbewussten Informationsaufnahme, also immer, wenn Reize auf ein Neuron treffen, wird dieses aktiviert und gibt über die Neurotransmitter elektrische Impulse von einer Synapse an eine andere weiter. Dabei werden umso mehr Neurotransmitter freigesetzt, je stärker der Reiz (die Signalstärke) ist. Mündet dieser in bekannte Strukturen, kann er also ein Muster erkennen, weil gleiche oder ähnliche Informationen bereits im Gehirn vorhanden sind (z. B. bei Wiederholung von Lernstoff), werden dieselben Neuronengruppen angesprochen. Der Reiz wird so besser verarbeitet und die dazugehörenden Verbindungen werden stabilisiert. In jedem Fall wird neues Wissen mit bereits vorhandenem verknüpft, beteiligte Neuronenpopulationen werden verändert und neue gebildet (vgl. Grein 2013: 13–15). Lernen geht also stets mit dem Auf- und Ausbau von synaptischen Verbindungen im Gehirn einher (Abb. 7).

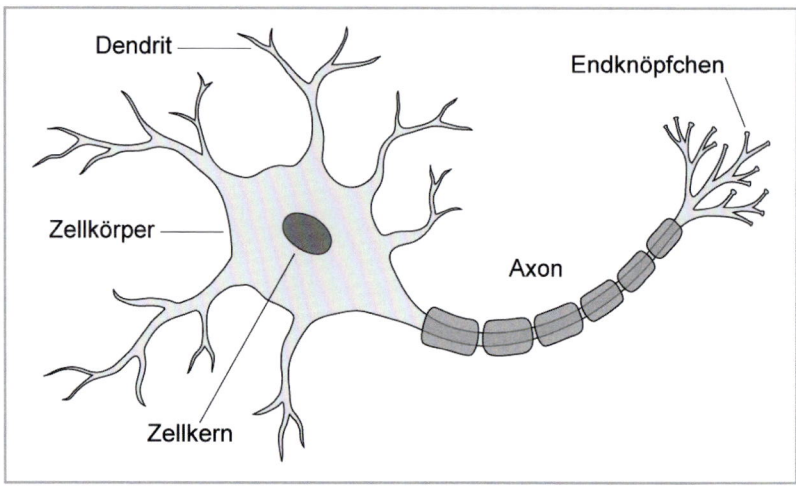

Abb. 7 Neuronen und ihre Verbindungen (mod. nach https://www.dasgehirn.info/sites/default/files/media_image/4_2_5_Neuron_download.jpg)

4.2 Lernen und Gedächtnis

4.2.1 Lernen

Schritte der Informationsverarbeitung
Das Gedächtnis wird von Experten als *kognitive Struktur* bezeichnet, welche Informationen in mehreren Schritten verarbeitet, nämlich (vgl. Winkel et al. 2006: 31):

(1) **Aufnehmen** → (2) **Enkodieren und Repräsentieren** (Lernen und Wissen) → (3) **Speichern** (Aufbewahren) → (4) **Modifizieren und Abrufen** (Erinnern und Benutzen).

Beim sogenannten **verteilten Lernen** (Wechsel zwischen kurzen Lerneinheiten und Pausen) können Informationen besser aufgenommen und verarbeitet werden als beim **massierten Lernen** (Lernen in wenigen langen Lerneinheiten), da Informationen in den Lernpausen durch die Neuronen weiterverarbeitet und vorangegangene Erinnerungen gefestigt werden. Man nennt diese Weiterverarbeitung und Festigung auch *Konsolidierung*. Weiterhin führt verteiltes Lernen dazu, dass verschiedene Lerninhalte an unterschiedliche Lernkontexte geknüpft werden und somit später besser abgerufen werden können.

Die Enkodierung und Repräsentation von Inhalten im Gedächtnis kann verbal, bildlich sowie handlungsbezogen stattfinden. Der Abruf gelingt umso besser, je mehr sich die Umgebungen für Enkodierung (Lernen) und Abrufen (Benutzen) ähneln. Außerdem kann die Enkodierung durch den bewussten und gezielten Einsatz von Lern- und Merkstrategien unterstützt werden. Zu den wichtigsten Strategietypen gehören:
- **Wiederholung** → zum Festigen und Überprüfen
- **Kategorisierung** → Ordnung der Lerninhalte nach Ober- und Unterbegriffen

- **Elaboration** → Verknüpfung von neuen Inhalten mit bereits bekannten, und zwar inhaltlich, sprachlich und/oder bildlich; Formulierung von Fragen zum Lernstoff; Strukturieren und Visualisieren von Inhalten u. a.

> **TIPP**
> Mit den in diesem Band detailliert vorgestellten Techniken können jeweils eine oder mehrere dieser Strategietypen konkret umgesetzt werden. Überprüfen Sie doch einmal, welche Aspekte davon in den bisher vorgestellten Lesestrategien bereits vorkommen.

Bei jedem Abruf werden die gelernten Inhalte aktiv rekonstruiert und ggf. modifiziert (s. o. Schritt 4, Modifizieren und Abrufen). Diese Modifikation kann durch später hinzugefügte Informationen positiv oder negativ beeinflusst werden, da sich neue Informationen mit den alten, bereits gespeicherten vermischen.

Hat man gespeicherte Informationen vergessen oder meint dies zumindest, dann liegt dies oft nicht am Speichervorgang selbst, sondern an der Art des Abrufens, denn es bedarf geeigneter Kontexte und Reize, um auf gespeichertes Wissen zurückgreifen zu können. Je mehr Bekanntes damit verbunden wird, desto besser gelingt das korrekte Abrufen. Als Beispiel eine Situation, die Sie bestimmt kennen: Sie gehen von A nach B, um dort etwas zu tun. Unterwegs denken Sie an etwas anderes, kommen bei B an und haben vergessen, was Sie dort wollten. Gehen Sie wieder zurück nach A, wo Ihr Entschluss zusammen mit weiteren, begleitenden Informationen gespeichert wurde, wissen Sie sofort wieder, was Sie vorhatten.

Vergessen kann allerdings auch durch *Interferenzen* entstehen, wenn sich neue und alte Inhalte zu sehr ähneln. Dabei stört bei der sogenannten *proaktiven Interferenz* bereits Bekanntes das Lernen von neuen Inhalten, bei der *retroaktiven Interferenz* verhält es sich umgekehrt. Ähnliche Inhalte sollten deshalb nicht direkt hintereinander gelernt, sondern durch Pausen oder andere Beschäftigungen voneinander getrennt werden (Kap. 3.2.2).

Lernplateaus

In Phasen intensiven Lernens setzt manchmal das Gefühl ein, dass man auf der Stelle tritt und es einfach nicht weitergeht, obwohl man sich doch so anstrengt. Sofern nicht äußere oder innere Rahmenbedingungen das Lernen behindern (Kap. 3.2), ist die Wahrscheinlichkeit recht hoch, dass man sich gerade auf einem sogenannten *Lernplateau* befindet. Das „Gedächtnis ist [...] vermutlich dabei, eine neue Struktur aufzubauen. [...] Es handelt sich also um eine Ruhe- und Erholungsphase" (Heister 2013: 31). In solchen Phasen kann man langsam und ruhig weiterlernen oder sich etwas entspannen. Ist die neue Struktur erst einmal aufgebaut, steigt die Leistungskurve wieder an (vgl. ebd.).

4.2.2 Gedächtnis

In der Gedächtnisforschung hat sich das Dreispeichermodell von Atkinson und Shiffrin (1968) etabliert. Demnach gliedert sich das Gedächtnis in drei Bereiche: das *sensorische* oder *Ultrakurzzeitgedächtnis*, das *Kurzzeitgedächtnis* und das *Langzeitgedächtnis*. Nach diesem Modell gelangen alle Eindrücke und Informationen zuerst in das sensorische Gedächtnis. Dieses kann enorm viele Informationen aufnehmen, sie jedoch nur für eine extrem kurze Zeit speichern. In Bruchteilen von Sekunden wird entschieden, ob etwas relevant ist oder nicht. Alles Irrelevante wird sofort aussortiert und vergessen. Viele Informationen werden in diesem Teil des Gedächtnisses nicht bewusst wahrgenommen und deshalb auch nicht behalten. Für den Lernprozess bedeutet dies, dass beim Lernen die gesamte Aufmerksamkeit von Anfang an bewusst auf Inhalte gelenkt werden muss.

Informationen, die im sensorischen Gedächtnis als relevant eingestuft werden, gelangen ins Kurzzeitgedächtnis. Hier befinden sich bewusst wahrgenommene Informationen, sowohl aus dem sensorischen als auch aus dem Langzeitgedächtnis. Neu eintreffende Informationen werden verarbeitet, indem auf bereits gespeichertes Wissen aus dem Langzeitgedächtnis zurückgegriffen wird. Die Angaben zur Verweildauer von Informationen im Kurzzeitgedächtnis variieren zwischen mehreren Sekunden und einigen Minuten.

Im Gegensatz zum sensorischen Gedächtnis kann das Kurzzeitgedächtnis nur 7 +/– 2 Informationseinheiten gleichzeitig aufnehmen. Verbindet man jedoch mehrere Einzelinformationen zu sogenannten *Chunks*, kann dadurch die Speicherkapazität erhöht werden (vgl. Miller 1956). Hierzu ein Beispiel:

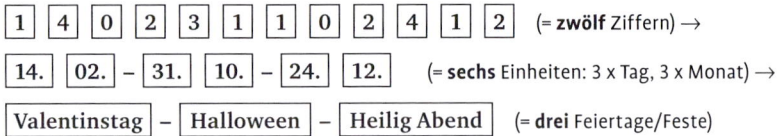

| 1 | 4 | 0 | 2 | 3 | 1 | 1 | 0 | 2 | 4 | 1 | 2 | (= **zwölf** Ziffern) →

| 14. | 02. | – | 31. | 10. | – | 24. | 12. | (= **sechs** Einheiten: 3 x Tag, 3 x Monat) →

| Valentinstag | – | Halloween | – | Heilig Abend | (= **drei** Feiertage/Feste)

Die Länge der Chunks spielt dabei keine Rolle. Die Gedächtnisleistung kann also durch eine verbesserte „semantische[…] Organisation" (Lewandowski 1990a: 196) der Chunks erweitert werden. Chunks müssen nicht allgemein verständlich sein. Die vier Ziffern *2 4 1 2* können sicher von sehr vielen Menschen auf die eine Einheit *Heilig Abend* reduziert werden. Bei historischen Daten oder dem Geburtstag einer Freundin sieht die Sache schon anders aus. Für das eigene Lernen und Behalten ist aber nur die individuelle Bedeutung entscheidend.

Wiederholung führt dazu, dass Information im Kurzzeitgedächtnis gehalten wird (z. B. Vormurmeln eines Satzes, den man gleich aufschreiben will). Werden neue Informationen und Inhalte gründlich und oft genug wiederholt, setzt die oben beschriebene Konsolidierung ein, die zu dauerhaften Veränderungen der neuronalen Struktur führt. Damit findet die Überführung ins Langzeitgedächtnis statt. Weitere Techniken zur Verbesserung der Konsolidierung sind z. B. lautes Lesen, Reim, Rhythmus, Mnemotechniken u. v. m. (vgl. Baddeley 1999: 22f).

Das Langzeitgedächtnis „besitzt eine praktisch unbegrenzte Speicherkapazität und eine sehr lange Speicherdauer (über mehrere Jahrzehnte)" (Winkel et al. 2006: 35). Hier befinden sich verschiedene Arten von Wissen.
- **Deklaratives Wissen (knowing what)** → Wissen über einen Sachverhalt, z. B. Fakten oder Begriffe. Deklaratives Wissen wird in zwei Unterkategorien eingeteilt:
  - **Semantisches (abstraktes Sach-)Wissen**, das man im Laufe des Lebens anhäuft; in abstrakter Form gespeicherte Bedeutungen von Tatsachen (*Vietnam liegt in Asien.*) und Begriffen (*Telefon → Apparat, mit dem man über Entfernungen hinweg Gespräche führen kann*) sowie deren Zusammenhänge
  - **Episodisches (situationsgebundenes) Wissen**, das man sich aufgrund konkreter Erfahrungen angeeignet hat, an die man sich beim Abrufen des Wissens erinnert (*In Vietnam heiratet man so: ... Das habe ich in Hanoi selbst miterlebt.*)
- **Prozedurales Wissen (knowing how)** → Wissen über einen Handlungsablauf, den man selbst durchführen kann (*Fahrrad fahren, eine Schleife oder eine Krawatte binden, ein Gerät korrekt bedienen*). Prozedurales Wissen wird oft auch *non-deklarativ* genannt, denn es wird häufig unbewusst ausgeführt und kann nur schwer explizit beschrieben werden. In der Alltagssprache wird es meist als *Können* bezeichnet.

Bestimmte Inhalte können auch in Stufen von einer Wissensform in eine andere übergehen. In experimentellen Fachbereichen lernt man beispielsweise zunächst theoretisch, wie man ein bestimmtes Gerät bedient oder mit bestimmten Materialien und Werkzeugen im Labor umgeht (→ semantisches Wissen). Das theoretisch Gelernte wird dann in einem praktischen Versuch angewandt. Beim nächsten Mal erinnert man sich vielleicht besser an die Abläufe, indem man sich dabei (auch) an den vorangegangenen Versuch erinnert (→ episodisches Wissen). Hat man die betroffenen Geräte, Materialien oder Werkzeuge wiederholt in Versuchen praktisch benutzt und immer wieder die gleichen Arbeitsabläufe durchgeführt, werden sie so verinnerlicht, dass man sie automatisch ausführen kann, ohne sich jedes Mal die theoretischen Informationen bewusst machen zu müssen (→ prozedurales Wissen).

Sind neue Informationen an starke Eindrücke und Gefühle geknüpft, lernen wir sie auch, ohne sie im Kurzzeitgedächtnis zu üben. Sie „überspringen" dann das Kurzzeitgedächtnis, werden gleich im Langzeitgedächtnis gespeichert und können Jahre oder Jahrzehnte später noch abgerufen werden.
- Beispiele, individuell: der erste Kuss, ein schlimmer Unfall, die Geburt eines Kindes
- Beispiele, kollektiv: Fall der Berliner Mauer, 11. September in New York

Diese Tatsache macht deutlich, wie wichtig Emotionen für den Lernerfolg sind.

Baddeley & Hitch (1974) entwickelten ein Drei-Komponenten-Modell des Kurzzeitgedächtnisses und führten hierfür die Bezeichnung *Arbeitsgedächtnis* ein. Das Modell beinhaltete zunächst drei verschiedene Bereiche mit unterschiedlichen Aufgaben und wurde 2000 von Baddeley um einen vierten Bereich ergänzt (vgl. Baddeley 2000: 418–421):

- Die **phonologische Schleife** verarbeitet akustische und verbale Informationen.
- Der **visuell-räumliche Skizzenblock** ist für die Verarbeitung von räumlichen und bildlichen Informationen zuständig.
- Der **episodische Puffer** speichert Informationen vorübergehend, episodisch und mehrdimensional. Er ist die temporäre Schnittstelle zwischen phonologischer Schleife, visuell-räumlichem Skizzenblock und Langzeitgedächtnis.
- Die **zentrale Exekutive** setzt Prioritäten bei der Verarbeitung von Informationen, überwacht die Abläufe in den verschiedenen Teilen und überprüft Ergebnisse.

Eine andere Erklärung für die Arbeitsweise des Gedächtnisses lieferten Craik & Lockart (1972) mit ihrem *Modell der Verarbeitungstiefe*. Demnach besteht das Gedächtnis aus nur einem einzigen Speicher, die Verweildauer von Informationen in diesem Speicher hängt von der Verarbeitungstiefe ab. Je intensiver und elaborierter Informationen verarbeitet und repräsentiert werden, desto länger bleiben sie im Gedächtnis und desto besser können sie abgerufen werden.

Winkel et al. führen diese drei verschiedenen Modellansätze zu einem einzigen Gedächtnismodell zusammen und betonen damit die komplexen Vorgänge und Faktoren, die beim Lernen involviert sind (Abb. 8).

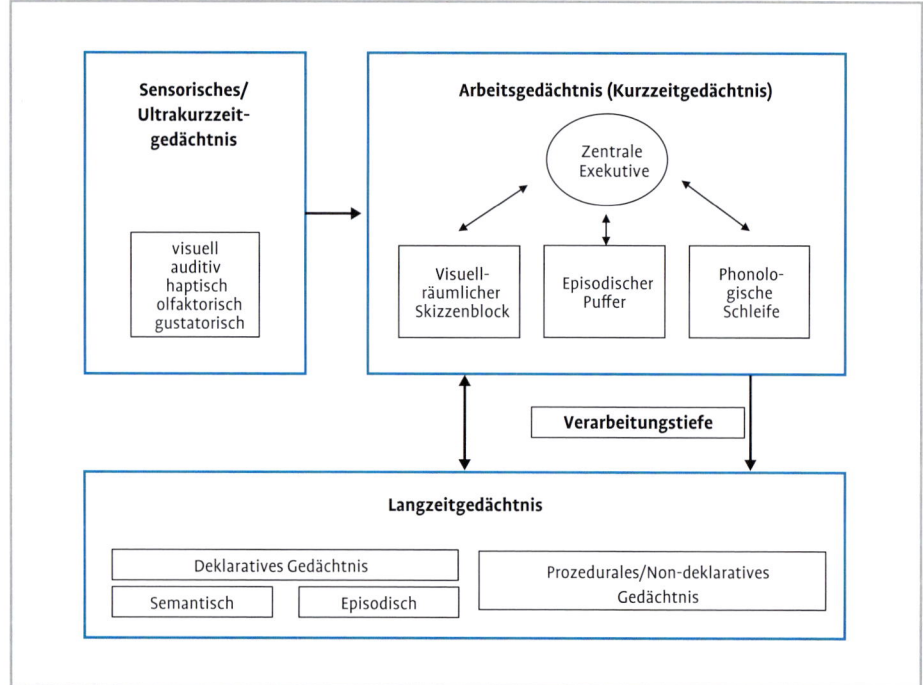

Abb. 8 Gedächtnis (mod. nach Winkel et al. 2006; Baddeley 2000)

> **Arbeitsanregung: Deklaratives und prozedurales Wissen in meinem Fach**
> Sammeln Sie jeweils mehrere Beispiele für deklaratives (semantisch und episodisch) und prozedurales Wissen, die typisch für Ihr Studienfach sind und notieren Sie diese. Überprüfen Sie dann die folgenden Aspekte: Welche Form von Wissen überwiegt und wie stark? In welchen Kontexten greifen Sie auf Ihr deklaratives Wissen zurück? Ist dieses eher semantisch oder episodisch? In welchen Situationen benötigen Sie prozedurales Wissen?
> Auf welche Art und Weise lernen Sie bisher die analysierten Formen von Wissen?

4.3 Lerntypen, Multiple Intelligenzen und Lernstile

Die vielfältigen Modelle zu Lerntypen sowie das Konzept der multiplen Intelligenzen sind umstritten. Die Forschungsmethoden sollen veraltet, manche Aussagen empirisch nicht belegbar sein. Dennoch sind die Modelle in der Pädagogik und Didaktik weit verbreitet und populär. Betrachtet man sie als methodische Fertigkeiten und bevorzugte Lernwege, die man beobachten und aktiv verändern kann, so lassen sich doch lernstrategische Maßnahmen daraus ableiten.

Die meisten Menschen haben mehrere gut ausgebildete Zugänge zu Informationsaufnahme und -verarbeitung, aber auch Prioritäten. Diese sind teils angeboren, teils erlernt und bewusst entwickelt und können sich verändern. So entstehen Lieblingszugänge, die mit einem Fundus an Handlungsmustern und Lieblingsstrategien einhergehen. Ist man sich dessen nicht bewusst, kann es passieren, dass man zwar spontan die gewohnte Strategie auswählt, diese aber im konkreten Kontext nicht die beste oder sogar ungeeignet ist. Es lohnt sich deshalb, das eigene Lern- und Arbeitsverhalten bewusst zu analysieren und das Repertoire um passende, effiziente Werkzeuge für verschiedene Lernkontexte zu erweitern.

Die Konzepte *Lerntypen* sowie *multiple Intelligenzen* werden auf dem Hintergrund dieser Rahmenbedingungen in den folgenden Abschnitten vorgestellt.

4.3.1 Lerntypen

Untersuchungen zu Lerntypen gibt es spätestens seit den 1970er-Jahren. Eine der ersten bekannten Publikationen hierzu stammt von dem Biochemiker Frederic Vester, der vier Lerntypen definierte: *visuell, auditiv, haptisch* und *verbal-abstrakt* (Vester 1978: 97). Heutige Klassifizierungen legen den Fokus auf die Art der Sinneswahrnehmung (z. B. Grinder 1994) oder auf die kognitiven und praktischen Handlungen bei der Informationsverarbeitung (z. B. Bimmel & Rampillon 2000).

Wahrnehmungstypen
- **Visuell:** Man lernt durch Sehen, Visualisierungen aller Art, bildliche Vorstellung von Inhalten usw. Struktur, Überblick, klare Ziele und planvolles Handeln sind wichtig.
- **Auditiv:** Hören, Besprechen und Diskutieren sind wichtig. Informationen werden oft als Sequenz und/oder rhythmisch gespeichert und abgerufen, z. B. Telefonnummern.
- **Haptisch:** Man versteht Dinge am besten, wenn man sie im wahrsten Sinne des Wortes „be-greift". Informationen werden besonders gut über den Tastsinn aufgenommen.
- **Kinästhetisch:** Bewegung, Emotionen und menschliche Nähe sind sehr wichtig. Dinge werden selbst ausprobiert und müssen sich gut anfühlen (vgl. Grinder 1994: 31 ff.).

Handlungstypen
- **Verbal-abstrakt:** Die Auseinandersetzung mit Inhalten erfolgt vor allem intellektuell oder im Gespräch, also kommunikativ.
- **Analytisch:** Inhalte werden strukturiert, abstrahiert oder in ihre Einzelteile zerlegt. Modelle, Schemata, Diagramme, Mindmaps usw. sind dabei sehr hilfreich.
- **Kognitiv-abstrakt:** Lesen und Denken sind sehr wichtig, am liebsten in Einzelarbeit. Die eigenen Wahrnehmungen werden exakt und systematisch beobachtet und reflektiert.
- **Kommunikativ-kooperativ:** wie *auditiv*, zusätzlich: gemeinsame Projekte, Teamarbeit u. Ä. Zuhören und selbst sprechen beflügeln den Lernprozess.
- **Handlungsorientiert**: Informationen werden besonders gut durch selbstständiges Experimentieren und Ausprobieren aufgenommen und verarbeitet.
- **Erfahrungsbezogen**: Gute Lernbedingungen bieten konkrete Situationen, in denen man selbst etwas entdecken und exemplarisch lernen kann.

Zwischen den beiden Ansätzen gibt es Überschneidungen: visuell mit analytisch und kognitiv-abstrakt, auditiv mit kommunikativ-kooperativ, kinästhetisch und haptisch mit handlungsorientiert und erfahrungsbezogen.

4.3.2 Multiple Intelligenzen

Im westlichen Denken des 20. Jahrhunderts existierte lange Zeit die Meinung, dass Intelligenz vor allem drei kognitive Fähigkeiten meint, nämlich: *logisch-mathematisches, sprachliches* sowie *räumliches Denken*. Der Psychologe und Pädagoge Howard Gardner stellte dies zu Beginn der 1980er-Jahre infrage. Aus seinen Untersuchungen leitete er zunächst sieben verschiedene Intelligenzen ab (Gardner 1983), denen er später prominente Personen zuordnete (ders. 1993 und 1997). Schließlich identifizierte er zwei weitere Intelligenzen (ders. 1999).

In der folgenden Tabelle (Tab. 3) sind die neun Intelligenzen kompakt zusammengestellt (vgl. Gardner 1983, 1993, 1997 und 1999; Puchta et al. 2009; kursiv gesetzte Namen wurden von der Autorin ergänzt). Auch dieses Konzept zeigt viele Parallelen und Querverbindungen zu den Lerntypen-Modellen.

Tab. 3 Multiple Intelligenzen

	Bezeichnung	Charakteristika (prominente Vertreter/innen)
1	Sprachlich-linguistische Intelligenz	Fähigkeit, über Form und Inhalt von Sprache nachzudenken; elaborierter, sensibler Umgang mit Sprache (T. S. Eliot, Virginia Woolf)
2	Musikalisch-rhythmische Intelligenz	Bedeutung und Verständnis von Rhythmus, Klang, Tonhöhe, Lautstärke (Mozart, Stravinsky, *Ann Sophie Mutter, Aretha Franklin*)
3	Logisch-mathematische Intelligenz	Wissenschaftliches, analytisches Denken und Problemlösung (Albert Einstein, *René Descartes, Hannah Ahrendt, Emmy Noether*)
4	Bildlich-räumliche Intelligenz	Ausgeprägtes räumliches und bildliches Vorstellungsvermögen; Fähigkeit, die Struktur von begrenzten Räumen zu erfassen (Pablo Picasso, *Frida Kahlo, Christo und Jeanne-Claude*)
5	Körperlich-kinästhetische Intelligenz	Starke Koordination und Wahrnehmung des Körpers; Fähigkeit, diesen vielfältig, präzise und ausdrucksstark einzusetzen; (Martha Graham, *Pina Bausch, Charlie Chaplin, Michael Jackson*)
6	Intrapersonale Intelligenz	Wissen über sich selbst; Zugang zu den eigenen Gefühlen; ausgeprägte Selbstwahrnehmung, -regulation und -kontrolle; (Siegmund Freud, *Elizabeth Taylor*); (→ Teil der *emotionalen Intelligenz*, s. u.)
7	Interpersonale Intelligenz	Geschicklichkeit im Umgang mit anderen Menschen; hohes Einfühlungsvermögen (Mahatma Ghandi, *Mutter Teresa*); (→ wurde von anderen Wissenschaftler/innen später auch als *soziale* oder *emotionale Intelligenz* bezeichnet)
8	Naturalistische Intelligenz	Fähigkeit, Lebendiges zu beobachten und sich mit seinen Besonderheiten auseinanderzusetzen; Sensibilität für Naturphänomene (*Marie Curie, Charles Darwin*)
9	Existentiell-spirituelle Intelligenz	Fähigkeit, sich mit grundlegenden Fragen des Lebens und der Existenz auseinanderzusetzen und diese zu verstehen (*Hildegard von Bingen, Dalai Lama*)

4.3.3 Lernstile

Die sogenannten *Lernstile* wurden seit Ende der 1960er-Jahre ausführlich erforscht und beschrieben und sind wissenschaftlich anerkannt. Das in Deutschland bekannteste Modell (Abb. 9/1) stammt von dem Bildungstheoretiker David A. Kolb, wurde 1969 entwickelt und seither mehrfach in Kooperation mit anderen Wissenschaftler/innen überarbeitet.

Es basiert auf der Annahme, dass Lernen an das Sammeln und Auswerten von konkreten Erfahrungen geknüpft ist (*Experiental Learning/ELT*) und in einem vierstufigen Lernzyklus verläuft. Eine unmittelbare konkrete Erfahrung (1) führt durch reflektierende Beobachtung (2) in eine Theorie über, also zu einer abstrakten Begriffsbildung (3). Es werden Schlussfolgerungen gezogen, Hypothesen und Konzepte gebildet, aus denen sich neue Handlungsimplikationen für aktives Experimentieren (4) und Überprüfen der Hypothesen ableiten lassen. Dabei entstehen neue Erfahrungen, der Lernzyklus schließt sich (Kolb & Wolfe 1981: 4).

Kolb geht davon aus, dass Menschen aus einer Mischung aus Vererbung, Lebenserfahrung und den Gegebenheiten der aktuellen Umgebung individuelle Lernstile entwickeln (Kolb & Wolfe 1981: 7). Er definiert vier Lernstile, die an unterschiedlichen Stellen im Lernzyklus besonders erfolgreich sind (vgl. ebd.: 7f):

- **Akkomodierer/innen (Praktiker/innen)** mögen konkrete Erfahrungen und aktives Experimentieren, sind stark im praktischen Tun, dem Ausführen von Plänen und können sich schnell an wechselnde Rahmenbedingungen anpassen.
- **Divergierer/innen (Entdecker/innen)** sammeln konkrete Erfahrung und reflektieren diese. Sie haben eine ausgeprägte Vorstellungskraft, betrachten Dinge aus verschiedenen Perspektiven und fügen sie zu einem sinnvollen Ganzen zusammen.
- **Assimilierer/innen (Denker/innen)** sind stark in der abstrakten Begriffsbildung und der reflektierenden Beobachtung. Durch Analysieren und logisches Denken fügen sie einzelne Fakten zu Theorien, Konzepten und Modellen zusammen.
- **Konvergierer/innen (Entscheider/innen)** sind ebenfalls stark in der abstrakten Begriffsbildung, außerdem im aktiven Experimentieren. Durch hypothetisch-deduktives Denken setzen sie theoretische Ideen in die Praxis um.

INFO **Lernstile nach Honey & Mumford**
Auf der Basis des Modells von Kolb entwickelten Peter Honey und Alan Mumford später ein eigenes Konzept. Wie Kolb definierten sie Lernen als einen Zyklus mit vier Stufen, denen jeweils genau ein Lernstil entspricht:
1. *Having an experience/Activist* → 2. *Reviewing the experience/Reflector* → 3. *Concluding from the experience/Theorist* → 4. *Planning the next steps/ Pragmatist* (Honey & Mumford 1992: 7). Auch hier schließt sich der Kreis in Schritt 4.

4.3 Lerntypen, Multiple Intelligenzen und Lernstile

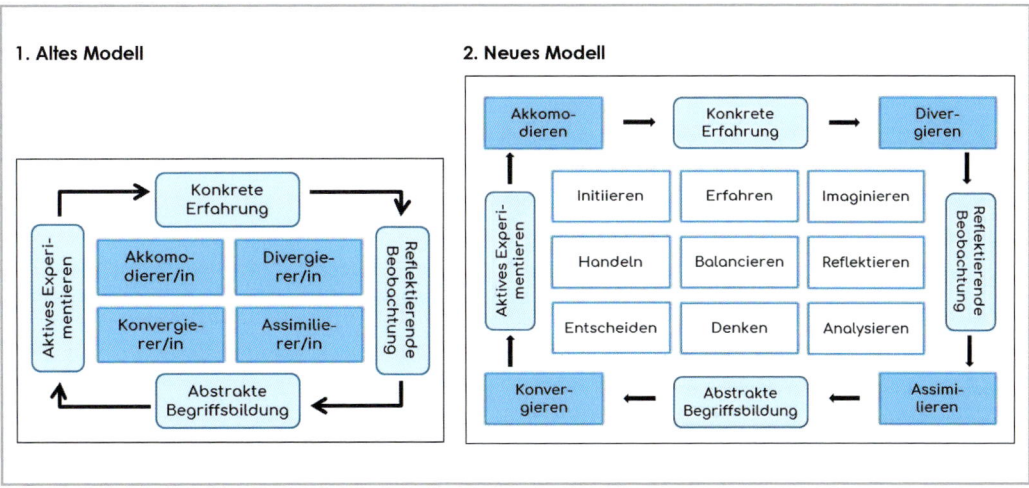

Abb. 9 Lernzyklus und Lernstile (mod. nach Kolb & Wolfe 1981; Kolb & Kolb 2013)

2011 wurde das Modell von Kolb & Kolb grundlegend überarbeitet und erweitert (Abb. 9/2). Der Lernzyklus hat nun acht Stufen und neun Lernstile. Diese werden wie folgt definiert (vgl. Kolb & Kolb 2013: 14f):

- **Initiieren**: Fähigkeit, Handlungen anzustoßen, um mit Erfahrungen und Situationen umzugehen; beinhaltet aktives Experimentieren und konkrete Erfahrungen
- **Erfahren**: Bedeutung wird durch konkrete Erfahrungen gefunden; stellt dabei ein Gleichgewicht zwischen aktivem Experimentieren und reflektierender Beobachtung her
- **Imaginieren**: Beobachten und Reflektieren führt dazu, sich neue Möglichkeiten vorzustellen; Kombination aus konkreter Erfahrung und reflektierender Beobachtung
- **Reflektieren**: verbindet Erfahrungen und Ideen durch anhaltende Reflexion; stellt ein Gleichgewicht zwischen konkreter Erfahrung und abstrakter Begriffsbildung her
- **Analysieren:** durch Reflexion werden Ideen integriert und systematisiert; kombiniert reflektierende Beobachtung und abstrakte Konzeptualisierung
- **Denken:** beschäftigt sich mit abstrakter Begriffsbildung und logischem Denken; Gleichgewicht zwischen aktivem Experimentieren und reflektierender Beobachtung
- **Entscheiden:** verwendet Theorien und Modelle, um über Problemlösungen und Wege zu entscheiden; kombiniert abstrakte Begriffsbildung und aktives Experimentieren
- **Handeln:** starke Motivation für zielgerichtetes Handeln; aktives Experimentieren bei gleichzeitigem Ausgleich zwischen konkreter Erfahrung und abstrakter Begriffsbildung
- **Balancieren:** Abwägen der Vor- und Nachteile von „Handeln vs. Nachdenken" und „Erleben vs. Denken"; Gleichgewicht zwischen konkreter Erfahrung, abstrakter Begriffsbildung, aktivem Experimentieren und reflektierender Beobachtung

> **Arbeitsanregung: Meine bevorzugten Lernwege**
> Überprüfen Sie doch einmal, auf welchen Lernwegen Sie welche Aufgaben typischerweise angehen und ob das immer die beste Wahl ist.
> Zu Lerntypen und multiplen Intelligenzen gibt es im Internet zwar eine Reihe von Tests, sie beziehen sich aber meist auf den Kontext Schule, sind oft widersprüchlich oder unvollständig. Orientieren Sie sich deshalb lieber an den Beschreibungen in den Abschnitten 4.3.1 und 4.3.2. Zu den Lernstilen nach Kolb sowie nach Honey & Mumford gibt es deutlich weniger, aber dafür recht gute Tests im Netz. Suchen Sie am besten mit der Kombination der Begriffe „Lernstilanalyse", „Test" und den Autorennamen.

> **Arbeitsanregung: Transfer und Reflexion**
> Reflektieren Sie nun darüber, wie es Ihnen mit der hier erprobten Lesestrategie ergangen ist, und planen Sie die Anwendung auf einen studienrelevanten Text. Gehen Sie dazu vor wie in der Arbeitsanregung am Ende von Kapitel 3 beschrieben.

5 Motivation und Glaubenssätze

> **Arbeitsanregung: Selbsteinschätzung und Erprobung Lesestrategie 3**
> 1. Selbsteinschätzung: Wie hoch schätzen Sie Ihre Motivation für Ihr Studium ein? Sind Sie damit zufrieden oder würden Sie Ihre Motivation gern steigern? Wie optimistisch oder pessimistisch gehen Sie an Ihr Studium heran? Sind Sie jemand, der/die an den Erfolg glaubt, oder eher ein/e Schwarzmaler/in?
> 2. Denken Sie daran, nun eine dritte der in Kapitel 2 vorgestellten Lesestrategien hier anzuwenden.

5.1 Motivation

Laut Spitzer sind Menschen „von Natur aus motiviert" (Spitzer 2002: 192). Statt zu fragen, wie man Menschen motivieren könne, gehe es deshalb um die Frage, warum viele Menschen so oft unmotiviert seien. Dies liege vor allem daran, dass wir „meist ohne es zu wissen und zu wollen – sehr oft regelrechte Demotivationskampagnen durch[führen]" (ebd.: 193). Wie bereits in Kapitel 3.2 beschrieben, gehört Motivation zu den förderlichen inneren Voraussetzungen des Lernens. Um zu verhindern, dass man sich selbst oder andere unwissentlich demotiviert, nehmen Sie das Phänomen *Motivation* etwas genauer unter die Lupe.

5.1.1 Definition und Merkmale

Schiefele & Köller definieren „Lern- und Aufgabenmotivation" als den „Wunsch bzw. die Absicht, bestimmte Inhalte oder Fertigkeiten zu lernen bzw. bestimmte Aufgaben auszuführen" (Schiefele & Köller 2006: 304). Ob überhaupt eine Lernhandlung erfolgt und wenn ja, wie lange und wie intensiv, hängt davon ab, wie groß die Motivation ist (vgl. Schiefele & Streblow 2006: 233). Dresel & Lämmle definieren Motivation als einen „psychische[n] Prozess, der die Initiierung, Steuerung, Aufrechterhaltung und Evaluation zielgerichteten Handelns leistet" (Dresel & Lämmle 2011: 81).

Generell gilt, dass Motivation eine Wechselwirkung zwischen zwei Arten von Merkmalen ist:

- **Personenmerkmale**
  - Überzeugungen, Interessen, Zielorientierungen
  - Annahmen über die eigenen Fähigkeiten (*Fachbegriffe kann ich mir schnell merken.*)
  - Die Überzeugung, dass man die eigenen Fähigkeiten selbst beeinflussen und verändern kann (*Wenn ich konzentriert arbeite, löse ich dieses Übungsblatt gut.*)
- **Situative Merkmale**
  - Allgemein, zu jeder Lernsituation gehörend, z. B.
    - generell gute Beziehungen in der Gruppe (unter den Lernenden, zwischen Lernenden und Lehrenden)
    - immer gleiche Bewertungskriterien (eines Fachbereichs/eines bestimmten Veranstaltungstyps, die zu Beginn des Semesters transparent gemacht werden und auf alle Aufgaben angewendet werden o. Ä.)
  - An eine ganz bestimmte Lernsituation geknüpft, z. B.
    - Interessantheit, Schwierigkeitsgrad, Aktualität des konkreten Lerninhalts
    - soziale Interaktion (in Lerngruppen, im Tutorium etc.)
    - Möglichkeit zur Mitbestimmung (individuelle Schwerpunktsetzung (*Dieses Problem habe ich bereits gelöst, ich konzentriere mich auf ein anderes.*), Wahl der konkreten Lernpartner/innen, des Lernwegs, des Lernorts usw.)

„Erst wenn persönliche Merkmale durch Anreize der jeweiligen Situation aktiviert werden, entsteht ein Zustand aktueller Motivation" (Karagiannakis & Taxis 2017: 4). Es liegt deshalb in der Natur der Sache, dass Lernende „nicht in allen Lernsituationen und bei allen Lerngegenständen gleichermaßen motiviert" sind (ebd.).

5.1.2 Motivationstypen

Intrinsische versus extrinsische Motivation

Die bekannteste Unterscheidung von Motivationstypen ist das folgende Gegensatzpaar:
- **Intrinsische Motivation** → Man lernt etwas, weil man Spaß daran hat, weil es einen interessiert usw. Die Motivation kommt von innen.
- **Extrinsische Motivation** → Man lernt etwas, um die positiven Konsequenzen zu maximieren und die negativen zu minimieren. Die Motivation kommt von außen. Abhängig von der Bewertung der Folgen werden zwei Untertypen von extrinsischer Motivation benannt, nämlich (vgl. Karagiannakis & Taxis 2017: 4):
  - **Selbstbestimmt-extrinsische Motivation** → Man schätzt die Folgen des Lernens als besonders wertvoll für sich selbst ein (*Ich will neben Englisch unbedingt eine weitere Fremdsprache sehr gut können, damit ich später im Ausland arbeiten kann.*).
  - **Fremdbestimmt-extrinsische Motivation** → Man möchte eine Belohnung herbeiführen, eine Bestrafung verhindern oder bestimmte Regeln befolgen (*Ich will dieses Modul unbedingt sehr gut abschließen.*).

Untersuchungen von Deci & Ryan (1985) haben gezeigt, dass die intrinsische Motivation abnimmt, wenn die extrinsische zunimmt. Dies hat u. a. mit dem Grundbedürfnis von Menschen nach sozialer Eingebundenheit zu tun (Kap. 5.1.3). Man neigt deshalb dazu, Regulationsmechanismen von wichtigen Bezugspersonen zu internalisieren, wenn man für das Verhalten von ihnen wertgeschätzt wird, um sich mit ihnen verbunden zu fühlen. Wird die extrinsische Motivation als selbstbestimmt wahrgenommen und empfunden, hat sie ähnliche Eigenschaften und Wirkmechanismen wie die intrinsische Motivation. In ihren Studien untersuchten Deci & Ryan daher auch, wie extrinsische Motivation reguliert wird, und definierten weitere Typen (siehe INFO *Motivationstypen nach Deci & Ryan*).

Motivationstypen nach Deci & Ryan INFO
Deci & Ryan kommen auf insgesamt vier Typen extrinsischer Motivation. Diese stellen sie zusammen mit *Amotivation* an einem Ende und *intrinsischer Motivation* am anderen Ende auf einem Kontinuum dar (Ryan & Deci 2000: 72). Motivation kann demnach insgesamt sechs Formen haben, wobei die Internalisierung auf dem Weg von Amotivation zur intrinsischen Motivation kontinuierlich zunimmt:
1. **Amotivation**: Etwas Bestimmtes zu tun, wird als uninteressant, nicht relevant betrachtet, oder man glaubt, dass man nicht die Kompetenz besitzt, es zu tun.
2. **Externale Regulation**: Man tut etwas, um dafür belohnt zu werden, unangenehme Folgen zu vermeiden usw. → Fokus: Druck von außen, Belohnung
3. **Introjizierte Regulation**: Eine äußere Regel ist so verinnerlicht (introjiziert), dass sie einen inneren Druck erzeugt, sie zu befolgen. → Fokus: Pflicht, Angst (*Das macht man halt so. Wenn ich es nicht tue, habe ich ein schlechtes Gewissen.*)
4. **Identifizierte Regulation**: Die Bedeutung einer an sich äußeren Regel wird als wichtig, wert- und sinnvoll in Bezug auf die eigene Zielsetzung akzeptiert (z. B. das Bestehen einer bestimmten Klausur, um damit den Bachelor-Abschluss zu gewährleisten). → Fokus: Nutzen
5. **Integrierte Regulation**: Die Bedeutung bestimmter Verhaltensweisen ergibt sich aus selbst formulierten Zielen, Werten und Bedürfnissen, mit denen man sich identifiziert (z. B. Ehrlichkeit) → Fokus: Bedürfnis, Werte
6. **Intrinsische Motivation**: Man tut etwas, weil es einem Spaß macht, Vergnügen, Zufriedenheit bereitet o. Ä. → Fokus: Spaß, Begeisterung

Integrative versus instrumentelle Motivation

Ein weiteres Gegensatzpaar von Motivationstypen verwendet Riemer in Bezug auf Fremdsprachenlernen (Riemer 2016). Die zentralen Aspekte dieser beiden Varianten können auf andere Themenbereiche übertragen

werden und geben ebenfalls einen guten Orientierungspunkt für Motivation im Kontext des Studiums:
- **Integrative Motivation** → Man lernt etwas Bestimmtes, weil man nicht nur an den Inhalten selbst interessiert ist, sondern an der ganzen (Fach-)Community, zu der diese Inhalte gehören. Man lernt, um „mitreden" zu können und im Idealfall von der Community als Mitglied anerkannt zu werden, also integriert zu sein.
- **Instrumentelle Motivation** → Man möchte einen Nutzen aus dem Gelernten ziehen, z. B. die Berufs- oder Lebenschancen verbessern.

Die vier Motivationstypen *intrinsisch, extrinsisch, integrativ* und *instrumentell* schließen einander nicht aus, im Gegenteil, sie können sich gegenseitig bedingen oder beeinflussen.

> **Arbeitsanregung: Was mich im Studium motiviert**
> Überlegen und notieren Sie möglichst genau, welche Dinge, Ereignisse oder Faktoren Sie im Kontext Ihres Studiums motivieren. Überprüfen Sie danach, welche Typen von Motivation stärker ausgeprägt sind, intrinsisch oder extrinsisch, integrativ oder instrumentell. Wenn Sie besonders viel extrinsische Motivation identifizieren, können Sie auch versuchen, diese im Sinne von Deci & Ryan weiter zu differenzieren.

5.1.3 Entstehung und Verlauf von Motivation

Nach der sogenannten *Selbstbestimmungstheorie* von Deci & Ryan hat jeder Mensch drei angeborene psychologische Bedürfnisse: die Bedürfnisse nach *Kompetenzerleben, Autonomie* sowie *sozialer Eingebundenheit*. Werden diese erfüllt, entstehen erhöhte Selbstmotivation und psychische Gesundheit; andernfalls nehmen Motivation und Wohlbefinden ab (vgl. Deci & Ryan 1985: 68).

Wie in Abschnitt 5.1.1 erläutert, ist Motivation auch ein psychischer Prozess, der verschiedene Stufen durchläuft. Heckhausen & Gollwitzer (1987) beschreiben in ihrem *Rubikon-Modell* vier Phasen des Motivationsverlaufs:

(1) Abwägephase: Aktuelle Wünsche werden abgewogen und eine Auswahl wird getroffen. Damit ist der Rubikon überschritten (siehe INFO *Der Name Rubikon-Modell*). → **(2) Planungsphase**: Ein Ziel wird formuliert und die notwendigen Handlungsschritte zum Erreichen des Ziels werden genau geplant. → **(3) Handlungsphase**: Der Plan wird in die Tat umgesetzt. → **(4) Bewertungsphase**: Das Handeln wird rückblickend bewertet, u. a. indem man überprüft, ob das angestrebte Ziel erreicht worden ist.

Ergänzt man die drei psychologischen Grundbedürfnisse nach Deci & Ryan mit zentralen Aspekten des Rubikon-Modells, so ergeben sich zwei weitere Faktoren, welche Motivation hervorrufen oder positiv beeinflussen, nämlich: (1) *Zielformulierung und Planung* (Planungsphase) sowie (2) *Feedback und Bewertung* (Bewertungsphase).

Diese fünf Faktoren sind entscheidend für das Entstehen, Fördern und Aufrechterhalten von Motivation. Je besser und umfassender sie erfüllt werden, desto größer und beständiger ist die vorhandene Motivation, etwas Bestimmtes zu tun oder zu lernen.

Der Name *Rubikon-Modell*   INFO
Heckhausen und Gollwitzer benannten ihr Modell nach einem historischen Ereignis. Im Jahre 49 v. Chr. bildete der Fluss Rubikon die Grenze zwischen dem italienischen Kernland und der römischen Provinz Gallia Cisalpina. Diesen Fluss überquerte Caesar mit seinem Heer und forderte damit Pompeius heraus, es kam zum Krieg. Dass es mit dem Überschreiten des Flusses für ihn kein Zurück mehr gab, betonte Caesar mit dem bekannt gewordenen Zitat „*Alea iacta est*" (*Der Würfel ist gefallen.*) Im Rubikon-Modell wird die Entscheidung für eine der Handlungsmöglichkeiten durch den Handelnden mit Caesars Überschreiten des Rubikon verglichen.

5.1.4 Indikatoren für Motivation

Da Motivation ein psychischer, also innerer Prozess ist, kann man sie nicht direkt beobachten. Es bedarf sichtbarer Indikatoren, aus denen man Motivation erschließen kann, z. B. konkretes Verhalten, geäußerte Meinungen, gezeigte oder beschriebene Emotionen. Hierzu gehören die folgenden Aspekte (vgl. Karagiannakis & Taxis 2017: 5):
- mit dem Lernen beginnen – ohne Motivation werden i. d. R. keine Lernhandlungen, sondern ausweichende, alternative Handlungen ausgeführt (E-Mails lesen, Geschirr spülen u. a.)
- realistische (Teil-)Ziele formulieren und angemessene Aufgaben, die weder unter- noch überfordern, auswählen
- einen Lernplan erstellen und diesen umsetzen
- Anstrengungen auf sich nehmen, die Dinge nicht vor sich herschieben
- Ausdauer und Durchhaltevermögen entwickeln

Arbeitsanregung: Mein Motivationsverlauf
Denken Sie an eine typische Phase Ihres Studienalltags und beantworten Sie die folgenden Fragen:
1. Wann und wo wird Ihr Bedürfnis nach **Autonomie** erfüllt?
2. Wann und wie haben Sie die Möglichkeit, Ihre **Kompetenzen** zu zeigen und positiv zu erleben?
3. In welche **sozialen Gruppen** sind Sie im Rahmen Ihres Studiums eingebunden?
4. Formulieren Sie regelmäßig (Teil-)**Lernziele**? Wenn ja, wie umfangreich/detailliert/allgemein/konkret/realistisch/unrealistisch sind diese? Wenn nein, haben Sie es schon mal probiert? Wie ist es gelaufen?

5. Wie genau **planen** Sie Ihre Lernhandlungen? Wie gut klappt die Umsetzung der Pläne?
6. Wie hoch schätzen Sie Ihr **Durchhaltevermögen** ein?
7. Wie oft **schieben** Sie **Aufgaben vor sich her** und tun stattdessen etwas anderes?
8. Wie oft erhalten Sie **Feedback** zu Ihren Lernerfolgen und Ihren Lernfortschritten? Durch wen oder was? Analysieren und reflektieren Sie Ihre Lernfortschritte selbst?

Stimmen von Studierenden

Mein Bedürfnis nach Autonomie ist sehr oft erfüllt. Ich entscheide meist selbst, bis wann ich welchen Stoff in welchem Umfang lerne. Außerdem kann ich für Klausuren frei zwischen zwei Terminen wählen.

—

Meine Kompetenzen kann ich vor allem im Gespräch mit Kommilitonen zeigen und real spüren, indem wir Übungsblätter gemeinsam lösen und Aufgaben diskutieren.

—

Ich habe regen Kontakt zu Kommilitonen aus meinen Lehrveranstaltungen sowie zu einer festen Lerngruppe. Das funktioniert auch online sehr gut.

—

Zu Beginn des Semesters mache ich einen Semesterplan, mit den wöchentlichen Vorlesungen, zu bearbeitenden Übungsblättern und meinen Lernzielen. Falls ich den mal nicht einhalten kann, habe ich auch einen Notfallplan.

—

Zu Beginn jedes Semesters formuliere ich größere Lernziele: „Was möchte ich dieses Semester prüfen lassen? Welche Note strebe ich an? Was muss ich tun, um mein gewünschtes Ziel zu erreichen?" Im Laufe des Semesters stecke ich außerdem Wochenziele ab.

—

Feedback erhalte ich regelmäßig durch die Korrektur von Übungsblättern. Meine Lernfortschritte überprüfe ich durch die Wiederholung von Themen, die mir in der vorherigen Woche schwergefallen sind.

5.2 Glaubenssätze

5.2.1 Selbsterfüllende Prophezeiungen

Menschen neigen dazu, Dinge so zu filtern und wahrzunehmen, wie sie diese erwarten. So kommt es zu den sogenannten *selbsterfüllenden Prophezeiungen*, von denen drei Formen besonders bekannt sind.

Der Rosenthal- und der Pygmalion-Effekt

Der US-amerikanische Psychologe Rosenthal analysierte in den 1960er-Jahren zusammen mit K. L. Fode, welchen Einfluss Vorannahmen von Versuchsleiter/innen in verschiedenen Experimenten auf die Ergebnisse haben. Hierzu sollten Studierende vermeintlich durch Züchtung besonders kluge bzw. besonders dumme Ratten dabei beobachten, wie gut sie in einem Labyrinth den Weg zur Futterstelle finden. Tatsächlich stammten die Tiere für beide Gruppen jedoch aus derselben Zucht und waren willkürlich ausgesucht worden. Dennoch wurden die „klugen" Ratten von ihren Versuchsleiter/innen deutlich liebevoller behandelt und besser beurteilt als diejenigen in der anderen Gruppe. Dieses Phänomen wird als *Rosenthal-Effekt* bezeichnet.

Ähnliche Experimente führte Rosenthal später zusammen mit L. F. Jacobson mit Lehrer/innen durch, die ihre vermeintlich besonders begabten bzw. lernschwachen Schüler/innen beobachten sollten. Es kam zu den gleichen Ergebnissen, die in mehreren späteren Studien bestätigt wurden. Lehrende, die ihre Lernenden für begabter hielten, schenkten ihnen deutlich mehr Aufmerksamkeit und Förderung, sodass ihre Leistungen und Lernerfolge stiegen. Dieses Ergebnis ist als *Pygmalion-Effekt* (auch *Rosenthal-Jacobson-Effekt*) bekannt geworden (vgl. https://www.soft-skills.com/rosenthal-effekt-pygmalion-effekt).

Der Halo-Effekt

Der *Halo-Effekt* (benannt von Thorndike) liegt vor, wenn ein einzelnes Merkmal andere Merkmale „überstrahlt" (engl. *halo* → Lichtschleier, Heiligenschein). Dies geschieht, wenn man ein bestimmtes Merkmal oder Verhalten positiv oder negativ wahrnimmt und deshalb alle anderen Merkmale oder Verhaltensweisen ebenfalls positiv oder negativ beurteilt. Fällt etwa ein/e Student/in, Freund/in usw. ein paar Mal auf, weil er/sie eine bestimmte Sache besonders gut oder schlecht macht, wird dies oft generalisiert. Die betreffende Person ist dann „eben immer" gut/klug/cool oder schlecht/dumm/uncool. Eine so entstandene allgemeine Aufwertung nennt man den *Heiligenschein-Effekt*, eine Abwertung den *Teufelshörner-Effekt* (vgl. https://www.soft-skills.com/sozialkompetenz/menschenkenntnis/halo/effekt.php).

5.2.2 Begriffsklärung, Entstehung und Wirkung von Glaubenssätzen

Die Bezeichnung *Glaubenssätze* wurde von Vertretern [sic] des *Neurolinguistischen Programmierens* geprägt (siehe Infobox *Neurolinguistisches Programmieren*). Damit werden verinnerlichte Einstellungen und Überzeugungen über die eigenen Fähigkeiten bezeichnet, die – egal ob positiv oder negativ – eine Art Filterfunktion haben. Aufgrund dieser Filter nehmen wir nur bestimmte Dinge wahr und verhalten uns entsprechend (O'Connor & Seymour 1995: 29).

Glaubenssätze entstehen durch Erziehung, Nachahmen anderer Personen, eigene Erlebnisse und Erfahrungen, die wir generalisieren. Grundsätzlich sind sie etwas Positives. O'Connor & Seymour bezeichnen sie als „Leitprinzipien" und „innere Karten, die wir benutzen, um der Welt Sinn zu verleihen" (ebd.: 138). Sie geben „Stabilität und Kontinuität" (ebd.) sowie ein Gefühl von Zugehörigkeit zu Gruppen und Gemeinschaften mit gleichen oder ähnlichen Einstellungen. Viele Einstellungen gelten für (fast) alle Menschen, z. B. dass man bei Minusgraden draußen keine Badekleidung trägt. Menschen neigen jedoch dazu, Dinge, die sie glauben, für wahr zu halten und sich passend dazu zu verhalten. „Ereignisse werden im Sinne dessen, was man glaubt, [...] interpretiert, und Ausnahmen bestätigen die Regel. [...] Glaubenssätze sind nicht einfach Karten von dem, was passiert, sondern Matrizen für zukünftige Handlungen" (O'Connor & Seymour 1995: 139).

Glaubenssätze und selbsterfüllende Prophezeiungen beeinflussen also in hohem Maße Lern- und Arbeitsverhalten, die Einstellung zum eigenen Lernerfolg, zu bevorstehenden Prüfungen usw. Zusätzlich können Glaubenssätze mit dem Placebo-Effekt verglichen werden: Kranke genesen, weil sie an die Wirkung eines Medikaments glauben, obwohl die Substanz keine pharmakologische Wirkung hat.

INFO **Neurolinguistisches Programmieren**
Das Neurolinguistische Programmieren (NLP) wurde Anfang der 1970er-Jahre an der University of California in Santa Cruz entwickelt. Der damalige Mathematikstudent und spätere Psychologe Richard Bandler stellte sich gemeinsam mit dem Linguisten John Grinder die Frage, was genau erfolgreiche Therapeuten eigentlich so erfolgreich macht. Die daraus gewonnenen Erkenntnisse sollten dazu genutzt werden, therapeutische Interventionen zu entwickeln. Sie beobachteten mehrere Jahre lang die sehr bekannten und extrem erfolgreichen Therapeut/innen Virginia Satir (Familientherapie), Fritz Perls (Gestalttherapie) und Milton Erickson (moderne Hypnose und Hypnotherapie), analysierten deren Sprache und Körpersprache und entwickelten daraus vor allem eine Sammlung an Kommunikationstechniken. Deren Wirkung im therapeutischen Bereich ist umstritten, jedoch geben sie hilfreiche und wirkungsvolle Hinweise zur Verbesserung der zwischenmenschlichen Kommunikation.

5.2.3 Negative und positive Glaubenssätze

Problematisch sind Glaubenssätze immer dann, wenn sie negative Aussagen über die eigenen Fähigkeiten machen, in Bezug auf das Studium beispielsweise wie folgt:
- *Solche To-do-Listen bringen mir nichts, ich kann sie sowieso nie einhalten.*
- *Ich bin völlig chaotisch und unorganisiert.*
- *Die ganze Lernerei kann ich mir sparen, ich schaffe die Prüfung sowieso nicht.*

> **Arbeitsanregung 1: Meine negativen Glaubenssätze**
> (in Anlehnung an O'Connor & Seymour 1995: 142)
> Notieren Sie zwei bis drei negative Glaubenssätze, die Sie über sich selbst in Bezug auf Ihr Studium haben. Schauen Sie dann in einen imaginären Spiegel und stellen Sie sich vor, wie Ihre Situation am Ende des Semesters wäre, wenn Sie sich nach den notierten Glaubenssätzen verhielten. Wie wäre die Situation nach einem weiteren Semester und wie am Ende Ihres Studiums? (Falls das Ende Ihres Studiums bereits unmittelbar bevorsteht, wählen Sie einen anderen Bezugspunkt, z. B. das Ende der Promotion, nach drei Jahren Berufstätigkeit o. Ä.) Notieren Sie Ihre Vermutungen und Eindrücke in Stichpunkten.
> **Hinweis:** Möglicherweise sind Ihnen Ihre Glaubenssätze nicht bewusst oder Sie kennen zwar Ihre Glaubenssätze, haben aber noch nicht darüber nachgedacht, dass sie das Studium beeinflussen könnten. Versuchen Sie einfach jetzt, Ihre Glaubenssätze zu entdecken und zu ergründen.

Um eine positive Einstellung zum Studium zu fördern, sollte man sich auf bereits vorhandene positive Glaubenssätze konzentrieren oder neue generieren und negative möglichst ersetzen und ausschalten. Sie müssen aber realistisch und nicht zu allgemein sein. Aussagen wie *„Ich bin toll und weiß alles"* oder *„Das schaffe ich schon"* sind wenig hilfreich. Sinnvolle positive Glaubenssätze wären z. B.:
- *Ich habe X geschafft, dann kann ich auch Y schaffen. Die Ressourcen dafür stecken in mir.*
- *Im Sport bin ich so ehrgeizig und gebe nie auf. Mein Ehrgeiz und Durchhaltevermögen können mich auch im Studium weiterbringen.*
- *Ich bin geduldig, organisiert und kann selbstständig arbeiten.*

Eine Variante ist die Möglichkeit, negative Glaubenssätze zu hinterfragen und sie umzudeuten. Ein sehr einfacher und ebenso wirkungsvoller Trick besteht darin, in Ich-kann-nicht-Aussagen das Verb *können* durch *wollen* zu ersetzen:
- *Ich kann To-do-Listen sowieso nie einhalten.* → *Ich will To-do-Listen sowieso nie einhalten.*

„Diese reichlich kühne Umdeutung verschiebt sofort den *stuck state* (den ‚festgefahrenen' Zustand) [...] in einen Zustand, in dem [man] fähig ist, zumindest die Möglichkeit einer Veränderung anzuerkennen" (O'Connor & Seymour 1995: 158). Als Fortsetzung oder Alternative zu dieser Umdeutung kann man sich eine oder mehrere der folgenden Fragen stellen (vgl. ebd.):

- *Was würde passieren, wenn ich es täte?*
- *Was hält mich davon ab?*
- *Wie halte ich mich selbst davon ab?*

„Wenn jemand sagt, er könne etwas nicht tun, muss er sich ein Ziel setzen und es dann außer Reichweite stellen. Die Frage ‚Was hält [mich] davon ab?' legt die Betonung wieder auf das Ziel und macht sich daran, die Barrieren zu identifizieren, als einen ersten Schritt, sie zu überwinden" (ebd.).

Diese Fragen sind auch auf Glaubenssätze, die nicht explizit mit „*ich kann nicht*" beginnen, anwendbar. Dabei gibt es Sätze, die ohne Veränderung hinterfragt werden können (*Ich schaffe die Prüfung sowieso nicht.*). Bei anderen muss man sich zunächst bewusst machen, welche negative Formulierung die Aussage beinhaltet (*Ich bin völlig chaotisch und unorganisiert.* → *Ich bin nicht organisiert.*) und diese dann hinterfragen (*Was würde passieren, wenn ich es doch wäre? Was hält mich davon ab, organisiert genug zu sein? Wie halte ich mich selbst davon ab?*).

> **Arbeitsanregung 2: Meine positiven Glaubenssätze**
>
> Notieren Sie nun entweder zwei bis drei positive Glaubenssätze, die Sie über sich selbst in Bezug auf Ihr Studium haben, oder deuten Sie die negativen Glaubenssätze aus Arbeitsanregung 1 um.
>
> Schauen Sie wieder in Ihren imaginären Spiegel und stellen Sie sich vor, wie Ihre Situation am Ende des Semesters wäre, wenn Sie sich nach den jetzt notierten Glaubenssätzen verhielten. Wie wäre die Situation nach einem weiteren Semester und wie am Ende Ihres Studiums (oder später → siehe Arbeitsanregung 1)? Notieren Sie Ihre Vermutungen und Eindrücke in Stichpunkten.

> **Arbeitsanregung 3: Mein Fazit**
>
> Analysieren Sie nun die beiden Arbeitsanregungen 1 und 2. Wie genau sind Sie vorgegangen? Wie war das für Sie? Was hat sich ggf. im Laufe der Bearbeitung oder am Ende der zweiten Arbeitsanregung verändert? Welche Schlussfolgerungen ziehen Sie für sich daraus?

> **Stimmen von Studierenden**
>
> *Negative Glaubenssätze sind mir deutlich schneller eingefallen als positive. Das hat mich erschreckt.*
>
> —
>
> *Negative Einstellungen habe ich immer verdrängt, statt sie zu hinterfragen. Nun habe ich mir klare Gedanken darüber gemacht, wie mein Abschluss aussehen würde, wenn ich ihnen folgen würde.*
>
> —
>
> *Ich stufe bestimmte Fächer oft direkt als „schwer und kaum machbar" ein. Mir war nicht klar, dass ich mir vielleicht genau deshalb am Ende weniger Mühe für diese Fächer gebe.*
>
> —
>
> *Ich fand es sehr spannend, darüber nachzudenken, was ich mir immer für negative Gedanken mache, obwohl meine Sorgen eher unbegründet sind – und wenn doch, bringt mich das auch nicht weiter.*
>
> —
>
> *Den Effekt der Umdeutung fand ich super. Mit einer minimalen Änderung kann ich mein gesamtes „Mindset" ändern. Ich nehme mit, dass die eigene Einstellung sehr relevant für den Erfolg ist.*
>
> —
>
> *Es hat mir ungemein geholfen, die positiven Glaubenssätze schriftlich festzuhalten, und zugleich ein euphorisches Gefühl vermittelt! Ich habe mir diese an meine Pinnwand über den Schreibtisch gehängt.*
>
> —
>
> *Zuerst habe ich alles recht negativ gesehen, aber dann hat sich das Blatt gewandelt und ich war plötzlich voller Motivation und Tatendrang. Ich habe an mich selbst geglaubt, dass ich es schaffen kann. Das ist sehr schön.*

5.3 Tipps und Tricks zur Selbstmotivation

Aus den bisherigen Informationen zu Motivation und Glaubenssätzen und auch zu den Rahmenbedingungen des Lernens (Kap. 3.2) lassen sich zahlreiche Strategien ableiten, die sich positiv auf Motivation auswirken können. Probieren Sie mehrere Vorschläge öfter aus und finden Sie heraus, was Ihnen am besten hilft.

- Ablenkungen und Störungen konsequent abschalten (Lärm, Handy, Unordnung, Hunger etc.)
- Aufgaben regelmäßig in Portionen einteilen und in eine passende Reihenfolge bringen; dabei den Schwierigkeitsgrad auf die drei Lernphasen abstimmen, Ähnlichkeitshemmung berücksichtigen etc.
- Zeitpläne erstellen und dabei die persönliche Leistungskurve berücksichtigen (Kap. 7 und 9)
- regelmäßig Pausen einlegen und dann den Arbeitsplatz verlassen

- realistische (Teil-)Lernziele formulieren und planen, wie diese erreicht werden sollen; am besten mit Zielen für die nächste Zukunft beginnen (Kap. 7 und 9)
- regelmäßig überprüfen, ob die Ziele erreicht wurden
    - wenn ja, sich belohnen (gute Musik hören, ein Buch lesen, ins Kino gehen, Freund/innen treffen o. a.)
    - die erfolgreichen Strategien bewusst machen, um sie künftig verwenden zu können
    - wenn nein, negative Gefühle zulassen, aber sich nicht zu lange grämen; die Energie lieber nutzen, um zu analysieren, was nicht geklappt hat und was man beim nächsten Mal anders machen sollte
- nicht nur große Erfolge registrieren, sondern auch die kleinen würdigen, sich dafür belohnen und stolz sein auf das Erreichte
- kleine und große Erfolge so oft wie möglich bewusst machen und schriftlich festhalten, z. B. in einem Lerntagebuch oder Portfolio
- bei Blockaden oder Durchhängern die positiven Glaubenssätze nachlesen
- regelmäßigen Kontakt zu anderen Studierenden halten, gerade in schwierigen Zeiten
- sich mit anderen Studierenden über persönliche Lern- und Motivationsstrategien und auch über Lernerfolge austauschen
- sich gegenseitig Feedback geben und Mut zusprechen

> **Arbeitsanregung: Transfer und Reflexion**
> Reflektieren Sie nun darüber, wie es Ihnen mit der diesmal erprobten Lesestrategie ergangen ist, und planen Sie die Anwendung auf einen studienrelevanten Text. Gehen Sie dazu vor wie in der Arbeitsanregung am Ende von Kapitel 3 beschrieben.
> Natürlich können Sie weitere, dieselben oder von Ihnen abgewandelte Lesestrategien auch in den nächsten Kapiteln anwenden und trainieren.

6 Zeitmanagement I – Einige Basics und übergeordnete Strategien

> **Arbeitsanregung: Mein Zeitmanagement**
> Beantworten Sie zum Einstieg bitte die folgenden Fragen mit ein paar Stichworten (mod. nach Karsch & Roth 2019: 6):
> - Wie leicht oder schwer fällt es Ihnen, kurz-, mittel- und langfristige studienrelevante und private Ziele zu formulieren?
> - Wie oft planen Sie Zeit für Entspannung und privates Vergnügen ein?
> - Wie oft machen Sie Pause?
> - Sind Sie jemand, der/die am liebsten alles selbst erledigen will – z. B. in der Lern- oder Projektgruppe – oder geben Sie Aufgaben auch an andere ab?
> - Sind Sie Perfektionist/in oder drücken Sie auch mal ein Auge zu?
> - Arbeiten Sie häufig an mehreren Dingen gleichzeitig?
> - Brauchen Sie manchmal/oft für bestimmte Aufgaben (viel) länger als gedacht?
> - Wie zufrieden sind Sie insgesamt mit Ihrem bisherigen Zeitmanagement?
>
> Notieren Sie kurz, wo Sie sich gerade sehen und was Sie in diesem Kapitel gern erfahren würden.

6.1 Aspekte und Prinzipien des Zeitmanagements

Beginn des Zeitmanagements INFO
„Früher richtete sich der Lebensrhythmus des Menschen nach den Jahreszeiten und nach hell und dunkel. Mit der Erfindung der Uhr haben wir eine lineare, aber künstliche Zeitordnung eingeführt, [die ...] noch heute durch weitere Erfindungen [...] immer mehr beschleunigt" (Kittl & Winheller 2007: 6) wird, z. B. durch Fortbewegungsmittel oder die ständig wachsende Zahl an Kommunikationsmitteln. Um 1930 begann die professionelle Beschäftigung mit dem Umgang mit Zeit, es begann das *Zeitmanagement* (ebd.).

Kittl & Winheller (2007) definieren vier Aspekte eines guten Zeitmanagements (vgl. ebd.: 7):
- **Effizienz** → die Dinge richtig tun, also mit passenden Strategien, Methoden und Techniken
- **Effektivität** → die richtigen Dinge tun, also die Dinge, die zum gewünschten Ziel führen
- **Personalisiertes Zeitmanagement** → die Dinge so tun, dass es zur eigenen Persönlichkeit (Lerntyp, Zeitempfinden, Motivation, Interessen usw.) passt
- **Work-Life-Balance** → verpflichtende Dinge mit solchen kombinieren, die Entspannung, Gesundheit und Freude bringen, und damit auch die Leistungsfähigkeit stärken

Nach Davis (2020) ist die Beachtung von fünf Grundprinzipien unerlässlich für ein gelungenes Zeitmanagement:
- **Schriftlichkeit** → Dinge, die erledigt werden müssen, soll man unbedingt aufschreiben. Das fördert die Konzentration auf diese Dinge und man vergisst sie auch nicht (vgl. ebd.: 49).
- **Möglichst wenige Orte** → Erinnerungen an die zu erledigenden Aufgaben sollten an so wenigen Orten wie möglich strukturiert gesammelt werden. So behält man den Überblick und verhindert Stress (vgl. ebd.: 51).
- **Kategorisierung** → Einzelaufgaben in Kategorien zusammenzufassen, erleichtert die Übersicht und verringert den Stress. Kategorien können farblich markiert, nummeriert oder anderweitig visualisiert werden (vgl. ebd.: 52).
- **Eindeutigkeit** → Markierungen sollten eindeutig sein, persönlich Sinn ergeben und konsequent verwendet werden. Werden Aufgaben in der Lern- oder Projektgruppe bearbeitet, müssen alle die Markierungen verstehen (vgl. ebd.: 53).
- **Einfachheit** → Das verwendete System sollte möglichst einfach zu nutzen sein, da man sich sonst auf Dauer nicht daran hält (vgl. ebd.).

6.2 Den Zeitverbleib ermitteln – Zeitflussanalyse

Jede Zeitplanung beginnt damit, den realen Verbleib der eigenen Zeit zu ermitteln. Stickel-Wolf & Wolf schlagen vor, drei Tage bis eine Woche lang ein sogenanntes *Zeittagebuch* zu führen (Stickel-Wolf & Wolf 2006: 338f), Rost empfiehlt für ein *Zeitprotokoll* sogar einen Zeitraum von 10 bis 20 Tagen (Rost 2008: 102f). In beiden Fällen soll über einen begrenzten Zeitraum sehr detailliert protokolliert werden, womit man den ganzen Tag verbringt, was man also vom Aufstehen bis zum Schlafengehen tut, wann genau man damit beginnt und aufhört. Die Protokolle werden quantitativ oder qualitativ – idealerweise beides – analysiert.

Eine quantitative Analyse der Protokolle kann darin bestehen, den durchschnittlichen Zeitbedarf für wiederkehrende Tätigkeiten zu ermitteln, z. B. für (vgl. Rost 2008: 103):

- Lehrveranstaltungen
- Selbststudium
- Recherche
- Nebenjob
- Wegezeiten
- Freizeitbeschäftigungen
- Körperpflege, Entspannung
- mit Freunden treffen
- Schlafen
- Sport, Fitness

Alternativ oder ergänzend wertet man die Daten qualitativ aus. Hierzu markiert man am Ende jedes Tages zunächst, mit welcher Priorität die einzelnen Aufgaben durchgeführt wurden (Stickel-Wolf & Wolf 2006: 340):
1 = wichtig und dringend → **muss**
2 = wichtig → **sollte** erledigt werden
3 = Routine → **könnte** in leistungsschwachen Zeiten getan werden
4 = Zeitverschwendung → **warum** habe ich das **getan?**

Auch die folgenden Fragen sind für eine qualitative Analyse sehr hilfreich (vgl. ebd.):
- Wann habe ich mit der wichtigsten Aufgabe begonnen? Hätte ich das früher oder später tun können/sollen?
- Wie lange habe ich konzentriert und ungestört gearbeitet?
- Wodurch wurde ich gestört/unterbrochen und wie lange?
- Wann war meine produktivste Phase? Welche Aufgaben habe ich in dieser Phase bearbeitet, wichtige/unwichtige, schwierige/leichte?
- Habe ich alles erreicht, was ich mir für heute vorgenommen hatte?
- Wie viel Zeit haben die Routinearbeiten in Anspruch genommen?
- Waren Zeitfenster und Ablauf der verschiedenen Aufgaben sinnvoll?
- Wie war das Verhältnis zwischen Lern-/Arbeitszeit einerseits und anderen Dingen andererseits? Bin ich mit dieser Verteilung zufrieden?

Aus diesen Protokollen schreibt man die Zeitdiebe heraus, also die Dinge, die Zeit gestohlen haben, notiert die Ursachen dafür und formuliert schriftlich potenzielle Lösungsmöglichkeiten.

> **Arbeitsanregung: Mein Zeitprotokoll/Zeittagebuch, I**
> Führen Sie an mindestens drei aufeinanderfolgenden Werktagen ein Zeitprotokoll/Zeittagebuch. Ermitteln Sie dann
> - die durchschnittliche Dauer der verschiedenen Handlungen
> - die typischen Zeitfenster der jeweiligen Handlung
> - das Verhältnis zwischen Lern- und Freizeit
> - die Art, den zeitlichen Umfang und die Ursachen von Zeitdieben.
>
> Notieren Sie abschließend Verbesserungsmöglichkeiten. Berücksichtigen Sie hierfür auch die Hinweise zu den Rahmenbedingungen des Lernens in Kapitel 3.2.

> **Stimmen von Studierenden**
>
> *Am Ende der drei Tage war ich arg überrascht, was ich alles verbessern kann und wo meine Zeit wirklich hinfällt.*
>
> —
>
> *Ich war recht erstaunt darüber, wie wenig Zeit ich zusammenhängend arbeite, ohne zwischendurch ans Handy, ins Bad oder in die Küche zu gehen.*
>
> —
>
> *Mir war nicht bewusst, wie viel Zeit ich durch Zeitdiebe verliere. Aus „mal kurz 5 Minuten aufs Handy schauen" sind schnell 20 Minuten geworden.*
>
> —
>
> *Meine größten Zeitdiebe sind definitiv das Handy und die Ablenkungsmöglichkeiten am Laptop. Ich hatte nicht damit gerechnet, dass mir so viel Zeit dafür verloren geht.*
>
> —
>
> *Was mich jedes Mal unnötig aus meinem Workflow herausreißt, sind E-Mails, die ich zwischendrin „nur ganz schnell" lese und bearbeite.*
>
> —
>
> *Ich habe erschrocken festgestellt, dass ich viel Zeit durch Zeitdiebe verliere. Ich will nur ganz schnell etwas zwischendrin erledigen, und am Ende des Tages summiert sich das auf 1 bis 2 Stunden.*
>
> —
>
> *Mir ist aufgefallen, dass ich sehr unregelmäßige Pausen mache. Ich werde nun versuchen, sie immer ungefähr zur gleichen Zeit durchzuführen, da ich denke, dass der Rhythmus beim Lernen hilft.*
>
> —
>
> *Ich weiß jetzt, wann ich produktiv bin und wann nicht. Die unproduktiven Zeitfenster werde ich nun für Sport und Hobbys reservieren.*

Erste Konsequenzen aus den Ergebnissen der Zeitflussanalyse können mithilfe zweier Tools konkretisiert werden.

Die Not-to-do-Liste

Oft sammelt man mehr neue Aufgaben an, als dass bereits vorhandene erledigt werden. Davis empfiehlt deshalb, auch eine Not-To-Do-Liste zu führen (vgl. Davis 2020: 74) Aufgaben für diese Liste ermittelt man mithilfe der folgenden Fragen (vgl. ebd.):

- Welche Dinge werde ich nur noch in reduzierter Form oder gar nicht mehr machen?
- Was werde ich erst deutlich später als geplant in Angriff nehmen?
- Was mache ich nicht mehr selbst, kann aber jemanden bitten, es für mich zu erledigen?

Der Zeitverwendungskuchen

Zwei gleich große Kreise (= Kuchen) symbolisieren (1) den Ist-Zustand, also alle Aktivitäten, mit denen man typischerweise eine Woche verbringt, und (2) den idealen Soll-Zustand. Für alle wiederkehrenden Aktivitäten oder Aktivitätstypen zeichnet man in Kuchen 1 ein Kuchenstück und beschriftet es mit einem passenden Stichwort. „Die Größe der einzelnen Kuchenstücke repräsentiert [… die] jeweiligen Zeitverwendungsanteile" (Davis 2020: 71). Kuchen 2 besteht aus Stücken in der Wunschgröße (evtl. auch -menge). Die beiden Kuchen werden dann verglichen. Dabei liegt der Fokus auf den Stücken, die in den beiden Zuständen die größte Differenz aufweisen. Den Idealzustand wird man selten erreichen, trotzdem sollte man nun versuchen, durch Umverteilung von Zeit und Aktivitäten die Differenz zwischen den beiden Zuständen zu minimieren (vgl. ebd.: 72). Hierbei helfen auch die Methoden zur Priorisierung im nächsten Kapitel.

6.3 Die Zeitplanung angehen – Prioritäten setzen

6.3.1 Zeittypen

Jeder Mensch hat einen anderen Umgang mit Zeit. Vieles davon lernt man als Kind unreflektiert in der Umgebung und Gesellschaft, in der man aufwächst. Anderes eignet man sich später aus individuellen Gründen bewusst an. Die unterschiedlichen Formen von Zeitverständnis lassen sich in Kategorienpaaren zusammenstellen und beschreiben. In den folgenden Abschnitten werden die arbeitsbezogenen Merkmale der bekanntesten Kategorienpaare grob zusammengefasst.

Monochrones versus polychrones Zeitverständnis

Menschen und Gesellschaften mit einem **monochronen** Zeitverständnis weisen i. d. R. folgende Eigenschaften auf: Eins wird nach dem anderen erledigt, Pläne werden erstellt, sind verbindlich und werden bestmöglich eingehalten. Pünktlich sein ist wichtig. Die Menschen konzentrieren sich auf ihre Arbeit, gehen darin auf und identifizieren sich oft auch über diese. Gründlichkeit geht dabei vor Schnelligkeit. Sie möchten ungern gestört werden und bemühen sich auch selbst, andere nicht zu stören (vgl. Roth et al. 2011: 80; Broszinsky-Schwabe 2011: 152; Hall 1983: 44–58).

Polychron orientierte Menschen beschäftigen sich mit mehreren Dingen gleichzeitig. Pläne – sofern vorhanden – dienen eher der groben Orientierung und werden flexibel und spontan an Veränderungen angepasst. Das kann auch der unerwartete Besuch einer Freundin sein. Zeitabsprachen sind flexibel und dehnbar. Man konzentriert sich mehr auf die Menschen, deren Bedürfnisse vorrangig behandelt werden. Improvisation steht oft vor Gründlichkeit. Störungen anderer oder durch andere werden bereitwillig hingenommen (vgl. ebd.).

Kurzzeitorientierung versus Langzeitorientierung

Kurzzeitorientierte Menschen und Gesellschaften hegen und pflegen vor allem „Werte[…], die auf die Vergangenheit und Gegenwart bezogen sind"

(Hofstede & Hofstede 2011: 517), und sind an kurzfristigen Erfolgen interessiert. Bei der Arbeit sind „Freiheit, Rechte, Leistung und selbstständiges Denken" (ebd.: 293), aber auch Ausgleich durch Freizeit wichtig. Im Fokus stehen der Gewinn in kürzerer Zeit und der Ertrag im Hier und Jetzt.

Langzeitorientierung richtet die Aufmerksamkeit auf die Zukunft und strebt eher langangelegte Lösungen an. Im Fokus stehen deshalb „Tugenden, die auf künftigen Erfolg hin ausgerichtet sind, insbesondere Sparsamkeit und Beharrlichkeit" (ebd.: 517). Außerdem „gehören [hierzu] Lernen, Ehrlichkeit, Anpassungsfähigkeit, Verantwortlichkeit und Selbstdisziplin" (Hofstede & Hofstede 2011: 517). Man steckt jetzt zurück, um in ferner Zukunft einen hohen Ertrag und Erfolg einstreichen zu können (vgl. ebd.: 293).

Langzeitorientierung geht meistens mit dem monochronen Zeitverständnis einher, Kurzzeitorientierung mit dem polychronen.

Konsequenzen

Je nachdem, welchem Zeitverständnis man – bewusst oder unbewusst – folgt, verwendet man unterschiedliche Strategien des Zeitmanagements. Solange man damit erfolgreich ist, also relativ stressfrei das anstehende Arbeitspensum zufriedenstellend bewältigen kann und dabei noch Zeit für Entspannung und schöne Dinge hat, besteht kein Grund, daran etwas zu ändern. Problematisch wird es, wenn man regelmäßig das Gefühl hat, den Dingen hinterherzurennen oder nie fertig zu werden, und an Erholung überhaupt nicht zu denken ist. Dann sollte man unbedingt das eigene Zeitverständnis und die damit einhergehenden Verhaltensweisen analysieren, Prioritäten setzen und ein systematisches Zeitmanagement umsetzen. Aber auch wenn es noch nicht brennt, kann es hilfreich sein, eine solche Analyse durchzuführen und ggf. an der einen oder anderen Stellschraube zu drehen, mit dem Ziel, Arbeitsprozesse noch effizienter zu gestalten.

> **Arbeitsanregung: Welcher Zeittyp bin ich?**
> Wissen Sie, zu welchem Zeittyp Sie gehören bzw. welcher davon bei Ihnen stärker ausgeprägt ist? Wenn nicht, analysieren Sie diesen doch jetzt. Dabei können Sie sich vergegenwärtigen, welche der oben genannten Kriterien auf Sie zutreffen und welche nicht, und dann schauen, welche Typen mehr Gewicht haben.
> Wenn Sie es gern detailliierter wissen möchten, suchen Sie mit der Kombination aus den Stichwörtern „Zeittyp" und „Zeitmanagement" im Internet. Sie werden eine Reihe von Tests finden, in denen deutlich mehr Parameter abgefragt werden, die zu einem differenzierteren Ergebnis führen.

6.3.2 Wichtig versus dringend

Im Alltag kommt es oft vor, dass wir unsere Konzentration, Kraft und Zeit für Dinge investieren, die dringlich erscheinen, aber bei genauerer Betrachtung nicht wichtig sind. Davon lassen wir uns so einnehmen, dass wir vermeintlich keine Zeit mehr für andere Dinge haben (vgl. Kittl & Winheller 2007: 44f). „Im Zeitmanagement spricht man vom ‚Pizza-Taxi-Effekt': Sie haben sich entschieden eine schöne, saftige Pizza zu bestellen. Nun […] wollen Sie die Pizza natürlich sofort. Genau wie die anderen Anrufer und Anruferinnen. […] ein ähnlicher Dringlichkeitswahn [existiert] auch in vielen anderen Bereichen unserer Gesellschaft. Alles muss sofort sein" (ebd.).

Der zweite, sehr wichtige Schritt im Zeitmanagement besteht deshalb darin, anstehende Aufgaben auf ihre Wichtigkeit und Dringlichkeit zu überprüfen und Prioritäten zu setzen. Dies ist vor allem dann sehr wichtig, wenn man in einem begrenzten Zeitfenster mehr Dinge bewerkstelligen muss, als zeitlich zu schaffen sind, oder wenn mehrere Dinge gleichzeitig verrichtet werden müssen (vgl. Engelmeyer & Meier 2004: 75).

Dabei bedeutet „wichtig": Die Aufgabe trägt dazu bei, dass ein Ziel erreicht wird. Je mehr sie beiträgt, desto wichtiger ist sie. „Wichtige Aufgaben haben höchste Priorität" (ebd.: 77). Dringend ist eine Aufgabe hingegen, wenn sie „zu einem bestimmten Zeitpunkt erledigt sein" muss (ebd.), jedoch unabhängig davon, ob sie für das Erreichen des Ziels relevant ist. Viele dringende Aufgaben verursachen Zeitdruck, mitunter so stark, dass man nur noch dringende, aber nicht wichtige Dinge erledigt. „Der Wert einer Aufgabe hat grundsätzlich nichts mit deren Dringlichkeit zu tun. Dringliches ist nicht unbedingt wichtig" (Engelmeyer & Meier 2004: 77).

6.3.3 Toolbox „Prioritäten setzen"

Die Eisenhower-Matrix

Eine Eisenhower-Matrix (siehe INFO *Eisenhower-Matrix*) enthält vier Felder, auf die jeweils zwei Kriterien zutreffen, nämlich:
- wichtig und dringend
- wichtig, aber nicht dringend
- dringend, aber nicht wichtig
- nicht dringend und auch nicht wichtig

Alle anstehenden Aufgaben und Aktivitäten werden auf Post-its geschrieben und auf die Felder verteilt (oder auf dem Whiteboard/Tablet direkt in die Felder geschrieben). Idealerweise bringt man die Matrix an einem Ort an, an dem man immer wieder darauf schauen und Aufgaben hinzufügen oder entfernen kann. Die notierten Aufgaben werden dann in der Reihenfolge erledigt, in der die Felder nummeriert sind (Tab. 4).

TIPP Für die Anordnung der vier Felder gibt es verschiedene Varianten. Die hier vorgestellte Anordnung hat den Vorteil, dass sie den Lesegewohnheiten des Deutschen (und aller Sprachen, die das lateinische Alphabet nutzen) entspricht, also von links nach rechts und von oben nach unten. Das bedeutet: Jedes Mal, wenn Ihr Blick auf die Tabelle fällt, sehen Sie zuerst die Dinge, die – jetzt oder später – unbedingt erledigt werden müssen. Oftmals speichert das visuelle Gedächtnis diese auch im Vorbeigehen unbewusst ab.

Tab. 4 Eisenhower-Matrix (mod. nach Kittl & Winheller 2007: 46; Stickel-Wolf & Wolf 2006: 350)

	dringend	**nicht dringend**
wichtig	**(1) Aufgaben mit festen, eher kurzfristigen Deadlines und ernsthaften Konsequenzen bei Nichterledigung** Bsp.: Übungsblätter oder Praktikumsberichte, die bald abgegeben werden müssen; letzte Vorbereitungsschritte für nahende Prüfungen; unvorhergesehene Notfälle; Kind aus der Kita abholen; → **zuerst, eventuell sofort, möglichst ohne Zeitdruck, auf jeden Fall sorgfältig bearbeiten**	**(2) Aufgaben ohne feste oder späte Deadline, die einen näher ans Ziel bringen** Bsp.: mittel- oder langfristige Projektarbeiten; Planung und Beginn der Prüfungsvorbereitungen; die Abschlussarbeit; Ausrüstung für die nächste Bergtour überprüfen/ergänzen; → **konsequent terminieren, planen und vorbereiten; im Kopf behalten, damit sie nicht zu spät begonnen werden**
nicht wichtig	**(3) Dinge, die zwar erledigt werden müssen, aber nicht unbedingt die eigene Expertise benötigen** Bsp.: Kleinkram und manche Routinearbeiten; störende Telefongespräche, die nichts mit den Aufgaben in Feld 1 oder 2 zu tun haben; einen Arzttermin vereinbaren; → **rationell und zügig bearbeiten oder (wenn möglich) an eine andere Person abgeben**	**(4) Dinge und Ablenkungen, die Zeit kosten, aber wenig Impact haben und (oft) ein schlechtes Gewissen hervorrufen** Bsp.: im Internet surfen, Computerspiele, Social Media; manche Gespräche usw.; Gefälligkeiten; → **Abstand nehmen, komplett streichen oder „irgendwann" erledigen, wenn man Zeit und Lust hat; Nein sagen**

TIPP In meinen Seminaren wird oft darüber diskutiert, ob die Priorisierung nach der Eisenhower-Matrix nicht zur Folge habe, dass man alles Wichtige immer erst „fünf vor zwölf" mache. Wie oben erläutert, bedeutet „dringend" aber nicht „unmittelbar bevorstehend". Die Erledigung einer wichtigen und planbaren Aufgabe kann schon lange vor der Deadline dringender sein als andere Dinge und gehört dann in Feld 1.
Außerdem ist es anfangs eine sehr große Herausforderung, Aufgaben in das Feld 4 zu sortieren, da doch alles irgendwie wichtig sei. Halten Sie sich stets das Ziel, das Sie aktuell verfolgen, vor Augen und messen Sie die Dinge an ihrem Beitrag zur Zielerreichung. Mit etwas Übung und ehrlicher Bewertung funktioniert das gut.

> **Die Bezeichnung *Eisenhower-Matrix*** **INFO**
> Ob der namensgebende US-Präsident Eisenhower das nach ihm benannte Priorisierungsprinzip selbst genutzt hat, ist nicht bekannt. Die Bezeichnung geht vermutlich auf eine Rede von 1954 zurück, in der er einen ehemaligen Hochschulpräsidenten wie folgt zitierte: „I have two kinds of problems, the urgent and the important. The urgent are not important, and the important are never urgent" (https://web.archive.org/web/20150402111315/http://www.presidency.ucsb.edu/ws/?pid=9991).

Die Zeit-Zielscheibe

Als Alternative zur Eisenhower-Matrix empfiehlt Davis die sogenannte *Zeit-Zielscheibe* (Davis 2020: 56–66). Sie soll verhindern, dass man stets unter Zeitdruck die Aufgaben in Feld 1 erledigt (s. o., TIPP). Die Zeit-Zielscheibe besteht aus einem mittleren Feld und drei sich anschließenden Ringen, also ebenfalls aus vier Ebenen (Abb. 10/1). Diese Ebenen entsprechen grundsätzlich den Kategorien der Eisenhower-Matrix, werden aber anders verteilt. Hierzu vergleicht Davis die Zeit-Zielscheibe mit einer Dart-Scheibe, bei der man die meisten Punkte erhält, wenn man ins mittlere Feld trifft. Zur Bewertung der zu erledigenden Tätigkeiten führt er die Kriterien „Ergebnisse" und „Stressniveau" ein (Davis 2020: 60). Die meisten Punkte gibt es, wenn man möglichst viele und gute Ergebnisse bei möglichst angemessenem Stressniveau erzielt. Daraus ergibt sich folgende Einteilung:

- **Ring 1** (ganz außen) – *nicht wichtig und nicht dringend* → Man erzielt keine guten Ergebnisse, der Stresspegel ist nur vorübergehend niedrig, da man Zeit vergeudet und bald unter Zeitdruck bei der Erledigung wichtiger Dinge gerät.
- **Ring 2** – *nicht wichtig, aber dringend* → Wieder werden keine guten Ergebnisse erzielt, zusätzlich handelt man unter einem hohen Stresslevel.
- **Ring 3** – *wichtig und dringend* → Hier werden „relativ gute Ergebnisse" (Davis 2020: 63) erzielt, man arbeitet aber auch unter hohem Stress, da man unter enormem Zeitdruck steht.
- **Mittleres Feld 4** – *wichtig, aber nicht dringend* → Man erhält gute Ergebnisse und hat dabei deutlich weniger, vielleicht überhaupt keinen Stress.

Die Mehrwertpyramide

Mit dieser Methode werden Aufgaben nach ihrem Mehrwert in Bezug auf Zielerreichung beurteilt. Da es in der kleinen Spitze wenig Platz gibt, kann sie in Phasen, in denen man extrem wichtige Aufgaben vor sich herschiebt (z. B. die Masterarbeit oder eine zentrale Prüfung), sehr plakativ veranschaulichen, dass für Nebensächliches kein Platz vorhanden ist. Die Pyramide hat vier Ebenen (Abb. 10/2) (vgl. Mühlbauer 2020: o. S.):

- **1 – Kein Mehrwert, unterste und größte Ebene** → Aktivitäten, die sich hier befinden, binden viel Zeit und Energie, tragen aber nichts zur Zielerreichung bei. Trennen Sie sich von ihnen oder stecken Sie sie in die unterste Schublade.

- **2 – Geringer Mehrwert, zweite, etwas kleinere Ebene** → Diese Tätigkeiten bringen Sie nur unwesentlich voran, genießen deshalb ebenfalls keine Priorität.
- **3 – Kurzfristig hoher Mehrwert, noch kleinere dritte Ebene** → Diese Aufgaben gehören auf jeden Fall auf die Prioritätenliste, stehen jedoch nicht an erster Stelle.
- **4 – Langfristig hoher Mehrwert, kleine Spitze der Pyramide** → Diese Tätigkeiten genießen absolute Priorität. Verfolgen Sie sie vorrangig.

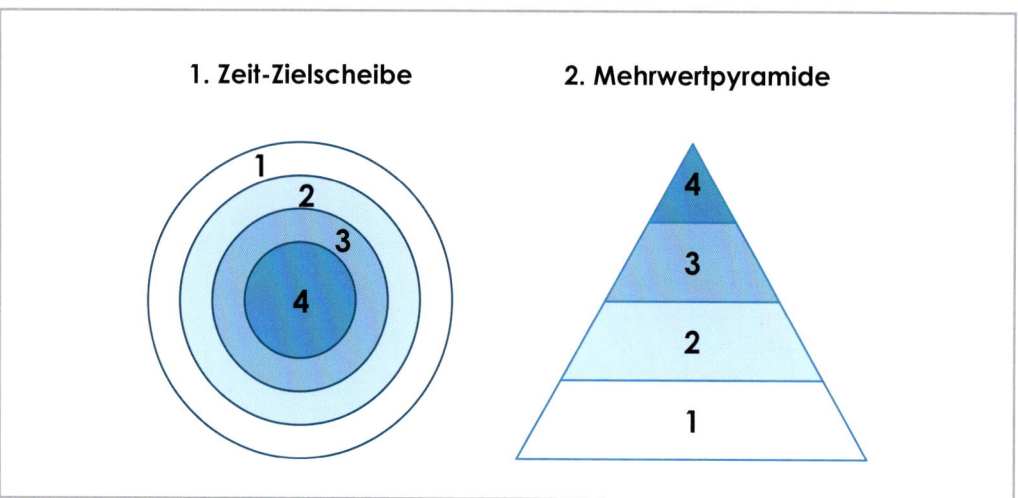

Abb. 10 Zeit-Zielscheibe und Mehrwertpyramide (mod. nach Davis 2020; Mühlbauer 2020)

Die ABC-Analyse
Bei dieser Methode werden die anstehenden Aufgaben einer der drei folgenden Kategorien A bis C zugeordnet (vgl. Stickel-Wolf & Wolf 2006: 349; Karsch & Roth 2019: 12):

A: **Muss, sehr wichtig** → Diese Aufgaben sollte man rechtzeitig, ohne Zeitdruck und qualitativ hochwertig bearbeiten.

B: **Soll, wichtig** → Hier sollte man zuerst überlegen, ob man die Sache eventuell abgeben kann. Wenn nicht, wird sie in den Tagesablauf integriert und möglichst effizient erledigt.

C: **Kann, weniger oder überhaupt nicht wichtig** → In diesen Aufgabentyp sollte man so wenig Zeit wie möglich investieren und deshalb unbedingt sehr genau prüfen, ob die Sache wirklich wichtig ist.

Das Pareto-Prinzip oder das 80:20-Prinzip
Der italienische Soziökonom Vilfredo Pareto fand Anfang des 19. Jahrhunderts heraus, dass 20 Prozent der Bevölkerung Italiens etwa 80 Prozent des Vermögens besaßen. Dieses mathematische Verhältnis entdeckte er auch in anderen (wirtschaftlichen) Kontexten (vgl. Kittl & Winheller 2007: 55):
- 20 % des Aufwands bewirken 80 % des Ertrags
- 20 % der Ursachen bedingen 80 % der Wirkungen
- 20 % der Anstrengungen liefern 80 % der Ergebnisse

Eine kleine Anzahl von Dingen hat also eine große Auswirkung, während viele Dinge zwar zeit- und energieaufwendig, aber wenig ertragreich sind. Diese Erkenntnis wird im Zeitmanagement gern genutzt. Dinge, die einen besonders großen Beitrag zur Erreichung von definierten Zielen leisten, werden in Zeitfenster gelegt, in denen man ausgeruht, konzentriert und leistungsfähig ist, und vorrangig bearbeitet (vgl. Kittl & Winheller 2007: 55f; https://www.studienstrategie.de/zeitmanagement/pareto-prinzip).

Das bedeutet natürlich nicht, dass man die restlichen 80 Prozent vernachlässigen kann. Das Pareto-Prinzip soll vielmehr helfen, anstehende Aufgaben detailliert zu betrachten und herauszufinden, was besonders wichtig ist und einen hohen Mehrwert in Bezug auf das Ziel hat. Diesen Dingen sollte man bei der Zeitplanung besondere Aufmerksamkeit widmen.

> **Arbeitsanregung: Mein Zeitprotokoll/Zeittagebuch, II**
> Betrachten Sie noch einmal Ihr Zeitprotokoll/Zeittagebuch und die erste Auswertung dazu. Berücksichtigen Sie nun die Strategien *Not-to-do-Liste* und *Zeitverwendungskuchen* sowie die Informationen zur Priorisierung von Aufgaben. Welche vorläufigen Schlussfolgerungen ziehen Sie daraus für Ihr Zeitmanagement? Notieren Sie die wichtigsten Ergebnisse.

6.4 Toolbox „Allgemeine Zusatzstrategien zur Zeitplanung"

Einige zusätzliche Strategien können helfen, mittelfristig mehr Ruhe und Gelassenheit ins Zeitmanagement zu bringen, den Stress zu reduzieren und mehr Freiräume zu schaffen.

Gewohnheiten
Gewohnheiten geben Sicherheit und Vertrauen, außerdem werden sie schnell zur Routine und laufen dann automatisch und ohne Zeitverlust ab. Hierzu gehören:
- Auf das Studium bezogen: jeden Morgen zuerst oder jeden Abend zuletzt E-Mails lesen, in den Pausen immer das Fenster öffnen oder nach draußen gehen, beim konzentrierten Arbeiten Wasser trinken u. v. m.
- Privat: den Tag mit einem Workout, Yoga, Joggen usw. beginnen oder beenden, abends mit einer guten Freundin/einem guten Freund telefonieren, kochen, spazieren gehen, in der Mittagspause Musik hören u. a.

Checklisten
Für Aufgabentypen, die oft wiederkehren, kann man Checklisten entwickeln, die jedes Mal hervorgeholt und abgearbeitet werden. Sie „bieten ein Maximum an Sicherheit bei geringem Kontrollaufwand" (Graichen & Seiwert 1991: 16).

Umgang mit Ablenkungen

Ablenkungen gibt es immer und überall, das wird spätestens nach dem Erstellen und Auswerten eines Zeitprotokolls ersichtlich. Die folgenden Strategien helfen dabei, Ablenkungen in den Griff zu bekommen, statt sich von ihnen vereinnahmen zu lassen.

- **Innere Ablenkungen** → **akzeptieren, notieren, fortfahren**. Hierzu gehören Dinge, die einem (oft) einfallen, während man gerade mitten in der Bearbeitung einer Aufgabe steckt (*Ich muss noch Kinokarten reservieren. Y wartet auf einen Rückruf.*). Solche Ablenkungen kann man leicht managen, indem man sie zunächst (1) akzeptiert, dann an einer dafür vorgesehenen Stelle kurz (2) notiert, um sie nicht zu vergessen, und sich anschließend gleich wieder (3) auf die Aufgabe konzentriert (vgl. Nöteberg 2011: 77).
- **Äußere Ablenkungen** → **informieren, aushandeln, einplanen, zurückmelden**.
  - **Störungen durch Geräusche** (das Klingeln des Telefons, Lärm von draußen u. a.) → sie können leicht abgestellt werden, indem man das Telefon stummschaltet, das Fenster schließt usw. (Kap. 3.2.1).
  - **Ablenkungen durch Personen**, die plötzlich auftauchen und etwas wollen (der WG-Mitbewohner, der plötzlich im Zimmer steht, die Kommilitonin, die sich in der Bibliothek über das letzte Fußballspiel unterhalten will) → hierfür schlägt Nöteberg folgende Vorgehensweise vor: (1) Man informiert die/den anderen darüber, dass man gerade mitten in eine Aufgabe vertieft ist und (2) vereinbart einen Termin für das gewünschte Gespräch (*um 12.00 Uhr in der Pause, morgen Abend …*). Diesen Termin (3) nimmt man in die eigene Planung auf und notiert ihn. Schließlich (4) meldet oder trifft man sich zum vereinbarten Zeitpunkt (vgl. Nöteberg 2011: 85).

Termine mit sich selbst oder *Stille Stunden*

Für besonders wichtige und anspruchsvolle Aufgaben kann man *Termine mit sich selbst* vereinbaren. Diese werden genauso konkret terminiert und ernst genommen wie Verabredungen mit anderen Personen (vgl. Kittl & Winheller 2007: 50). Für wichtige und komplexe Aufgaben kann man zusätzlich *Stille Stunden* einrichten. Dann werden alle potenziellen Störungsquellen ausgeschaltet, um Ablenkungen zu verhindern (vgl. ebd.: 51).

Dreamday

Zum Entspannen und Träumen kann und sollte man regelmäßig einen *Dreamday* einplanen, also einen ganzen Tag des Abschaltens und der Erholung (vgl. ebd.: 83). Das hilft dabei, die Balance zu halten.

Nein sagen

Nein sagen zu können, ist ein wichtiges Gut, das vor Überforderung und Dauerstress schützt und außerdem das Selbstbewusstsein stärkt. Wenn man diese Kunst nicht beherrscht, sollte man sie peu à peu erlernen und trainieren. Graichen & Seiwert schlagen hierfür sieben „Regeln" vor (vgl. Graichen & Seiwert 1991: 39):

- **Vereinbarungen** nur eingehen, wenn man sie auch halten kann; zur besseren Einschätzung bei Bedarf um Bedenkzeit bitten
- Auf die **innere Stimme und** das **Bauchgefühl** vertrauen
- **Zwei Aktivitäten-Listen** führen; eine mit Dingen, die man gern tun würde, und eine mit Verpflichtungen, die man bereits zugesagt hat; vor neuen Zusagen anhand der Listen überprüfen, ob überhaupt Kapazitäten vorhanden sind
- **Sich selbst belohnen,** wenn man es geschafft hat, Nein zu sagen
- In **Alltagssituationen** das Neinsagen trainieren; Beispiele: wenn man im Geschäft, in der Fußgängerzone oder auf dem Campus etwas angeboten bekommt, das man nicht braucht oder möchte; wenn im Internet News oder Werbung aufpoppen, die zum sofortigen Anschauen verleiten sollen
- **Verpflichtungen einhalten,** wenn man einmal „Ja" gesagt hat
- Kann eine Vereinbarung einmal nicht eingehalten werden, sofort Bescheid geben und damit den **Schaden begrenzen**

Perfektionismus
Perfektionismus ist meistens unnötig zeitraubend und zeigt häufig nur, dass man nicht optimal mit den eigenen Ressourcen umgeht. Gut oder sehr gut ist manchmal besser als perfekt (vgl. Kittl & Winheller 2007: 56).

Der Deming-Shewhart-Zyklus
Die Bezeichnung dieser Strategie geht zurück auf deren Erfinder Walter A. Shewhart (US-amerikanischer Physiker und Ingenieur) und dessen Schüler William E. Deming (US-amerikanischer Physiker und Pionier im Bereich des Qualitätsmanagements). Damit wird der nachfolgend beschriebene vierstufige Problemlösungsprozess, der sogenannte *PDCA-Kreis*, benannt (vgl. Nöteberg 2009: 45):
- **Plan** → Ziele werden formuliert, die notwendigen Schritte bestimmt und ein konkreter Plan erstellt.
- **Do** → Der Plan wird umgesetzt.
- **Check** → Am Ende wird der gesamte Prozess analysiert und bewertet, die Erwartungen werden mit den tatsächlich erreichten Ergebnissen verglichen.
- **Act** → Wurden bestimmte Ergebnisse nicht wie gewünscht erreicht, werden die Ursachen analysiert und Konsequenzen für künftige vergleichbare Prozesse gezogen.

Dieser Zyklus entspricht im Wesentlichen „der typischen wissenschaftlichen Vorgehensweise: Eine Hypothese aufstellen (plan), ein Experiment durchführen (do), die Ergebnisse auswerten (check), ggf. die Hypothese anpassen (act)" (ebd.). Außerdem weist er Parallelen zu den zentralen Aspekten des Motivationsverlaufs auf (Kap. 5.1.3).

Auf Zeitmanagement bezogen bedeutet diese Strategie, dass man bei der Planung der Aktivitäten für einen bestimmten Zeitabschnitt zunächst festlegt, was wann wie erledigt werden soll, den Plan dann umsetzt, am Ende analysiert und ihn ggf. verbessert.

Stimmen von Studierenden

Checklisten helfen mir sehr, einen Überblick über den Stoff zu erhalten und einzelne Teilgebiete abzuarbeiten. Außerdem motiviert es mich, erledigte Dinge wegzustreichen und zu sehen, was ich schon alles geschafft habe.

—

Bei mir ist die Checkliste das Wichtigste beim Lernen. Die benutze ich täglich und erstelle mir auch für die Prüfungen eine größere Checkliste. Ich kennzeichne dabei Ober- und Unterthemen sowie den aktuellen Bearbeitungsstand gerne mit Farben.

—

Mir ist aufgefallen, dass ich zu Perfektionismus neige und dadurch sehr viel Zeit verliere.

—

Es ist okay, auch mal „nein" zu sagen. Anderen zu helfen ist wichtig, aber manchmal reicht es, wenn du selbst die Person bist, der du hilfst.

—

Neu war für mich die Erkenntnis, dass es von Vorteil ist, einen „Dreamday" explizit zu planen. Stattdessen habe ich bisher an Tagen, an denen nichts auf der To-do-Liste stand, trotzdem oft gearbeitet. Ich habe es mir selten geleistet, ohne schlechtes Gewissen nichts zu tun.

7 Zeitmanagement II – Die kurzfristige Planung

> **Arbeitsanregung: Mein Tagespensum**
> Planen Sie Ihren Tag oder lassen Sie ihn einfach auf sich zukommen? Falls Sie ihn planen, wie genau tun Sie das? Was gehört für Sie alles zur Tagesplanung? Falls nicht, schaffen Sie immer, was Sie sich vorgenommen haben? Notieren Sie in ein paar Stichpunkten die wichtigsten Aspekte.

7.1 Begriffsklärung zur kurz-, mittel- und langfristigen Planung

Zeitplanung kann sich auf kurz-, mittel- und langfristig zu erledigende Dinge beziehen. Was dabei kurz, mittel und lang ist, wird in der Fachwelt allerdings kontrovers diskutiert. Kurzfristig wird mal als ein Tag und mal als eine Woche definiert, mittelfristig als eine Woche oder ein Monat und langfristig als ein Semester oder sogar das ganze Studium. Da Lernen umso besser gelingt, je mehr der Lernstoff in kleine Portionen unterteilt wird (Kap. 3.2.2), scheint es praktikabler, die Zeitfenster kürzer zu definieren. So kann man sie besser überblicken und realistischer planen. Den weiteren Ausführungen in diesem Kapitel, und auch in den Kapiteln 8 und 9, liegt deshalb die folgende Einteilung zugrunde:
- kurzfristig = ein Tag
- mittelfristig = eine Woche
- langfristig = ein Semester

Ebenso gibt es zwei Ansichten zu der Frage, ob man mit der kurz- oder der langfristigen Planung beginnen sollte. Für beides gibt es gute Argumente: Sind die Meilensteine für ein Semester abgesteckt, kann man die Zwischenschritte eventuell besser verteilen. Das würde dafür sprechen, zuerst die langfristigen Ziele zu definieren. Hat man jedoch nicht genug Routine und Sicherheit bei der Zeitplanung, könnte die langfristige Planung überfordern oder unrealistisch werden. Es wäre deshalb sinnvoller, mit der Tages- oder Wochenplanung zu beginnen und sich langsam weiterzutasten. An dieser zweiten Vorgehensweise orientieren sich die folgenden Abschnitte in diesem Kapitel.

7.2 Der Tagesplan/die To-do-Liste – Grundprinzip und Formen

Für kurzfristige Planungen erstellt man am besten Tagespläne/To-do-Listen. Das Grundprinzip der Tagesplanung besteht darin, alle an einem bestimmten Tag zu erledigenden Dinge – Lernen, Verpflichtungen, Privates und Freizeit – übersichtlich und schriftlich zusammenzustellen. Nach Rost sollte für jeden Arbeitstag auf jeden Fall etwas eingeplant werden, das
- Spaß und Freude bereitet,
- dazu beiträgt, den persönlichen Zielen einen oder mehrere Schritte näher zu kommen,
- einen Ausgleich zur Lern- und Arbeitszeit verschafft (vgl. Rost 2008: 107).

In der **klassischen Form** der To-do-Liste werden alle anstehenden Tätigkeiten sowie die Pausen mit Uhrzeit in der geplanten Reihenfolge untereinander aufgeführt. Menschen, die bereits viel Routine mit To-do-Listen haben und das benötigte Zeitvolumen für verschiedene Aktivitäten realistisch einschätzen können, notieren diese ohne Zeitangaben. Weniger Routinierten wird dringend empfohlen, die geplante Reihenfolge und die benötigten Zeiten explizit in die Liste aufzunehmen, sowohl für die Aufgaben als auch für die Pausen. Erledigte Aufgaben werden abgehakt oder durchgestrichen. Das hat auch einen motivierenden Nebeneffekt, weil man sieht, was man bereits geschafft hat.

Alternativen zu den linearen Tagesplänen sind:
- **Grafische Varianten**, z. B. Mindmaps, Cluster o. Ä. Visuell orientierte Menschen machen sich so im wahrsten Sinne des Wortes ein Bild vom ganzen Tag. Aber auch für andere Lern- und Arbeitstypen kann eine kreative, visualisierte Form hilfreicher sein als eine einfache Liste. Erledigte Aufgaben kann man auch hier abhaken oder durchstreichen.
- **Bewegliche Varianten**, z. B. Karteikarten, die jeweils ein To-do enthalten und gestapelt auf dem Tisch liegen, Post-its, die an einer (Pinn-)Wand kleben o. a. Karten oder Zettel für erledigte Aufgaben werden einfach entfernt. Bewegliche Varianten haben den Vorteil, dass man sie im Laufe des Tages bei Bedarf schnell umsortieren kann. Außerdem ist es möglich, Zettel aus der Eisenhower-Matrix/der Zeit-Zielscheibe herauszunehmen und direkt in die Tagesplanung zu integrieren.

Idealerweise werden To-do-Listen am Ende eines Tages für den nächsten Tag erstellt und unbedingt schriftlich fixiert. Dabei überträgt man Dinge, die nicht erledigt wurden, auf die Liste für den nächsten Tag.

TIPP

Ob Sie eine To-do-Liste auf Papier oder digital, linear, grafisch oder beweglich erstellen, hängt von Ihren persönlichen Vorlieben ab, es gibt jedoch auch einige allgemeine Kriterien. Für die Arbeit an einem festen Schreibtisch hat ein Zeitplan auf Papier, einer Pinn- oder Weißwand den Vorteil, dass Sie ihn gut sichtbar positionieren können, sodass Ihr Blick immer wieder darauf fällt. Für intensive Arbeitsphasen zu Hause, zur Prüfungsvorbereitung u. Ä. empfehlen sich solche Zeitpläne „zum Anfassen". Digitale Varianten sind eventuell einfacher zu benutzen, wenn Sie die einzelnen Aufgaben eines Tages an unterschiedlichen Orten (zu Hause, in der UB, im Labor, auf dem Wochenmarkt) erledigen müssen. So haben Sie die To-dos auf Smartphone & Co. auch unterwegs immer dabei und griffbereit.

7.3 Toolbox „Kurzfristige oder Tages-Planung"

7.3.1 Aufgaben ermitteln, zusammenstellen und verteilen

Die ALPEN-Methode

Diese Methode kann dabei unterstützen, in fünf Schritten einen Tagesplan (oder auch umfangreichere Zeitpläne) zu erstellen (vgl. Kittl & Winheller 2007: 62–64).

A   Die zu erledigenden **A**ufgaben werden ermittelt und zusammengestellt.
L   Die **L**änge der einzelnen Tätigkeiten wird geschätzt. Hier sollte unbedingt großzügig geplant werden (Kap. 7.3.2.).
P   Für unvorhergesehene Dinge werden **P**ufferzeiten festgelegt und reserviert, am besten nach der 60:40-Regel (Kap. 7.3.3). Hat man in den ersten beiden Schritten A und L bereits mehr als 60 Prozent verplant, müssen Aufgaben konsequent gestrichen werden.
E   **E**ntscheidungen darüber, wo die Prioritäten liegen, was ggf. gekürzt werden kann oder muss, werden getroffen und umgesetzt (Kap. 6.2).
N   In der **N**achkontrolle wird überprüft, was am Vortag (oder in einer anderen vorangegangenen zeitlichen Einheit) nicht erledigt wurde; dies wird in den neuen Plan übernommen.

Die Ivy-Lee-Methode

Das Grundprinzip dieser nach dem Unternehmensberater Ivy Lee benannten Methode lautet: **Sammeln – Priorisieren – Durchführen**. Im Einzelnen bedeutet dies (vgl. Mühlbauer 2020. o. S., https://karriere bibel.de/ivy-lee-methode/):
1. Am Abend werden die sechs wichtigsten Aufgaben des nächsten Tages notiert.
2. Diese Aufgaben werden nach ihrer Priorität gewichtet und sortiert, sodass die wichtigste Aufgabe ganz oben auf der To-do-Liste steht.
3. Am nächsten Tag beginnt man sofort mit der ersten Aufgabe und bearbeitet sie konzentriert und ohne Ablenkungen (Kap. 3.2.1 und 6.3).

4. Danach wird überprüft, ob die Priorisierung noch aktuell ist. Fällt ein Termin aus oder wird er verschoben? Ist etwas Unvorhergesehenes mit höchster Priorität hinzugekommen? Wenn nötig, passt man die Priorisierung an.
5. Nun wird die Aufgabe mit der jetzt höchsten Priorität bearbeitet. Danach werden erneut die Prioritäten der verbleibenden Aufgaben überprüft usw.
6. Am Abend erstellt man nach derselben Vorgehensweise eine neue Liste für den Folgetag. Dabei überträgt man Aufgaben, die nicht (vollständig) erledigt werden konnten, auf die neue Liste.

Eat the frog

Manchmal gibt es Aufgaben, vor denen man sich – warum auch immer – zu drücken versucht. Hier kann die Strategie *Eat the frog* Abhilfe schaffen. Sie geht zurück auf Mark Twain, der sagte: „*Eat a live frog first thing in the morning and nothing worse will happen to you the rest of the day*" (Mühlbauer 2020: o. S.). Das bedeutet, wenn man den Tag mit der schwierigsten oder unangenehmsten Aufgabe beginnt, also zuerst den Frosch herunterwürgt, geht der Rest deutlich leichter und schneller von der Hand (vgl. ebd.).

7.3.2 Die Zeit einschätzen

Zurückblicken und vergleichen

Spätestens beim Erstellen von Zeitprotokollen wird deutlich, dass Menschen dazu neigen, das benötigte Zeitvolumen für bestimmte Tätigkeiten im Vorfeld falsch zu bemessen, und zwar meistens zu knapp. Wenn das schon für einfache Dinge wie E-Mails und WhatsApp-Nachrichten lesen so oft passiert, wie sieht es dann erst mit komplexen Aufgaben aus? Gerade wenn man bestimmte Aufgabentypen (Übungsblätter, Praktikumsbericht, Zusammenfassungen erstellen u. a.) noch nicht oft durchgeführt hat, fällt es schwer, die benötigte Zeit realistisch einzuschätzen. Davis empfiehlt deshalb, sich an der Bearbeitungszeit für vergleichbare frühere Aufgaben zu orientieren und einen ähnlichen Zeitumfang für die neue Aufgabe einzuplanen (vgl. Davis 2011: 56). Unterstützend kann man eine Weile nach Erledigung der einzelnen Aufgaben den tatsächlichen Zeitbedarf notieren. „Unsere Erinnerung ist nämlich auch längst nicht immer zutreffend. Wir Menschen tendieren dazu, die tatsächliche Dauer auch im Nachhinein zu ‹unterschätzen›" (ebd.).

Je öfter man dieselben oder sehr ähnliche Aufgabentypen ausführt und je länger man sich mit der Zeitplanung beschäftigt, desto routinierter, realistischer und schneller ist die To-do-Liste erstellt. Übung macht hier den Meister und die Meisterin.

Das Parkinsonsche Gesetz und die Goal-Gradient-Hypothese

Im Jahr 1955 publizierte der britische Historiker und Soziologe C. Northcote Parkinson im Wirtschaftsmagazin *The Economist* einen Artikel über die Ineffizienz der Bürokratie und schrieb dort: „IT [sic] is a commonplace observation that work expands so as to fill the time available for its completion" (https://www.economist.com/news/1955/11/19/parkinsons-law). Mit anderen Worten: Wenn man sich für eine Aufgabe viel Zeit nimmt, dann schöpft man diese auch aus. Exemplarisch schildert er, wie eine ältere Dame einen ganzen Tag damit verbringt, eine Postkarte an ihre Nichte zu schreiben, während ein viel beschäftigter Mensch für die gleiche Tätigkeit drei Minuten benötigt. Obwohl die Äußerung vermutlich eher satirisch gemeint war, ist das Parkinsonsche Gesetz bis heute weit verbreitet und der Effekt lässt sich tatsächlich immer wieder beobachten.

Nimmt man die sogenannte *Goal-Gradient-Hypothese* des Behavioristen Clark L. Hull hinzu, dann gewinnt auch das Parkinsonsche Gesetz an zusätzlicher Bedeutung. Die Hypothese von Hull, die er in wissenschaftlichen Experimenten bestätigen konnte, besagt, dass man sich umso mehr anstrengt, ein bestimmtes Ziel zu erreichen, je näher dieses rückt. Der Umfang der Anstrengung ist damit „umgekehrt proportional zu ihrer zeitlichen oder räumlichen Entfernung von der Zielreaktion" (Hull 1932: 25). Bestimmt kennen Sie den folgenden Effekt: Solange die Prüfung weit weg ist, nehmen wir uns vor, schon mal mit den Vorbereitungen zu beginnen, schieben sie aber in Wahrheit vor uns her. Bis wir irgendwann feststellen, dass nun aber wirklich kaum noch Zeit bleibt, wir reinhauen müssen und bis zum Umfallen Tag und Nacht lernen.

Für die Zeitplanung lassen sich daraus zwei Schlussfolgerungen ziehen:
- Zeitfenster sollten auf keinen Fall zu knapp geplant und Pufferzeiten unbedingt integriert werden. Überprüfen Sie aber von Zeit zu Zeit, ob Sie die geplanten Zeitfenster effizient nutzen oder doch Zeit vertrödeln. Arbeiten Sie in diesem Fall etwas zügiger und nutzen Sie die eingesparte Zeit lieber zum Verschnaufen und Energietanken.
- Gehören Sie bisher zu denjenigen, die erst dann auf Hochtouren lernen, wenn die Deadline in Sicht ist? Versuchen Sie, die dann verwendete Konzentration und Intensität von Anfang an in die Bearbeitung von Aufgaben zu investieren. So erledigen Sie Aufgaben mit deutlich weniger Stress, im Idealfall sogar ganz ohne Zeitdruck.

Fazit: Die konsequente Berücksichtigung der beiden Effekte macht die Arbeit effizienter und effektiver.

7.3.3 Die Zeit verteilen

Sind die Aufgaben und Pausen zusammengestellt, das ungefähr erforderliche Zeitpensum für die einzelnen Aktivitäten ermittelt und die Prioritäten zugeordnet, bedeutet dies leider nicht automatisch, dass Aktivitäten und zur Verfügung stehende Zeit angemessen verteilt sind. Um diese Verteilung gut hinzubekommen, kann man sich mit einer der folgenden Strategien behelfen.

Die 60:40-Regel
Von der zur Verfügung stehenden Zeit werden 60 Prozent fest verplant. Die restlichen 40 Prozent dienen als Puffer – für Dinge, deren Erledigung länger dauert als gedacht, für unvorhergesehene Ereignisse, die sofort er-

ledigt werden müssen, und „für spontane Aktivitäten (kreative Zeiten und Pausen)" (Kittl & Winheller 2007: 63).

Diese Aufteilung überrascht häufig, viele Menschen meinen, sie könnten auf keinen Fall so viel Zeit des Tages einfach freihalten, wenn es doch so viel zu tun gibt. Was dann oft passiert, ist genau das, was die 60:40-Regel verhindern soll: Das Zeitvolumen für bestimmte Aufgaben war doch zu knapp bemessen, der Computer streikt und obendrein ist auch keine Milch mehr fürs Müsli vorhanden, Sie müssen also noch schnell zum Supermarkt. Innerhalb kürzester Zeit fällt die Tagesplanung zusammen wie ein Kartenhaus, und am Abend stellen Sie frustriert fest, dass Sie zu viele Dinge nicht erledigt haben.

Wer noch nicht routiniert im Erstellen von Tagesplänen ist, sollte diese Regel deshalb ernst nehmen und lieber zu viele als zu wenige Pufferzeiten einplanen. Gehen die Aufgaben doch schneller von der Hand und hat man dann noch Zeit und Muße, kann man ja eine weitere Aufgabe aus der Eisenhower-Matrix oder der Zeit-Zielscheibe vorziehen und erledigen. Mit der Zeit kann das Verhältnis in 70:30 oder 80:20 umgewandelt werden, von weniger Pufferzeiten ist aber dringend abzuraten.

Die Pomodoro-Technik

INFO **Die Pomodoro-Technik**
Sie wurde Ende der 1980er-Jahre von dem heutigen Unternehmer und Software-Entwickler Francesco Cirillo entwickelt. Er war damals selbst Student, hatte oft das Gefühl, dass er zwar den ganzen Tag mit Lernen beschäftigt, aber dabei trotzdem unproduktiv war. Deshalb suchte er nach einer Möglichkeit, seine Zeit so einzuteilen, dass er möglichst effizient und effektiv lernen konnte. Weil er dabei eine Küchenuhr in Form einer Tomate (ital. *pomodoro*) benutzte, benannte er die Technik später danach.

Die Technik ist vor allem dann besonders hilfreich, wenn man Schwierigkeiten hat, sich auf eine Sache zu konzentrieren, sich leicht ablenken lässt und sich verzettelt.

Das zugrunde liegende Prinzip lautet: **konzentriert arbeiten → abhaken → Pause machen → konzentriert arbeiten → abhaken → Pause machen** usw. (vgl. Nöteberg 2011: 5). Hierzu stellt man erst die Aufgaben zusammen, schätzt deren Zeitbedarf, legt die Prioritäten fest und erstellt eine To-do-Liste. Dann zieht man die Küchenuhr auf oder stellt den Handytimer auf 25 Minuten und beginnt sofort mit der ersten Aufgabe in der Liste. In diesen 25 Minuten richtet man die gesamte Konzentration auf die Aufgabe und arbeitet ohne Unterbrechung daran, bis der Wecker klingelt. Nun hakt man auf der To-do-Liste kurz ab, was in den letzten 25 Minuten erledigt wurde, und macht dann fünf Minuten Pause. Ein solcher 30-minütiger Abschnitt entspricht einem Pomodoro (vgl. Cirillo 2006: 6). Anschließend wird der Wecker wieder auf 25 Minuten gestellt usw.

Nach vier Pomodori macht man eine 15- bis 30-minütige Pause, die nach Cirillo gerade ausreicht, um den Schreibtisch aufzuräumen und für den nächsten Abschnitt vorzubereiten, ein Getränk zu holen, sich auszuruhen oder einen schnellen Spaziergang zu machen. Wichtig ist, dass man sich in der Pause weder mit dem vorangegangenen Lernstoff noch mit neuen komplexen Themen beschäftigt, die das Gehirn zu sehr beanspruchen (vgl. ebd.: 7).

Länge und Inhalte der Pausen   **TIPP**
Wie Sie aus Kapitel 4.2.1 bereits wissen, findet in den Lernpausen die Konsolidierung statt. Genau deshalb sollten Sie Ihr Gehirn nicht mit neuem Stoff belasten. Außerdem wissen Sie aus Kapitel 3.2.2, warum Sie im Laufe eines Tages viele kurze, aber auch immer wieder längere Pausen benötigen. Beschränken Sie die Pausen nach den vier Pomodori deshalb lieber nicht auf 15 Minuten, sondern planen Sie mindestens 20, besser 30 Minuten ein. Machen Sie außerdem nach acht Pomodori eine große Pause von 1–2 Stunden.

Nach Cirillo sollte ein Pomodoro nicht frühzeitig beendet werden, auch wenn man weniger als 25 Minuten für den vorgenommenen Abschnitt benötigt: „If a Pomodoro Begins, It Has to Ring" (Cirillo 2006: 7). Stattdessen soll man die Zeit nutzen und den Stoff des Pomodoros noch mal wiederholen oder vertiefen (ebd.).

Zu dieser Technik gehört auch, am Ende des Tages kurz zurückzuschauen und zu notieren, wie alles gelaufen ist und wie viel Zeit man wofür benötigt hat. Die Maßeinheit ist dabei ein Pomodoro. Im Idealfall entsteht so ein Protokoll, in dem verzeichnet ist, wie viele Pomodori man z. B. für das Lesen eines Fachtextes oder die Bearbeitung eines Übungsblatts verwendet hat. Hier kann man auch notieren, wenn Pomodori zu lang angesetzt waren. Mit der Zeit entwickelt man so ein gutes Gespür für eine angemessene Zeiteinteilung. Die To-do-Liste könnte dann auch dahin geändert werden, dass man die benötigte Zeit nicht mehr in Minuten oder Stunden, sondern stattdessen in Pomodori notiert. So können auch große komplexe Aufgaben konzentriert bewältigt werden, indem man sie in mehrere Pomodori zerlegt und den Fokus jeweils auf den einzelnen, aktuellen Abschnitt legt.

> **Arbeitsanregung: Mein idealer Konzentrationsabschnitt**
> Ist Ihnen bewusst, wie lange Sie sich fokussiert auf eine einzige Aufgabe konzentrieren können, ohne aufs Handy zu schielen oder an das kommende Wochenende zu denken? Wenn nicht, achten Sie ein paar Tage darauf und machen Sie sich dazu Notizen. Wenn ja, wie lange ist Ihre Konzentrationsphase im Durchschnitt?

- Kürzer als 25 Minuten? → Dann sollten Sie die Pomodoro-Technik unbedingt ausprobieren. Stellen Sie Ihren Wecker aber auf kürzere Etappen, beginnen Sie mit zehnminütigen Konzentrationsphasen und machen Sie dazwischen drei Minuten Pause. Tun Sie dies so lange, bis es Ihnen keine Schwierigkeiten mehr bereitet, diese Intervalle einzuhalten, und verlängern Sie dann allmählich die Arbeitsphasen, bis Sie routiniert mit dem 25-5-Rhythmus umgehen können.
- Ungefähr 25 Minuten? → Prima. Probieren Sie die Pomodoro-Technik eine Weile lang aus und schauen Sie, ob sich Ihr Tagesablauf dadurch positiv verändert.
- Länger als 25 Minuten? → Verlängern Sie Ihre Pomodori und finden Sie Ihre persönliche optimale Länge. Wenn Sie sich problemlos eine Stunde konzentrieren können, ist die 60-60-30-Strategie (siehe nächster Abschnitt) wahrscheinlich besser für Sie geeignet.

TIPP Cirillo empfiehlt, für die Zeitplanung und das Markieren der erledigten Aufgaben so einfach wie möglich mit Papier und Stift vorzugehen. Wenn Sie dennoch gern digitale Hilfsmittel hinzunehmen möchten, schauen Sie sich doch die folgenden kostenlosen Tools an:

Browserbasiert
https://pomodoro.francescocirillo.com → Reiter POMODORO® APP
https://tomato-timer.com
https://www.marinaratimer.com → Hier kann die Länge der Pomodori individuell eingestellt werden.

Für mobile Endgeräte
iPhone-App „Flat Tomato"
Android Pomodoro-App „Brain Focus"
Diese Apps haben nicht nur eine Timer-Funktion, man kann damit auch Statistiken und grafische Übersichten zur Dokumentation der vergangenen Tätigkeiten erstellen.

Die 60-60-30-Strategie

Auch die 60-60-30-Strategie basiert auf dem Wechsel von konzentrierten Arbeitsphasen und Pausen. Im Gegensatz zur Pomodoro-Technik und auch zu den allgemeinen lernbiologischen Empfehlungen wird hierbei aber auf längere Einheiten gesetzt. Die Technik ist deshalb für Menschen geeignet, die sich gut konzentrieren können, schnell in einen Flow kommen und dabei nicht gestört werden möchten. Durch den 60-60-30-Rhythmus wird sichergestellt, dass sie die Pausen nicht vergessen und Körper und Geist die benötigte Entspannung und Erholung gönnen. Die Einheiten werden wie folgt eingeteilt:

- **60** → 55 Minuten konzentrierte Arbeit ohne Ablenkungen und Unterbrechungen und danach 5 Minuten Pause. Überlegen Sie vorher schon, was Sie in der Pause machen wollen (vgl. Mühlbauer 2020: o. S.).
- **60** → wie erste Einheit
- **30** → 30 Minuten Pause
- Am Ende des zweiten Durchlaufs sollten Sie die Pause auf ein bis zwei Stunden verlängern.

> **Arbeitsanregung: Meine To-do-Listen**
> Erstellen Sie an drei aufeinanderfolgenden Tagen eine To-do-Liste für den jeweils nächsten Tag. Berücksichtigen Sie dabei so viele Hintergrundinformationen aus den Erläuterungen in den Kapiteln 6 und 7 wie möglich und wählen Sie diejenigen Techniken aus, die Ihnen spontan zusagen. (Beispiele: Abb. 11 und 12 sowie Onlinematerial, OM-07-Tagesplanung). Reflektieren Sie dann am vierten Tag Ihre Erfahrungen und ziehen Sie daraus Konsequenzen für den weiteren Umgang mit To-do-Listen. Verbessern Sie ggf. Ihre Strategie, mit der Sie die Listen erstellen, oder wählen Sie Alternativen aus. Legen Sie einen neuen Zeitraum fest, in dem Sie dieselben, überarbeitete oder neue Techniken und Strategien ausprobieren werden, und analysieren Sie anschließend wieder, was (nicht) gut geklappt hat. Ziehen Sie ggf. weitere Konsequenzen für künftige Tagesplanungen.

To-do-Liste, Donnerstag

Zeitraum	Aufgabe	Priorität	Erledigt?
9:00	Aufstehen, Bad, Frühstücken	B	ja
9:15 – 10:15	Sport	A	ja
10:15 – 11:00	WR-Blatt abgabefertig aufschreiben + abgeben	A	ja
11:05 – 11:45	Numerik Übungsblatt	C	teilweise
11:50 – 12:30	VWL aufarbeiten	B	Ja
12:30 – 13:30	Mittagessen + Mittagspause	B	ja
13:30 – 14:00	Übungsblatt + Tutoriums Blatt	C	teilweise
14:05 – 14:50	Internes RWE Skript bearbeiten + Videos anschauen	B	nein
15:00 – 15:30	Maßtheorie abgabefertig aufschreiben + abgeben	A	ja
15:40 – 17:00	Numerik Übungsblatt	B	ja
17 –	Duschen + Freizeit	B	ja

Abb. 11 To-do-Liste 1, stud. Beispiel, *Wirtschaftsmathematik*

	To-Do-Liste	
Montag 24.05.	Dienstag 25.05.	Mittwoch 26.05.
☑ 10.00 PC Seminar (Teil 2 Blatt 4)	☑ 10.15 PC Seminar (Blatt 5)	☐ AV Vorlesungsvideos (Video 11, 12) + Lernblatt
☑ PC Seminarblatt 5 fertig	☑ PC Aufgaben ergänzen	☐
☑ Physik Seminarblatt 4	☑ 14.00 Physik Seminar	Praktikum 13.00 – 18.00 (Einheit C fertig, D beginnen)
☑ AC Einheit E beginnen	☑ ↪ Aufg. vervollständigen	
☑ Protokoll Einheit B abgeben	☑ PC Zusammenfassung!	
	☐ Mathe Videos Thema 3	
☑ PC Video 11 + Zus.fassung	☐ abends: Einheit E lernen	☐ Protokoll C anfangen

Abb. 12 To-do-Liste 2, stud. Beispiel, *Wirtschaftschemie*

> **Stimmen von Studierenden**
>
> *Mit den To-Do-Listen konnte ich mich viel leichter auf meine Arbeit fokussieren, da ich sicher war, dass alles Wichtige farblich hervorgehoben auf der Liste stand.*
>
> —
>
> *Ich kombiniere schon lange die ALPEN-Methode mit To-Do-Listen und bin sehr zufrieden. Es motiviert mich sehr, wenn ich einen erledigten Punkt abhaken kann und sehe, wie produktiv ich bin.*
>
> —
>
> *Ich habe nach dem 70/30-Prinzip ertragreiche Aufgaben markiert und diese priorisiert. Das hat gut geklappt.*
>
> —
>
> *Ich habe auch Zeit für mich selbst eingeplant. Das hat sich positiv auf mein ganzes Wohlbefinden ausgewirkt.*
>
> —
>
> *Seit ich To-do-Listen verwende, hat sich mein Zeitmanagement enorm verbessert. Früher war ich manchmal spät dran, jetzt bin ich oft früher fertig. Wenn ich dann noch Lust und Zeit habe, mache ich eine Aufgabe, die ich mir für den nächsten Tag vorgenommen hatte.*
>
> —
>
> *Aufgaben plane ich immer am Abend des Vortages und die abzuarbeitenden Studien-Module vier Tage im Voraus.*
>
> —
>
> *Ich nutze die App „Todoist" für mein Tablet. Sie erinnert mich daran, wann ich was zu erledigen habe, und gibt mir ein gutes Gefühl, wenn ich für den Tag alles abhaken konnte.*

7.4 Konsequenzen unzulänglicher Zeitplanung

Eine Reihe von Störungen treten besonders hartnäckig auf, wenn man keinen oder einen unrealistischen Arbeitsplan erstellt hat oder zwar einen guten Arbeitsplan hat, diesen aber nicht beachtet. Die häufigsten Störungen sind hier zusammengestellt (vgl. Stickel-Wolf & Wolf 2006: 335f, außer „Last-In-First-Out").

„Last-In-First-Out" (LIFO)

Neue Aufgaben und Anforderungen prasseln quasi am laufenden Band auf uns ein und bekommen oft auch noch den Stempel „dringend". Ehe man sich's versieht, unterbricht man laufende Aufgaben und gibt neuen den Vorrang. Nöteberg bezeichnet dies als „Last-In-First-Out" (Nöteberg 2011: 73). Passiert dies regelmäßig, werden langfristig angelegte Arbeiten kaum zu Ende geführt. Die Konsequenzen sind chronische Überforderung, Stress und verminderte Leistungsfähigkeit (vgl. ebd.).

„Aufschieberitis"

Unangenehme Aufgaben werden vor sich hergeschoben, bis es nicht mehr geht und man bis zur Erschöpfung arbeiten muss, um eine Frist nicht zu verpassen, die Klausur zu schreiben usw. „Das ‚Vor-sich-her-schieben' von anstehenden Aufgaben führt zu einem Sich-verzetteln" (Stickel-Wolf & Wolf 2006: 335), zu Termindruck, einem schlechten Gewissen usw. Ohne klar definierte Ziele ist man besonders anfällig für unterschiedlichste Störungen (Kap. 3.2). Mit der folgenden Strategie kann man wiederholtes Aufschiebeverhalten recht erfolgreich überwinden (vgl. Graichen & Seiwert 1991: 13):

1. **Bestandsaufnahme** → Zunächst wird eine Liste angelegt, in der all diejenigen aufgeschobenen Dinge notiert werden, die objektiv oder subjektiv als wichtig eingestuft werden und die belastend sind.
2. **Prioritätensetzung** → Für jede notierte Sache stellt man sich anschließend drei Fragen:
   - **Brauche ich** diese Sache wirklich?
   - Wenn ja, **will ich** sie wirklich bearbeiten?
   - Wenn wieder ja, **werde ich** das jemals tun?

   Lautet die Antwort auf mindestens eine Frage „nein", streicht man die Sache aus der Liste.
3. **Bilanz-Methode** → Für jede Aufgabe notiert man in separaten Listen die Gründe für das bisherige Aufschieben sowie die Vorteile, die es hätte, wenn die Aufgabe erledigt wäre. Überwiegen die Gründe für das Aufschieben, wird die Aufgabe noch einmal unter den in 2. genannten Fragestellungen analysiert. Überwiegen hingegen die Gründe für das Erledigen der Aufgabe, geht es weiter mit den nächsten Schritten.
4. **Portionen erstellen/„Salami-Taktik"** → Die aufgeschobenen Aufgaben werden nun in kleine Portion unterteilt.
5. **Termin festlegen** → Für jede Portion wird ein realistischer Termin festgelegt, bis zu welchem diese erledigt werden soll. Diese Termine werden in die Tages- oder Wochenplanung eingetragen.

6. **Überprüfung** → Nach Ablauf des Termins überprüft man, ob man die Aufgabe tatsächlich erledigt hat. Dafür kann man sich selbst eine Erinnerung in den Kalender schreiben, einen Signalton ins Handy speichern o. Ä. Nachhaltiger und wirkungsvoller ist es allerdings, wenn man jemanden bittet, pünktlich nachzufragen.
7. **Belohnung** → Hat man einen Schritt erfolgreich erledigt, belohnt man sich mit etwas Angenehmem.

INFO **Aufschieberitis versus Prokrastination**
In manchen Lernratgebern wird für das hier beschriebene Phänomen der Begriff *Prokrastination* verwendet. Die Psychologie spricht dann von Prokrastination, wenn das aufschiebende Verhalten zwanghafte Züge hat, von stark ausgeprägten negativen Gefühlen und Gedanken oder von schwerwiegenden Leiden und Beeinträchtigungen begleitet wird. In diesen Fällen liegt eine ernst zu nehmende Krankheit vor, die mit Lerntechniken allein nicht beseitigt werden kann. Sie sollte und kann erfolgreich professionell behandelt werden.
Nicht jedes Aufschiebeverhalten hat aber gleich die genannten Begleiterscheinungen. Aus diesem Grund wird hier bewusst auf den Begriff *Prokrastination* verzichtet.

Allgemeine Mühe oder keine Lust, mit dem Lernen und Arbeiten zu beginnen
Hat man keinen Plan erstellt, ist die Verlockung groß, immer wieder neu zu überlegen, was man nun tun soll, und zu viele Varianten bzw. Ideen hin und her zu schieben. Dadurch geht kostbare Zeit verloren und die allgemeine Unlust wird größer (vgl. auch „Verlauf von Motivation" in Kap. 5.1.3).

Sich zu viel auf einmal vornehmen
Oft will man mehrere Dinge gleichzeitig erledigen, fängt sie an, wechselt hin und her, bricht sie immer wieder ab, bevor man ein Ziel erreicht hat. Hier helfen eine klare Priorisierung und das Motto: Weniger ist mehr!

Persönliche Leistungskurve und Lernphasen werden ignoriert
Wurde bei der Planung die persönliche Leistungskurve und/oder der Verlauf von Lernphasen nicht beachtet (Kap. 3.2.1), kommt es häufig vor, dass für anspruchsvolle Aufgaben Zeiten angesetzt werden, in denen man nicht die nötige Ausdauer und Konzentration besitzt. Gibt es überhaupt keinen sorgfältig erstellten Plan, kann es sein, dass man in Phasen höchster Konzentrationsfähigkeit im Internet surft oder einkaufen geht und später versucht, schwierige Aufgaben in leistungsschwachen Phasen zu bearbeiten.

Das schlechte Gewissen

Liegt kein oder kein angemessener Zeitplan vor, lässt man sich oft ablenken, wird nicht rechtzeitig fertig usw., so stellt sich nicht selten die Situation ein, dass man permanent ein schlechtes Gewissen hat. Dies behindert auf Dauer Motivation und Konzentration sowie Entspannung und Erholung.

> **Arbeitsanregung: Transfer und Reflexion**
> Betrachten Sie nun rückblickend noch einmal Ihr Zeitprotokoll, Ihre To-do-Listen sowie die Hinweise in Kapitel 7.4. Fallen Ihnen noch Aspekte auf, die Sie ändern, ergänzen oder verbessern könnten? Legen Sie einen Zeitraum fest, in dem Sie weitere To-do-Listen anfertigen und ggf. Ihre Änderungsideen erproben werden. Analysieren Sie am Ende, wie es Ihnen damit erging. Finden Sie die für Sie passende Form der Tagesplanung heraus und machen Sie sie zu einem festen Bestandteil Ihres Zeitmanagements.

8 Zielformulierung – Schritt für Schritt

> **Arbeitsanregung 1: Meine Zielformulierung – bisher**
> Überlegen Sie einmal, wie Sie normalerweise Ihre Ziele festlegen. Schreiben Sie genau auf, wie Sie vorgehen und welche Schritte Sie dabei durchlaufen. Am besten denken Sie an ein Ziel, das Sie vor nicht allzu langer Zeit formuliert haben, und analysieren Sie, wie Sie dies gemacht haben. Die folgenden Leitfragen können dabei helfen:
> - Bestimme ich meine Ziele selbst oder sind andere Personen daran beteiligt? Wie hoch sind jeweils die Anteile der Selbst- und Fremdbestimmung?
> - Fällt es mir eher leicht oder eher schwer, mir Ziele zu setzen?
> - Wie viel Zeit nehme ich mir für das Festlegen und Formulieren von Zielen?
> - Wie konkret formuliere ich meine Ziele?
> - Schreibe ich meine Ziele auf? Wenn ja, wohin? Wenn nein, wie stelle ich sicher, dass ich mein Ziel nicht aus den Augen verliere?
> - Was tue ich, nachdem ich mir ein Ziel gesetzt habe, um es auch wirklich zu erreichen?
> - Bin ich mit meiner beschriebenen Strategie erfolgreich?

Wer sich seiner Ziele nicht bewusst ist oder sie nicht klar definiert, kann auch keine Entscheidungen treffen. Ohne konkrete Ziele vor Augen ist es schwierig bis unmöglich, Prioritäten zu setzen, denn nur wer zielorientiert handelt, stellt sich immer wieder die Frage, ob das, was er/sie gerade tut oder tun will, wichtig ist. Wie in Kapitel 6.2 erläutert, sind all diejenigen Dinge wichtig, die jemanden den eigenen studienbezogenen, beruflichen oder privaten Zielen näherbringen. Und genau diese – die wichtigen – Dinge haben Priorität.

„Ziele setzen und anstreben gibt unserem Tun einen Sinn (Orientierung), ist Maßstab und Motivation zur Leistung und damit Kriterium zur Erfolgskontrolle" (Graichen & Seiwert 1991: 60). Oder, wie Mark Twain einst etwas salopper formulierte: „Wer nicht genau weiß, wohin er will, der darf sich nicht wundern, wenn er ganz woanders ankommt" (Stolzenberger 2012: o. S.).

8.1 Merkmale von Zielen

Eine weit verbreitete Regel, welche die Merkmale (auch: Kriterien) gut formulierter Ziele beschreibt, ist die sogenannte *S.M.A.R.T.-Regel*. Die fünf Buchstaben stehen dabei für die folgenden Bedeutungen (vgl. Kittl & Winheller 2007: 32):
- **S**pezifisch-konkret → exakt und unmissverständlich formuliert
- **M**essbar → sowohl qualitativ (Inhalt) als auch quantitativ (Ausmaß) überprüfbar
- **A**ttraktiv und aktionsorientiert → positiv und motivierend formuliert, auf Handeln ausgerichtet
- **R**ealistisch → für die Person, die es formuliert, erreichbar
- **T**erminiert → genau definiert, bis wann es erreicht werden soll

Nach Graichen & Seiwert ist ein Ziel dann konkret genug formuliert und messbar, wenn man es anhand der „Z.D.F."-Regel überprüfen kann, nämlich mithilfe von **Z**ahlen, **D**aten und **F**akten (vgl. Graichen & Seiwert 1991: 61).

Diese fünf Merkmale werden von zahlreichen Autor/innen benannt, sind in der Praxis weit verbreitet und haben sich dort bewährt. Sie sind besonders gut geeignet und wichtig, um „effiziente und handlungsleitende Ziele" (Stickel-Wolf & Wolf 2006: 343) zu formulieren. Einige zusätzliche Merkmale können die Formulierung von Zielen noch unterstützen:
- **Anspruchsvoll** → motiviert dazu und spornt an, „das Beste zu geben" (Stickel-Wolf & Wolf 2006: 343–345)
- **Schriftlich fixiert** → hilft dabei, in der alltäglichen Hektik den Überblick zu behalten, die richtigen Prioritäten zu setzen und die eigenen Fähigkeiten optimal und zielgerichtet einzusetzen (vgl. Graichen & Seiwert 1991: 60)
- **Überschaubar** → eine Beschränkung auf wenige besonders wichtige Ziele (vgl. Engelmeyer & Meier 2004: 18f)
- **Widerspruchsfrei** → mehrere Ziele dürfen sich nicht widersprechen und gegenseitig ausschließen (vgl. ebd.)

8.2 Ziele identifizieren und formulieren

In den folgenden Abschnitten werden drei Strategien vorgestellt, mit deren Hilfe es gelingt, angemessene Ziele zu identifizieren und sie zu formulieren: zwei bekannte (8.2.1 und 8.2.2) und eine weniger bekannte, aber ebenfalls sehr effektive (8.2.3). Welcher Weg am besten zu Ihnen passt, finden Sie heraus, indem Sie die verschiedenen Varianten mehrfach ausprobieren.

8.2.1 Drei Schritte zur Zielformulierung nach Kittl & Winheller

Kittl & Winheller beschreiben drei Schritte zur Zielformulierung (vgl. Kittl & Winheller 2007: 29–31):

1. **Zielfindung/Zielanalyse** → Was will ich? Welche Wunschziele habe ich in Bezug auf meine Arbeit/mein Studium und auf mein Privatleben?
   Schreiben Sie in dieser Phase alle Wunschziele auf, ohne zu bewerten, ob Sie sie wirklich umsetzen können.
2. **Situationsanalyse** → Was kann ich? Was brauche ich noch? Wie sind die Rahmenbedingungen?
   Wenn diese Fragen beantwortet sind, folgt die „Ziel-Mittel-Analyse" (ebd.: 30). Betrachten Sie die gesammelten Ziele aus Schritt 1 und überprüfen Sie, ob alle Ressourcen und Mittel zur Umsetzung vorhanden sind, was ggf. noch fehlt und wie Sie das beschaffen könnten.
3. **Zielformulierung/Zielplanung** → Was nehme ich mir vor? Welche Handlungsziele habe ich?
   Im dritten und letzten Schritt bestimmen Sie detailliert die einzelnen Schritte auf dem Weg zum Ziel. Schreiben Sie auf, wann genau Sie was wie unternehmen werden. Tun Sie dies für jedes einzelne (Teil-)Ziel.

8.2.2 Zielformulierung nach Engelmeyer & Meier

Engelmeyer & Meier schlagen einen kleinschrittigeren Weg vor und empfehlen deutlich mehr Schritte zur Zielformulierung. Einige davon dienen dazu, sich gewisser Merkmale von guten Zielen klar zu werden und zu gewährleisten, dass diese erfüllt werden. Die Berücksichtigung dieser in Kapitel 8.1 bereits beschriebenen Merkmale wird in den folgenden Abschnitten vorausgesetzt, es werden daher nur die neuen Schritte aufgeführt (vgl. Engelmeyer & Meier 2004: 19–26):

1. **Wunschzettel erstellen** → Auf einem Zettel notiert man alle beruflichen bzw. studienbezogenen und privaten Ziele, die man in einem bestimmten größeren Zeitraum erreichen möchte (z. B. in einem Jahr, in X Jahren, bis zum Ende des Studiums). Danach sollte man die notierten Ziele kritisch hinterfragen und überprüfen, ob man sie wirklich selbst erreichen möchte oder ob andere dies wünschen. Nur wenn einem selbst etwas viel wert ist, bringt man mittel- und langfristig genug Motivation und Bereitschaft auf, viel Zeit und Energie dafür zu investieren.
2. **Zielkonflikte klären** → Hier wird überprüft, ob sich die notierten Ziele eventuell gegenseitig behindern (z. B. eine neues, aufwendiges Hobby beginnen und gleichzeitig mehr Zeit für Lerngruppen investieren). Ziele, die sich widersprechen, werden modifiziert oder ggf. ganz gestrichen. Hierbei sollte aber unbedingt darauf geachtet werden, dass nicht immer wieder private Ziele gestrichen werden.
3. **Ziele überprüfen** → Die identifizierten Ziele müssen nun genau definiert werden. Dabei sollten mindestens die S.M.A.R.T.-Merkmale berücksichtigt werden.
4. **Den Weg zum Ziel festlegen** → Im Anschluss an das Formulieren des jeweiligen Ziels wird genau überlegt, wie man zum Ziel gelangen kann

und will, also welche einzelnen Maßnahmen man wie genau bis wann unternehmen wird.
5. **Zielhierarchie beachten** → Wie bereits beschrieben, gibt es lang-, mittel- und kurzfristige Ziele, die selbstverständlich miteinander vernetzt sein müssen. Aus langfristigen Zielen werden mittelfristige ermittelt und daraus kurzfristige (Kap. 7 und 9).
6. **Ziele kontrollieren** → Ziele müssen regelmäßig kontrolliert werden. So kann man etwa am Ende jeder Woche überprüfen, ob man die gesteckten Wochenziele erreicht hat, am Ende jedes Tages, alle Tagesziele. Wenn nicht, muss der Arbeitsplan oder müssen ggf. die Ziele selbst angepasst werden, da sich die Arbeit sonst staut, ein immenser Leistungsdruck entsteht und man Gefahr läuft, die Ziele nicht zu erreichen.
7. **Sich belohnen** → Hat man ein bestimmtes Teilziel, einen Meilenstein, erreicht, sollte man diesen bewusst würdigen, sich darüber freuen und sich ein wenig belohnen.

8.2.3 Zielfindung und Zielformulierung im NLP

Das im NLP (siehe INFO *Neurolinguistisches Programmieren* in Kap. 5.2.2) verbreitete Modell zur Zielfindung und Zielformulierung ist eine Mischung aus Beschreibung von Merkmalen und Hinweisen zur Vorgehensweise. Das Ergebnis sind sogenannte wohlgeformte Ziele, welche die folgenden Kriterien aufweisen (O'Connor & Seymour 1995: 36):
1. **Positiv ausgedrückt** → Es ist leichter, sich auf etwas zuzubewegen, das man erreichen will, statt von dem wegzugehen, das man nicht will. Was passiert, wenn Sie lesen „Denken Sie nicht an einen rosa Elefanten"? Sie sehen vermutlich sofort einen rosa Elefanten, oder? Formuliert man also ein Negativ-Ziel, ist es viel schwieriger, dieses zu erreichen als ein positives. Beispiel: *Ich will mich während der Arbeit nicht mehr so oft ablenken lassen* (negativ). → *Ich will Ablenkungen bei der Arbeit vermeiden und konzentrierter arbeiten* (positiv).
In diesem Schritt lauten die zentralen Fragen: *Was hätte ich lieber? „Was möchte ich wirklich?"* (vgl. ebd.: 40).
2. **Aktive Rolle und Beteiligung** → Das Ziel muss innerhalb des eigenen Einflussbereichs liegen und darf nicht in erster Linie vom Verhalten anderer Personen abhängig sein. Gehört zu den Ablenkungen z. B., dass die WG-Mitbewohnerin immer wieder gern durch die offene Zimmertür ins Zimmer schlendert und plaudert, dann reicht es nicht, darauf zu warten, dass sie es sein lässt. Stattdessen muss man aktiv auf sie zugehen, ihr den eigenen Entschluss erklären und diesen selbst konsequent umsetzen. Hierfür kann man bei der Arbeit die Zimmertür schließen und Ohrstöpsel tragen, vor Prüfungen oder wichtigen Deadlines ein Bitte-nicht-stören-Schild an die Tür hängen o. a.
Übergeordnete Fragen dieses Schrittes sind: „*Was werde ich tun, um mein Ziel zu erreichen? Wie kann ich beginnen und durchhalten?*" (ebd.).
3. **Spezifisch** → Das Ziel kann man umso besser definieren, je genauer man es sich „anschaut". Hierzu stellt man es sich mit dem inneren Auge so genau wie möglich vor und beantwortet diese Fragen: *Was werde ich*

sehen, hören und fühlen, wenn ich mein Ziel erreicht habe? Für welchen Kontext soll dieses Ziel (nicht) gelten? (vgl. O'Connor & Seymour 1995: 37). Je genauer man sich sein Ziel vorstellt und durchspielt, desto mehr Möglichkeiten entdeckt man, es zu erreichen.
Hierzu sollten möglichst viele W-Fragen gestellt und beantwortet werden: „*Wer, wo, wann, was und wie genau?*" (ebd.: 40).

4. **Beweis** → In diesem Schritt wird möglichst genau überprüft, welche „sinnlich wahrnehmbare[n] Beweis[e]" (ebd.) es dafür gibt, dass man das Ziel erreicht hat. *Woran wird man erkennen, dass man das gesetzte Ziel erreicht hat? Was wird man dann sehen, hören und fühlen?* (vgl. ebd.).

5. **Ressourcen** → Hier angekommen, muss nun überprüft werden, ob man alle Ressourcen besitzt, um das Ziel zu erreichen und den Weg dorthin durchzuhalten. Dazu gehören sowohl innere als auch äußere Ressourcen, also Fertigkeiten, Kenntnisse, persönliche Einstellungen einerseits und Räumlichkeiten, Material u. a. andererseits. Stellt man fest, dass Ressourcen fehlen, muss man eventuell ein weiteres Ziel formulieren, um diese zu erhalten. Sind sie gar nicht erreichbar, muss man ggf. das Ziel modifizieren. Die zentralen Fragen dieser Phase lauten: „*Welche Ressourcen brauche ich, um mein Ziel zu erreichen?*" (O'Connor & Seymour 1995: 40). *Kann ich fehlende Ressourcen bekommen und wenn ja, wie?*

6. **Größe** → Ein Ziel ist dann wohlgeformt, wenn es die richtige, angemessene Größe hat. Ist das Ziel zu groß, wird es einen überfordern, die Wahrscheinlichkeit, dass man es nicht erreicht, ist sehr groß. Ein zu großes Ziel muss deshalb in mehrere kleine (Teil-)Ziele unterteilt werden. Die Frage hierzu lautet: „*Was hält mich davon ab, dies [mein Ziel] zu erreichen?*" (ebd.: 38).
Ein Ziel kann aber auch zu klein sein, einem zu banal vorkommen (z. B. das Regal aufräumen und ausmisten). Um trotzdem die nötige Motivation aufzubringen, kombiniert man es mit einem attraktiveren Ziel. Die Frage hierzu könnte lauten: „*Wenn ich dieses Ziel erreicht hätte, was würde es mir bringen?*" (ebd.: 39). Und die Antwort: *Wenn ich das Regal aufräume, schaffe ich Platz für Bücher, die ich schon lange anschaffen wollte.* Hier geht man so lange „höher", bis man ein „ausreichend groß[es] und motivierend[es]" (ebd.: 41) Zusatzziel gefunden hat.

7. **Der ökologische Rahmen** → Wir sind alle Teil von unterschiedlichen Gruppen (Familie, Freundeskreis, Sportverein, Lerngruppe), in denen wir verschiedene Rollen einnehmen und in denen andere bestimmte Erwartungen an uns haben. Bei jeder Zielformulierung muss man deshalb mitberücksichtigen und überprüfen, ob das Erreichen dieses Ziels Konsequenzen innerhalb dieser Gruppen haben wird. Zentrale Fragen hierzu sind: *Was müsste ich aufgeben oder mir angewöhnen, um das Ziel zu erreichen? Hätte mein Ziel „unerwünschte Nebenwirkungen"?* (O'Connor & Seymour 1995: 39). „*Was würde passieren, wenn ich es erreichte?*" (ebd.: 42). *Welche unangenehmen Gefühle, Zweifel oder Bedenken habe ich? Was kann ich dagegen tun? Was muss ich verändern?*

8. **Zielplan umsetzen** → Wenn alle Schritte bearbeitet wurden und ein oder mehrere wohlgeformte Ziele formuliert wurden, beginnt die Umsetzung.

TIPP

Zielfindungsprozesse werden im NLP gern durchgeführt, indem man sich real von einem Planungsschritt zum anderen bewegt. Schreiben Sie hierzu die Bezeichnung der einzelnen Schritte (hier das Fettgedruckte) auf Zettel und legen Sie diese so auf den Boden (*Bodenanker*), dass ein Weg entsteht. Diesen schreiten Sie nun nach und nach ab. Das hat den Vorteil, dass Sie sich besser und intensiver auf den jeweils aktuellen Schritt konzentrieren können und außerdem sehen, wie Sie vorankommen.

Stellen Sie in einer Position fest, dass Sie die relevanten Fragen nicht hinreichend beantworten können, liegt es oft daran, dass Sie in einem der vorangegangenen Schritte etwas übersehen haben. Schauen Sie den Weg im wörtlichen Sinne zurück und gehen Sie auf die entsprechende Position. Denken Sie bei besonders kniffligen Zielen doch auch einmal darüber nach, ob Sie den Prozess nicht zu zweit durchlaufen. Eine Person geht den Weg ab, die andere unterstützt sie dabei mit den entsprechenden Hinweisen und Fragen (s. o.). Machen Sie am Ende eine Pause und tauschen Sie danach die Rollen.

Hinweis: Drei komplette studentische Beispiele von der Zielfindung bis zum Wochenplan finden Sie im Onlinematerial (OM-08-ZM-komplett).

> **Arbeitsanregung 2: Meine Zielformulierung – ab jetzt**
> Betrachten Sie nun Ihre Notizen aus Arbeitsanregung 1 und vergleichen Sie sie mit den Informationen in den Kapiteln 8.2.1 bis 8.2.3. Welche Gemeinsamkeiten und Unterschiede finden Sie?
> Wenn Ihre bisherige Strategie nur bedingt erfolgreich ist, wählen Sie eine der vorgestellten Strategien und probieren Sie diese aus.
> Ist Ihre bisherige Strategie (meistens) erfolgreich? Lassen Sie sich von den vorgestellten Varianten inspirieren und überlegen Sie, ob Sie noch etwas verbessern könnten. Wenn ja, erproben Sie die modifizierte Variante.
> Überprüfen und reflektieren Sie danach, was sich verändert hat, und leiten Sie daraus Konsequenzen für künftige Zielformulierungen ab.

Stimmen von Studierenden

Ich dachte immer, ich weiß, was ich erreichen will. Meine Ziele zu formulieren und die Merkmale einzuhalten, ist mir aber überraschend schwergefallen. Allerdings habe ich nun tatsächlich das Gefühl, viel genauer zu wissen, wohin die Reise gehen soll.

–

Für die Zielfindung und -formulierung habe ich die NLP-Methode benutzt. Das hat sehr gut geklappt. Besonders interessant fand ich, darüber nachzudenken, was meine Ziele mit den Menschen um mich herum zu tun haben.

> *Mit der Methode von Kittl & Winheller konnte ich meine Ziele gut finden. Ich finde sie übersichtlich und prägnant.*
>
> *Meine privaten Ziele hatte ich noch nie ausformuliert und aktiv in die Planung integriert. Vielleicht sind sie deshalb immer wieder untergegangen.*
>
> *Oft stehen die Ziele fürs Studium im Vordergrund und wir vergessen, uns Zeit für uns zu nehmen, dabei ist diese Zeit sehr wertvoll. Ich stehe deshalb an manchen Tagen extra früher auf, mache Yoga o. Ä. An solchen Tagen bin ich viel motivierter und das Lernen klappt besser.*

8.3 Toolbox „Hilfreiche Zusatzstrategien zur Zielformulierung"

Einige ergänzende Strategien können den Findungsprozess beflügeln.

Die 4-W-Fragen-Technik

Falls der Zielfindungsprozess ins Stocken gerät, weil man unsicher ist, ob man ein angedachtes Ziel wirklich anstreben möchte, können die Gründe hierfür mithilfe der 4-W-Fragen-Technik ermittelt und bewertet werden. Beantworten Sie hierzu der Reihe nach die nachstehenden vier Fragen schriftlich (vgl. https://www.flowfinder.de/entscheidungen-treffen/#drei):
1. Was hält mich zurück?
2. Was befürchte ich?
3. Was könnte schlimmstenfalls passieren?
4. Was würde passieren, wenn ich nichts tue?

Die O-R-D-E-R-Technik

Die fünf Schritte dieser Technik orientieren sich an den Buchstaben des englischen Worts „Order" (im Sinne von *Ordnung*). Führen Sie sie der Reihe nach durch und machen Sie sich Notizen (vgl. https://www.flowfinder.de/entscheidungen-treffen/#vier).

O **Options** → Notieren Sie alle Optionen, die Sie in Bezug auf die zu treffende Entscheidung haben.
R **Risks and Benefits** → Schreiben Sie die Risiken und Vorteile, die in der/den potenziellen Entscheidung/en stecken, auf.
D **Decision** → Treffen Sie ausgehend von den bisherigen Ergebnissen eine eindeutige Entscheidung, hinter der Sie langfristig stehen können.
E **Execution** → Setzen Sie die Entscheidung sofort um, indem Sie nun das Ziel genau formulieren und die nächsten Schritte in Angriff nehmen (Kap. 9).
R **Review** → Blicken Sie am Ende auf den Prozess zurück und notieren Sie Details. So können spätere Entscheidungsfindungen leichter verlaufen.

Die Flip-Flop-Technik (auch Kopfstand- oder Umkehrtechnik)

Bei der Flip-Flop-Technik wird die eigentliche Fragestellung zunächst ins Gegenteil gekehrt. Statt *Wie bereite ich erfolgreich meine Präsentation vor?* lautet die Frage also: *Was muss ich tun, damit die Präsentation nicht gut wird?* Hierfür sammelt man schriftlich Vorschläge. Am besten erinnert man sich dazu passend zur Fragestellung an Situationen, in denen man bereits schlechte Erfahrungen gemacht hat (z. B. eine weniger gut gelungene Präsentation). Die sich anschließende Auswertung erfolgt in zwei Schritten:
- Zuerst wird der **IST-Zustand** geprüft. Beispiel: Welche der „negativen" Aspekte praktiziert man bei eigenen Präsentationen möglicherweise bereits?
- Dann betrachtet man die **SOLL-Ebene**: Alle genannten Argumente werden in ihr Gegenteil gekehrt, sodass Antworten auf die eigentliche Fragestellung erzeugt werden.

Diese Strategie funktioniert deshalb gut, weil Menschen dazu neigen, negative Dinge sehr viel schneller wahrzunehmen als positive. So fallen Fehler im weitesten Sinne – auch winzige wie etwa ein Kratzer oder ein Fleck auf einem Buch – meist sofort auf, während positive Aspekte als selbstverständlich hingenommen oder gar nicht erst registriert werden (vgl. Bayerl 2005: 35–38).

Die sechs Denkhüte – Six Thinking Hats

Diese Strategie wurde von dem britischen Psychologen Edward de Bono (1933–2021) entwickelt. Themenkomplexe werden aus verschiedenen Perspektiven betrachtet, um so bestmögliche Antworten auf Fragen zu finden. Man sammelt zunächst Ideen und überprüft dann für jede einzeln, ob diese für den geplanten Einsatz geeignet sind. Dazu werden der Reihe nach alle sechs Hüte virtuell aufgesetzt und der Lösungsvorschlag wird immer nur aus der jeweiligen Perspektive betrachtet (Beschreibung der Hüte nach Bayerl 2005: 68f sowie https://karrierebibel.de/de-bono-heute).
- **Weißer Hut** → analytisch, nüchtern und wertfrei; beschäftigt sich mit Zahlen, Daten und Fakten; sammelt Informationen, sorgt für den Überblick; das leere Blatt Papier, welches nach und nach neutral und objektiv gefüllt wird
- **Roter Hut** → das Gegenteil des weißen Hutes; gerade nicht rational, sondern emotional und intuitiv; überprüft die Fakten des weißen Typs daraufhin, ob an dem Vorschlag etwas stört; hört dabei auf die innere Stimme und das Bauchgefühl
- **Schwarzer Hut** → pessimistisch, skeptisch, kritisch; untersucht, welche Risiken, Schwierigkeiten und Gefahren bestehen; geht dabei rational und objektiv vor
- **Gelber Hut** → das Gegenteil des schwarzen Hutes; realistisch und optimistisch; sieht sachlich und objektiv das bestmögliche Ergebnis, Chancen sowie Vorteile und sammelt hierfür positive Argumente; die Sonne, die alles positiv beleuchtet
- **Grüner Hut** → innovativ, assoziativ und voll kreativer Ideen; sucht nach Ergänzungen oder Alternativen; auch verrückte Ideen können beflü-

geln, es wird deshalb alles gesammelt, ohne zu bewerten; der Baum, der wächst und sprießt
- **Blauer Hut** → sorgt für Ordnung, Struktur und Überblick; bleibt dabei stets unabhängig und sucht nach den besten der gesammelten Ideen und Vorschläge, um ein bestmögliches Ergebnis zu erhalten

Die Walt-Disney-Strategie

Wie bei den sechs Denkhüten wird auch hier jede Idee aus verschiedenen Perspektiven betrachtet, diesmal allerdings in einer vorgegebenen Reihenfolge (in Anlehnung an O'Connor & Seymour 1995: 294–297):

1. **Träumer/in** (Visionär/in, Ideenlieferant/in) → generiert Ideen, ohne sich darum zu kümmern, ob sie sachlich realistisch, verrückt usw. sind. Hier ist alles erlaubt, es gibt keinerlei Denkverbote.
2. **Realist/in** (Macher/in, Pragmatiker/in) → konzentriert sich wohlwollend auf das, was machbar ist und welche Voraussetzungen und Ressourcen nötig sind, um die Träume in die Tat umzusetzen.
3. **Kritiker/in** (Fragensteller/in, Qualitätsmanager/in, Berater/in) → überprüft, ob der Plan umgesetzt werden kann, ob etwas übersehen wurde, ergänzt oder verbessert werden sollte usw. Werden Schwachstellen identifiziert, gibt man sachlich begründete Hinweise dazu, warum sie nachgebessert werden sollten, und ggf. auch wie.
4. **Träumer/in** → Die Einwände aus den Positionen 2 und 3 werden nun umgesetzt und die ursprünglichen Ideen bzw. das Ziel werden so lange erweitert, bis die drei Aspekte in einem ausgewogenen Verhältnis stehen. Das Ergebnis wird schriftlich fixiert.

INFO **Walt Disney und seine Film-Strategie**
Robert Dilts entwickelte sein Modell nach der Strategie, die Disney bei der Planung seiner Filme verfolgt haben soll. Demnach entwickelte er zunächst einen Traum, eine Vision, die er anschließend unter realistischen Aspekten wie Geld, Zeit und sonstige Ressourcen analysierte. Schließlich soll er sich in die Rolle der kritischen Zuschauer/innen versetzt haben. Diese drei Perspektiven sollten am Ende in einem Gleichgewicht stehen (vgl. O'Connor & Seymour 1995: 293f).

Die KWHL-Methode

Das Akronym KWHL steht für die folgenden Aspekte (vgl. https://www.enchantedlearning.com/graphicorganizers/KWHL):

- Know → Was weiß ich zu dem Thema/Sachverhalt bereits? Auf welche Vorkenntnisse kann ich zurückgreifen?
- Want to know → Was will ich noch wissen? Welche Fragen stellen sich mir beim ersten Nachdenken?
- How can/will I learn → Was kann und werde ich tun, um mein(e) Ziel(e) zu erreichen?

- Learned → Was habe ich gelernt? Wie lauten die Antworten auf meine zuvor gestellten Fragen?

Die drei Schritte K, W und H können dabei helfen, Teil- und Endziele zu definieren und einen Zeitplan hierfür zu erstellen. Am Ende jeder Etappe kann man überprüfen, ob die Ziele erreicht wurden (L).

> **Stimmen von Studierenden**
>
> *Die KWHL-Methode passt gut zu mir, da sie so klar und sachlich strukturiert ist. Die ersten drei Schritte habe ich genutzt, um meine Ziele zu formulieren. Der letzte Schritt steht noch aus.*
>
> —
>
> *Für ein bevorstehendes Projekt habe ich gleich mal die Flip-Flop-Technik ausprobiert und war überrascht, wie gut sie funktioniert hat. Im ersten Schritt sprudelten die möglichen Fehler nur so heraus. Das Umkehren war manchmal etwas tricky, am Ende hat aber alles geklappt.*
>
> —
>
> *Die Six Thinking Hats und die Walt-Disney Strategie waren lustig und sehr aufschlussreich. Das hätte ich nicht gedacht.*

> **Arbeitsanregung: Transfer und Reflexion**
> Entscheiden Sie sich für diejenige der in Kapitel 8.2 beschriebenen Strategien, die Ihnen spontan am meisten zusagt, ggf. für eine Kombination aus mehreren oder für Ihre modifizierte, ursprüngliche Strategie. Auf jeden Fall soll klar sein, welche Schritte die ausgewählte Strategie hat, bevor Sie damit beginnen, sie auszuführen. Falls Sie also eine Strategie modifizieren, notieren Sie die einzelnen Schritte in Stichpunkten, bevor Sie anfangen.
> Gehen Sie die Schritte der Reihe nach sorgfältig durch und definieren Sie zwei Ziele, die Sie bis zum Ende des laufenden oder vor Beginn des nächsten Semesters erreichen möchten, und zwar ein studienbezogenes und ein privates. Falls der Beginn des nächsten Semesters unmittelbar bevorsteht, wählen Sie einen späteren Zeitpunkt.
> Die Ziele sollen mindestens die S.M.A.R.T.-Merkmale erfüllen und schriftlich ausformuliert werden. Wenn Sie zwischendrin stecken bleiben, schauen Sie, ob Ihnen eine der Strategien aus Kapitel 8.3 weiterhilft.
> **Hinweis:** Diese gründliche Zielformulierung ist gleichzeitig der erste Schritt zur langfristigen Planung, die in Kapitel 9 ausführlich beschrieben wird.

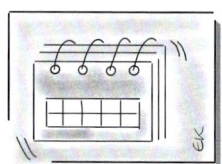

9 Zeitmanagement III – Die mittel- und langfristige Planung

> **Arbeitsanregung: Von der Idee zum Ziel**
> Wie stellen Sie sicher, dass Sie Ihre Ziele nicht aus den Augen verlieren? Was tun Sie, um auf dem Weg zum Ziel motiviert und konzentriert zu bleiben, besonders bei Zielen, die noch weit weg liegen? Notieren Sie die wichtigsten Antworten.

Im vorangegangenen Kapitel 8 haben Sie zwei langfristige Ziele identifiziert und formuliert, ein studienrelevantes und ein privates. Nun geht es darum, aus den gewünschten Fernzielen konkrete Handlungsschritte abzuleiten und sie in die Tat umzusetzen.

9.1 Die langfristige Planung – der Semesterplan

9.1.1 Zwischenziele – Meilensteine ermitteln

Formuliert man zu Beginn eines längeren Zeitraums Fernziele, verfolgt diese aber nicht weiter, so ist die Gefahr, dass man sie relativ schnell vergisst und dann kurz vor knapp plötzlich in Stress und Hektik verfällt, sehr groß. Der nächste Schritt nach der Zielformulierung besteht deshalb darin, Meilensteine, also wichtige Teilschritte und Zwischenziele, zu definieren (Abb. 13). „Der Überblick über die Teilschritte, das Erledigen einer Teilaufgabe schafft Zufriedenheit, fördert Ihre Motivation und verhindert, dass Sie Ihr Ziel aus den Augen verlieren und entmutigt aufgeben" (Stickel-Wolf & Wolf 2006: 355).

> **Arbeitsanregung: Meilensteine auf dem Weg zum Ziel**
> Legen Sie für (mindestens) eines der beiden Ziele, die Sie im letzten Kapitel formuliert haben, Meilensteine fest und notieren Sie genau, welchen Meilenstein Sie bis wann wie erreichen möchten. Übersicht hierbei schafft

eine Tabelle. Fügen Sie auch eine Spalte ein, in der Sie die bereits erreichten Meilensteine später abhaken können.
Zusätzliche Motivation gibt eventuell eine Spalte, in der Sie festhalten, welche Belohnung auf Sie wartet, wenn Sie bestimmte, vielleicht besonders anspruchsvolle, Meilensteine erreicht haben. Probieren Sie einfach aus, was Ihnen guttut.

Teilziel	Zielformulierung	Zeitpunkt	✓
Fernziel	alle Prüfungen beim Ersttermin bestehen	04.08./09.08./10.08./17.10.	
Teilziel 1	Überblick über Stoff für Physikalische Chemie verschaffen und Zusammenfassungen beginnen; Vorlesungen weiterhin aufmerksam verfolgen	14.06. – 21.06.	✓
Teilziel 2	Zusammenfassung Physikalische Chemie weitermachen	21.06. – 28.06.	✓
Teilziel 3	Zusammenfassung Physikalische Chemie abschließen	28.06. – 01.07.	
Teilziel 4	Physik kompakte Zusammenfassung	02.07. + 03.07.	
Teilziel 5	1. & 2. Thema, Physikalische Chemie lernen; Jede weitere Woche 2 Themen	04.07. + 05.07.	
Teilziel 6	Mathe Überblick über Stoff und Zusammenfassungen erstellen (Formelsammlung)	05.07. – 12.07.	
Teilziel 7	Zu allen 3 Fächern Aufgaben der Übungsblätter durchgehen	12.07. – 19.07.	
Teilziel 8	Vorleistung Physik abschließen	19.07. – 26.07.	
Teilziel 9	Vorleistung Physikalische Chemie abschließen; Altklausu-	26.07. – 02.08.	

Abb. 13 Meilensteine, stud. Beispiel (Ausschnitt), *Wirtschaftschemie*

Hinweis: Das komplette sowie zwei weitere Beispiele finden Sie im Onlinematerial (08-ZM-komplett).

9.1.2 Checkliste für die langfristige Planung

Hat man bereits Routine in der langfristigen Planung und möchte gleich noch detaillierter vorgehen, kann die folgende Checkliste verwendet werden (vgl. Rost 2008: 105):

Kernfragen
- Was will ich bis zum Ende des Semesters erreichen?
- Welche Teilschritte und Zwischenziele führen zu diesem Ziel?
- Welche Leistungsnachweise muss ich erbringen, welche Prüfungen bestehen, weil ich sonst nicht an den weiterführenden Veranstaltungen teilnehmen kann?

Minimalprogramm
- Bis zum … möchte/muss ich diese (Zwischen-)Ziele erreichen: …
- Folgende Kenntnisse möchte/muss ich erarbeiten: …
- Diese Fachliteratur möchte/muss ich lesen: …
- Diese Prüfungen möchte/muss ich bestehen: …

Zusätzliches Programm
Wenn nichts dazwischenkommt, würde ich noch gern folgende Pläne umsetzen: …

Überprüfung/Kontrolle
(*wird nach dem Ende des Zeitraums bearbeitet*):
- Diese (Zwischen-)Ziele habe ich erreicht/nicht erreicht: …
- Die Hauptgründe für meinen Erfolg/Misserfolg sind: …
- Daraus leite ich folgende Konsequenzen ab: …

9.2 Die mittelfristige Planung – der Wochenplan

9.2.1 Allgemeiner Wochenplan für das ganze Semester

Für mittelfristige Planungen erstellt man einen Wochenplan, der eine Art „Brücke zwischen langfristigen Zielen und Tagesgeschäft" (Karsch & Roth 2019: 22) bildet. Idealerweise gestaltet man ihn so, dass er über einen längeren Zeitraum benutzbar ist, statt jede Woche einen neuen schreiben zu müssen. Das spart zum einen Zeit, sodass man auch eher einen solchen Plan erstellt, und es führt zum anderen dazu, dass sich eine gewisse Routine einstellt, die sich ebenfalls zeitsparend auswirkt.

Im Prinzip handelt es sich bei einem Wochenplan um einen erweiterten Stundenplan, in den man nicht nur Lehrveranstaltungen einträgt, sondern auch Zeiten für die Arbeit in Lerngruppen, das Selbststudium, die Prüfungsvorbereitung, Pausen- und Essenszeiten, Ruhephasen, Zeiten für Hobbys, Entspannung, Freunde treffen usw. (Abb. 14/1). Auch hierbei gilt es, großzügig zu planen sowie Pufferzeiten bereitzuhalten.

Ein guter Zeitpunkt für die Erstellung eines allgemeinen Wochenplans ist die zweite oder dritte Vorlesungswoche, wenn sich alles eingependelt hat und die wiederkehrenden Termine feststehen. Nach ein paar Wochen kann man überprüfen, ob alles noch passt. Wenn nicht, wird der Plan überarbeitet.

Damit ein solcher Plan hilfreich und realisierbar ist, muss er gleichzeitig konkret und offen genug sein. In der Praxis hat es sich hierfür bewährt, feste Zeitfenster für bestimmte, immer wiederkehrende Inhalte oder Themen zu reservieren (Vorlesungen X, Y und Z, die Tutorien dazu, Zeit für die Vor- und Nachbereitung, Essenspausen, Sport, E-Mails usw.). Jedoch schreibt man nicht im Detail auf, was genau man beispielsweise zur Vor- oder Nachbereitung einer Veranstaltung tun will (z. B. *Abschnitt X im Skript schon mal global lesen, Thema Y mit Tom besprechen* usw.). Diese Details sind stattdessen Teil der jeweiligen Tagesplanung.

9.2.2 Spezieller Wochenplan für besondere Phasen

Es kann immer wieder vorkommen, dass etwas Besonderes, Außerplanmäßiges geschieht: eine Tagung, ein außeruniversitäres Praktikum, eine große Familienfeier o. a. In solchen Phasen kann man den regulären Wochenplan nicht verwenden. Beeinflusst das außerplanmäßige Ereignis die restlichen Verpflichtungen nur in geringem Umfang, so bedarf es nicht extra eines neuen Plans. Muss man hingegen viele neue Dinge koordinieren und läuft man Gefahr, sich zu verzetteln, ist es besser, einen neuen „Sonderplan" für die entsprechende Woche anzufertigen (Abb. 14/2).

1. Allgemeiner Wochenplan

Uhrzeit	Montag	Dienstag	Mittwoch	Donnerstag	Freitag	Samstag
8.00	PC Vorlesung		AC Vorlesung	Protokoll	Mathe-Seminar	
9.00	ÜB-Blatt				Nachbereitung	
10.00		PC 1 Seminar			Kolloq Vorbereitung	
11.00						
12.00		Nachbereitung				
13.00	Kolloq		AC-Praktikum	PC Vorlesung		
14.00		Physik Seminar				
15.00				Nachbereitung	Puffer	
16.00	Mathe	Nachbereitung		Physik Vorlesung		
17.00		Puffer			Physik Vorlesung	
18.00				Nachbereitung & ÜB-Blatt		Kolloqgruppe Besprechung
19.00	ÜB-Blatt				ÜB-Blatt	
20.00			Protokoll			
21.00						

2. Spezieller Wochenplan

	Montag	Dienstag	Mittwoch	Donnerstag	Freitag	Samstag	Sonntag
08 – 09		VL Elektro-dynamik		VL Elektro-dynamik			
09 – 10	Sport					Sport	
10 – 11		HS	S Elektro-dynamik		JOB	Bespr. G.	
11 – 12	Geschenk f. L. & T.						
12 – 13			VL Fest-körper	Projekt-praktikum			
13 – 14							
14 – 15	VL Fest-körper	S Fest-körper					
15 – 16							
16 – 17			Sport		ÜB-Zettel & Lernen	Hochzeit L. & T.	ÜB-Zettel & Lernen
17 – 18		Treffen Geschenk f. L. & T.					
18 – 19	ÜB-Zettel & Lernen						
19 – 20			ÜB-Zettel & Lernen	ÜB-Zettel & Lernen			
20 – 21							
21 – 22							

Abb. 14 Wochenplan, stud. Beispiel, *Wirtschaftschemie (1)* und *Physik (2)*

> **Arbeitsanregung: Transfer und Reflexion**
> Betrachten Sie Ihre bisherigen Tagespläne, Ihr langfristiges Ziel sowie die dazu formulierten Meilensteine und Zwischenziele. Erstellen Sie einen realistischen Wochenplan für die nächsten zwei bis vier Wochen. Berücksichtigen Sie hierzu Ihre Erfahrungen aus der Tagesplanung. Ob Sie für den genannten Zeitraum einen allgemeinen oder einen bzw. mehrere spezielle/n Wochenplan/pläne erstellen, hängt von den festgelegten Meilensteinen ab, die Sie in diesen Wochen erreichen möchten. Entscheiden Sie, was Ihrer Meinung nach am meisten helfen wird, und probieren Sie es aus.
> Legen Sie auch jetzt schon den Tag fest, an dem Sie rückblickend analysieren werden, wie gut Ihre Wochenplanung(en) war(en), was gut geklappt hat und was Sie verbessern sollten. Überarbeiten Sie Ihre Pläne dann am besten gleich und benutzen Sie sie für die danach folgenden Wochen.

Hinweis: Weitere studentische Beispiele finden Sie im Onlinematerial (08-ZM-komplett).

9.3 Toolbox „Hilfreiche Zusatzstrategien zur mittel- und langfristigen Planung"

Die 10-10-10-Methode

Die 10-10-10 Methode ist im Kern eine Methode zur Entscheidungsfindung. Sie ist in der Originalversion besonders gut für die langfristige Planung geeignet, da ein wesentlicher Bestandteil der Methode darin besteht, in die ferne Zukunft zu blicken. Jedes Mal, wenn eine Entscheidung in Bezug auf eine Aufgabe oder Zielformulierung zu treffen ist, beantwortet man die folgenden drei Fragen in dieser Reihenfolge: *Wenn ich X täte, welche Auswirkungen hätte dies (1) in zehn Minuten, (2) in zehn Monaten und (3) in zehn Jahren?*

Durch den direkten Vergleich und den Blick auf einen noch weit entfernten künftigen Zeitpunkt kann man klarer erkennen, ob eine bestimmte Aktivität dazu beiträgt, ein langfristiges Ziel zu erreichen.

Leicht abgewandelt könnte man die 10-10-10-Methode auch für die mittelfristige Planung oder einen Zeitraum zwischen mittel- und langfristig nutzen, indem man neue Zeiträume definiert, z. B.: *in zehn Minuten, zehn Stunden, zehn Tagen* oder *in zehn Minuten, zehn Tagen, zehn Wochen*.

Personal Kanban

Kanban INFO
Der Begriff *Kanban* kommt aus dem Japanischen und bedeutet wörtlich übersetzt *Signalkarte* (jap. *kan* → Signal; jap. *ban* → Karte). Die damit benannte Methode wurde ursprünglich vom japanischen Automobilhersteller Toyota entwickelt, mit dem Ziel, Produktionsabläufe flexibel und effizient zu steuern. Das Konzept wird bis heute in Unternehmen genutzt. Das zugrunde liegende Prinzip wurde inzwischen auch auf das persönliche Zeitmanagement übertragen und wird hier als *Personal Kanban* bezeichnet.

Die drei Bestandteile eines Kanbans sind (vgl. Mühlbauer 2020: o. S.):
- Das **Kanban-Board**, auf dem alle Aufgaben und Informationen gesammelt werden.
- **Drei Spalten**, die den Status der Aufgabe repräsentieren, nämlich
  - To Do → noch zu erledigen
  - Doing → in Arbeit
  - Done → erledigt
- **Karten (oder Zettel, Post-its etc.)**, auf welche die Aufgaben geschrieben werden; für jede Aufgabe gibt es eine eigene Karte.

Alle anstehenden Aufgaben werden auf separate Karten oder Zettel geschrieben, auf dem Board in die entsprechende Spalte ein- und später umsortiert (Abb. 15).
  Diese für den persönlichen Gebrauch reduzierte Variante des ursprünglichen Kanbans berücksichtigt drei Grundprinzipien (vgl. ebd.):
- **Die Visualisierung der Inhalte** führt dazu, dass man stets mit einem Blick den Stand der Dinge erfassen kann.

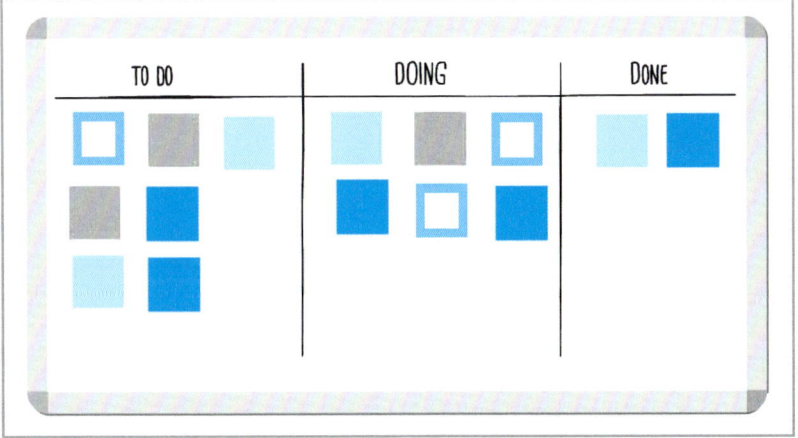

Abb. 15 Personal Kanban (mod. nach https://calebsoh.net/managing-teams-and-projects)

- Für jede Spalte gilt ein **Limit an Einträgen**, damit man nicht überfordert wird und Aufgaben abbricht.
- Aufgaben befinden sich im **Flow**, da neue Karten immer zunächst in die erste Spalte ganz links einsortiert werden und dann nach rechts weiterziehen.

Placebo-Termine für langfristige Pufferzeiten

Karsch & Roth (2019) schlagen sogenannte „Placebo-Termine" vor, um „nicht in die Leere-Blatt-Falle zu tappen" (ebd.: 21) und sich stattdessen auch langfristig Pufferzeiten zu bewahren. Hierzu solle man sich für das bevorstehende Jahr „mindestens 2 [sic!] Tage pro Woche" (ebd.) blockieren, am besten mit einem angenehmen Titel. Wann immer Termine oder Terminanfragen eintreffen, kann man sich bewusst überlegen, ob man eines der blockierten Zeitfenster freigibt oder nicht (vgl. ebd.).

> **TIPP** Für die Organisation des Studiums ist ein ganzes Jahr möglicherweise kein geeignetes Zeitfenster. Es macht aber absolut Sinn, verteilt über das jeweils bevorstehende Semester Placebo-Termine einzuplanen. Zwei ganze Tage pro Woche dürften – vor allem während der Vorlesungszeit – unrealistisch sein, hingegen kann es hilfreich sein, an zwei Tagen pro Woche kürzere Placebo-Termine (eine bis zwei Stunden, einen halben Tag o. a.) einzurichten. Auch hier gibt es kein Patentrezept, probieren Sie deshalb einfach aus, was Ihnen hilft und guttut.

Don't Break the Chain

Diese Strategie ist geeignet, (a) wenn man in Bezug auf bestimmte Dinge eine Routine erlangen will, oder (b) um sich dazu zu motivieren, täglich an einer ausgewählten Sache zu arbeiten, um damit ein Fernziel zu erreichen. Hierzu wird jeden Tag eine vorher festgelegte, wiederkehrende Aktion durchgeführt und im Kalender markiert. Idealerweise entsteht so eine lückenlose Kette aus Markierungen (vgl. Mühlbauer 2020: o. S.). Hierzu zwei Beispiele:

- **Routine erlangen** → Ziel: *E-Mails nur in bestimmten Zeitfenstern lesen, statt sich immer wieder zwischendrin ablenken zu lassen.* Legen Sie den Zeitpunkt fest, bis zu dem dies zur Routine werden soll, und markieren Sie ihn im Kalender. Ab jetzt machen Sie am Ende jedes Tages, an dem Sie das Vorhaben umgesetzt haben, gut sichtbar eine Markierung in den Kalender.
- **Ein Fernziel durch tägliche Schritte erreichen** → Fernziel: *Am Ende des Semesters beim Halbmarathon laufen. Hierzu jeden Tag trainieren.* Haben Sie das tägliche Pensum erledigt, markieren Sie es im Kalender und visualisieren Sie durch die wachsende Kette den Fortschritt.

Stimmen von Studierenden

Mit den Wochenplänen habe ich mir einen guten Überblick über die nächsten Wochen schaffen können und bin sehr motiviert, diese anzugehen!

—

Mir hat es sehr geholfen, bestimmte Tage für zeitintensive Fächer zu reservieren und an diesen Tagen nur diese Fächer zu bearbeiten. Um mich selbst zu motivieren, wende ich hierfür abgewandelt die Don't Break the Chain-Strategie an, indem ich die entsprechenden Tage abends im Kalender abhake.

—

Mir hilft es, wenn ich im Laufe des Semesters eine gewisse Wochenroutine entwickle und genau weiß, wann ich welche Inhalte erarbeite und auch wann ich private Dinge tue. Am liebsten mache ich das mithilfe eines gewöhnlichen Wochen- bzw. Stundenplans und einer To-Do-Listen-App („Todoist").

—

Ich arbeite schon seit einem halben Jahr mit Wochenplänen. Es hat etwas gedauert, bis ich mich daran gewöhnt hatte, aber das hat sich deutlich gelohnt! Seitdem bin ich viel organisierter, vergesse nichts und erledige Dinge auch nicht mehr erst kurz vor knapp.

—

Ich habe zusätzlich zum Wochenplan eine Liste mit Wochenzielen erstellt, um – falls notwendig – die Zeit für Aufgaben frühzeitig anpassen zu können.

Arbeitsanregung: Transfer und Reflexion

In den letzten vier Kapiteln (6 bis 9) haben Sie neben vielen Hintergrundinformationen vor allem ein umfangreiches, vielfältiges Repertoire an Strategien rund um das Zeitmanagement kennengelernt. Falls Sie bisher Schwierigkeiten hatten, Ihre Zeit sinnvoll zu planen, formulieren Sie ein oder mehrere Ziele und bis wann Sie was genau verbessern wollen. Probieren Sie die Strategien aus, die Ihnen spontan am vielversprechendsten erscheinen.
Resignieren Sie nicht, wenn es nicht auf Anhieb klappt. Es ist noch kein/e Meister/in vom Himmel gefallen und Sie sind mit Ihrem Problem absolut nicht allein. Probieren Sie es einfach noch ein paar Mal aus und analysieren Sie, woran es liegen könnte. Wenn Sie nach mehreren Versuchen mit einer bestimmten Strategie doch nicht klarkommen, wählen Sie eine andere und probieren Sie es damit. Überlegen Sie auch, ob Sie vielleicht eine Weile im Tandem an Ihrem Zeitmanagement arbeiten können. Suchen Sie sich eine Person Ihres Vertrauens, besprechen Sie die Schwierigkeiten, formulieren Sie gemeinsam Ziele, erproben Sie Strategien und geben Sie sich gegenseitig Feedback.
Wenn Ihr Zeitmanagement schon gut klappt, schauen Sie, ob es vielleicht etwas gibt, das Sie noch optimieren möchten. Denken Sie auch daran, dass man Strategien kombinieren kann und für bestimmte Phasen (Projekte, Prüfungen u. a.) andere als die gewohnten Strategien vielleicht besser funktionieren.

10 Fachtexte erschließen II – Komplexe Texte lesen, verstehen, zusammenfassen

Arbeitsanregung: Leseerfahrungen rekapitulieren
In Kapitel 2 haben Sie sich mit Grundlagen der Fertigkeit *Lesen* beschäftigt, erste Lesestrategien kennengelernt und einige ausgewählte in den nachfolgenden Kapiteln sowie in studienrelevanten Texten erprobt. Rekapitulieren Sie noch einmal, wie es Ihnen dabei ergangen ist. Haben Sie in der Zwischenzeit dieselben oder weitere Strategien wiederholt genutzt? Mit welcher Strategie sind Sie besonders gut oder nicht so gut zurechtgekommen? Was genau hat dazu beigetragen, dass Sie mit der entsprechenden Strategie besonders erfolgreich waren oder nicht? Was hat Ihnen insgesamt vielleicht gefehlt und/oder für welche Lesesituation/en benötigen Sie noch zusätzlichen Input? Halten Sie Ihre Antworten in Stichpunkten fest.

10.1 Lesestrategien II

10.1.1 Allgemeine Hinweise

Aus Kapitel 2 wissen Sie bereits: Lesen ist ein aktiver Prozess. Es genügt nicht, einen Text nur zu überfliegen, Begriffe zu markieren und den Text dann wegzulegen. Sie sollen ein Thema ja nicht nur kennenlernen, sondern die Inhalte möglichst umfassend verstehen und das Gelesene kritisch hinterfragen. Dazu müssen Sie aktiv mit dem Text arbeiten, je komplexer und anspruchsvoller der Text, desto intensiver die Textarbeit.

In den nächsten Abschnitten werden weitere Strategien für die aktive Texterschließung beschrieben. Sie funktionieren besonders gut, wenn Sie die folgenden Aspekte im Hinterkopf behalten:
- In gut strukturierten Fachtexten steht die Hauptinformation jedes Absatzes – je nach Länge desselben – im ersten oder in den ersten zwei bis drei Sätzen, oftmals auch in dem/den letzten.
- Dazwischen befinden sich Ergänzungen, Beispiele, Begründungen, Erläuterungen, Exkurse o. a. Für das Verständnis der Hauptaussagen sind sie nicht dringend notwendig.

- Daraus folgt: Wenn Ihnen der Text zu schwierig erscheint, konzentrieren Sie sich zunächst auf den Anfang und das Ende der Absätze. Lesen Sie in einem späteren Durchgang ausgewählte mittlere Passagen oder Auszüge daraus.
- Wenn Sie, je nach Lesestrategie, Begriffe unterstreichen, an den Rand oder in eine Tabelle (Kap. 10.1.3) schreiben, unterstreichen oder übertragen Sie keine kompletten Sätze. Falls Sie dies häufig tun, ist dies ein Indiz dafür, dass Sie den entsprechenden Inhalt noch nicht richtig verstanden haben. Versuchen Sie stets, nur kurze Schlüsselbegriffe zu markieren oder fassen Sie längere wichtige Aussagen kurz und prägnant mit eigenen Worten zusammen.

10.1.2 Inhalte knacken mit Traffic Light Reading und REAP

Traffic Light Reading

Die Methode *Traffic Light Reading* ist vor allem im englischsprachigen Raum verbreitet. Sie kommt aus der Schulpädagogik, wird aber auch in der Erwachsenenbildung genutzt (vgl. Marcell 2007; Pressley 2000). Das Grundprinzip entspricht der Symbolik einer Verkehrsampel von Grün nach Rot: **Grün** → *Go*, **Gelb** → *Slow down*, **Rot** → *Stop*. Diese Symbolik kann auf verschiedene Weise vor, während oder nach dem Lesen verwendet werden (Beispiele Onlinematerial, OM-10-TLR).

Variante A – Vor, während und nach dem Lesen

Den drei Farben ist jeweils eine Phase des Lesens zugordnet:
- **Phase 1: Stop/Vor dem Lesen**
  Vor dem Lesen werden die folgenden Punkte überprüft und ggf. in Stichpunkten notiert:
  – Was weiß ich bereits über das Thema? Welche Vorkenntnisse bringe ich mit?
  – Habe ich alle Abbildungen, fett markierten oder anderweitig hervorgehobenen Wörter, Sätze und sonstigen Textstellen angeschaut?
  – Welche Vermutungen habe ich über den Text/den Inhalt?
  – Was möchte ich wissen?
- **Phase 2: Slow down/Während des Lesens**
  Während des Lesens wird zwischendrin immer wieder pausiert, um die folgenden Fragen zu klären:
  – Kann ich die wichtigsten Fakten bereits selbst wiedergeben? Wenn nein, wo muss ich noch mal nachlesen?
  – Habe ich Abschnitte, die ich nicht sofort verstanden hatte, inzwischen noch einmal gelesen? Wenn nein, wann würde es am besten passen?
  – Gibt es schwierige Passagen, die ich noch nicht verstanden habe?
  – Habe ich sonst noch Fragen?

- **Phase 3: Go/Nach dem Lesen**
  In dieser letzten Phase werden die folgenden Fragen beantwortet:
  – Was habe ich verstanden? Was konnte ich wiederholen, vertiefen und/oder neu lernen?
  – Welche sind die Hauptaussagen des Textes?
  – Was muss ich unbedingt behalten, was ist nicht ganz so vorrangig?
  – Waren meine eingangs formulierten Vermutungen richtig?
  – Was ist mir sonst noch aufgefallen?

Diese Variante hat Ähnlichkeiten mit den Lesestrategien *SQ3R, PQ4R* usw., berücksichtigt aber noch weitere Aspekte.

Variante B – Während des Lesens

Die drei Farben werden alle während des Lesens verwendet, um Inhalte zu markieren:
- **Grün** → Bekanntes oder Neues, das leicht verständlich ist
- **Gelb** → Neues, das man aus dem Kontext oder aus Vorwissen erschließen konnte
- **Rot** → Neues, das nicht verstanden wurde, wozu also noch Klärungsbedarf besteht

Die entsprechenden Textstellen – Wörter oder Ausdrücke – werden in den passenden Farben markiert (unterstreichen, Randmarkierungen in den entsprechenden Farben o. Ä.).
   Die Variante B hat also Ähnlichkeiten mit der Strategie *Randmarkierungen/Marginalien* (Kap. 2.2.3).

Variante C – Nach dem Lesen

Eine weitere Variante wird erst nach dem Lesen genutzt. Dann geht man den gelesenen Text – inklusive eigener Anmerkungen, Unterstreichungen usw. – noch einmal überblicksartig durch und überprüft das Verständnis anhand der folgenden drei Aspekte:
- **Grün** → Das habe ich gut verstanden.
- **Gelb** → Das habe ich im Großen und Ganzen verstanden, werde aber ein paar Details noch genauer nachlesen/in der Übungsgruppe/im Tutorium ansprechen.
- **Rot** → Das habe ich nicht verstanden und muss es unbedingt in der Übungsgruppe/im Tutorium/in der Vorlesung nachfragen.

Bei dieser dritten Variante dient die Ampel-Symbolik also als eine Art Checkliste für eine anschließende Überprüfung des Textverständnisses.

REAP

Diese Lesestrategie unterstützt das analytische Lesen und trägt dazu bei, komplexe Texte in vier Schritten zu durchdringen und sie mit bereits Bekanntem zu vernetzen (vgl. Eanet & Manzo 1976: 648):
- **Read** → Einen Abschnitt selbstständig lesen und ihm die Botschaft des Autors/der Autorin, also die Hauptaussage(n), entnehmen.

- **Encode** → Diese mit eigenen Worten wiedergeben/paraphrasieren.
- **Annotate** → Den Abschnitt/die Aussagen kritisch kommentieren, indem man die wichtigsten Punkte (Notizen, signifikante Wörter, Zitate) aufschreibt.
- **Ponder** → Das Gelesene reflektieren und überdenken, indem man allein nachdenkt, mit anderen diskutiert, verwandte Materialien liest, Querverbindungen zu bereits Bekanntem herstellt usw.

Zentraler Bestandteil der REAP-Strategie ist das Annotieren. Zum Verfassen von Anmerkungen und Kommentaren müssen die Aussagen des Autors/der Autorin detailliert erfasst, unterschieden, zusammengefasst, in die „eigene Sprache übersetz[t] und das Ergebnis schriftlich fest[ge]halten" (ebd.) werden. Das Annotieren – ebenso wie das Kodieren – hilft, Inhalte in prägnantes und kohärentes Wissen umzuwandeln.

10.1.3 Texte verstehen und Auszüge erstellen – Textindex und Exzerpt

Die beiden folgenden Lesestrategien sind ebenfalls besonders gut geeignet, wenn man viel Fachliteratur lesen und später weiterverarbeiten muss und die gelesenen Informationen schnell wiederfinden will, z. B. zur Vorbereitung auf Präsentationen, Prüfungen oder Abschlussarbeiten. Auch im üblichen Studienalltag kann es sehr hilfreich sein, schnell die Originalstelle in einem Text wiederzufinden, etwa um einen mathematischen Beweis, eine physikalische Formel o. a. noch einmal genau nachzulesen, weil man sie für eine Übungsaufgabe benötigt.

Textindex
Der Text wird zunächst sorgfältig durchgelesen und wichtige Schlüsselbegriffe werden markiert. Danach erstellt man eine Tabelle mit den Spalten *Schlüsselbegriff, Beleg* und *Seite/Zeile* (oder *Quelle*). Die markierten Schlüsselbegriffe werden nun in die erste Spalte der Tabelle übertragen. In der zweiten Spalte direkt daneben werden die dazugehörenden Informationen aus dem Text kurz mit eigenen Worten zusammengefasst. In der letzten Spalte wird schließlich die genaue Fundstelle dieser Information notiert (vgl. Brenner 2011: 80). Auf diese Weise werden alle markierten Schlüsselbegriffe bearbeitet (Abb. 16 und 17).

TIPP Manchmal ergibt sich im Laufe des Prozesses, dass markierte Wörter keine neue Information liefern oder zusätzliche wichtige Informationen durch die markierten Wörter nicht erfasst werden. Streichen Sie im ersten Fall das markierte Wort und ergänzen Sie im zweiten Fall einen neuen Begriff (aus dem Text).

Schlüsselbegriffe	Beleg / Inhalt	Seite / Zeile
Wahrscheinlichkeitsmaß	Mengenfunktion ist Wahrscheinlichkeitsmaß wenn: 1. $P(\Omega) = 1 (Normiertheit)$ 2. $\{An\}\infty n = 1 \subset F, A n paarweise disjunkt$ $\Rightarrow P(S\infty n = 1 An) = P\infty n = 1 P(An)$	S. 10 Z. 7-11
Wahrscheinlichkeitsraum	Das Tripel (Ω, F, P) heißt Wahrscheinlichkeitsraum	S. 10 Z. 12
Wahrscheinlichkeit	$\forall A \in F heißt P(A)$	S. 10 Z. 13

Abb. 16 Textindex 1, stud. Beispiel, *Software Enineering*

Lysozym

Schlüsselbegriff	Zusammenfassung	Seite
Lysozym aus Hühnereiweiß (HEW)	– am besten untersucht und verstanden – 14,3 kD und 129 AS – Vernetzung durch 4-Disulfidbrücken – hydralysiert seine Substrate im Vergleich zu nicht kat. Rk mit 10^8-fach höheren Ges.	1
Röntgenstruktur 1965	– David Phillips – HEW Lysozym – ellipsiode Form (3 · 3 · 4,5 mm) – tiefe Spalte als Bindungsquelle über einer Seite	1 – 2

Abb. 17 Textindex 2, stud. Beispiel (Ausschnitt), *Biochemie*

Exzerpt

Ein Exzerpt wird ganz ähnlich erstellt wie ein Textindex, es beinhaltet aber noch einige zusätzliche bibliografische u. ä. Angaben, außerdem Kommentare zu den notierten Inhalten. Die Kategorien des Exzerpts sind: *Quelle, Standort, Signatur, Schlagwörter, Inhalt/Zusammenfassung, Seite* und *Kommentar* (vgl. Stickel-Wolf & Wolf 2006: 41). Sie werden ebenfalls tabellarisch erfasst, z. B. wie in dem folgenden Muster:

Quelle:	Standort: (Bibliothek/zu Hause etc.)
	Signatur:

Schlagwörter	Inhalt/Zusammenfassung	Seite	

Stimmen von Studierenden

Beim Traffic Light Reading, Variante C, nutze ich meine bisherigen Schritte zum Durcharbeiten des Skriptes und wende die Methode anschließend darauf an. Jedoch bin ich bei der Bearbeitung deutlich motivierter, damit am Ende möglichst wenig rot ist.

—

Durch die Traffic-Light-Methode setzt man sich intensiv mit dem vorliegenden Fachtext auseinander und erhält eine Art Plan für das weitere Vorgehen. Mit einem Blick kann ich feststellen, was ich schon gut verstanden habe und wo noch Nachholbedarf besteht.

—

Bei der REAP-Strategie hat mir das Paraphrasieren der einzelnen Inhalte sehr geholfen, die Inhalte besser zu behalten. Das Verknüpfen mit bereits Bekanntem (Ponder) fand ich ebenfalls sehr hilfreich.

—

Die Methode „Textindex" gibt mir einen guten Überblick über die behandelten Themen und ich habe das Wichtigste zusammengefasst.

—

Mit dem „Textindex" kann man Teilabschnitte super schnell wiederfinden und bekommt auch ein gutes Gefühl von Aufbau und Struktur des Textes.

—

Beim Exzerpt kann ich den Text gliedern, durch die eigenen Formulierungen Inhalte besser verstehen und mithilfe der Anmerkungen in bereits Bekanntes eingliedern. Bei späteren Wiederholungen spart man viel Zeit.

> **Arbeitsanregung: Neue Lesestrategien erproben**
> Überlegen Sie, welche (besonders komplexen) studienrelevanten Texte Sie in nächster Zeit lesen müssen. Wählen Sie zwei bis drei Texte aus und machen Sie sich bewusst, was Sie dabei als herausfordernd empfinden. Welche der in den Abschnitten 10.1.2 und 10.1.3 beschriebenen Lesestrategien – ggf. auch in Kombination mit anderen Strategien – könnten hier Abhilfe schaffen? Entscheiden Sie sich für eine bis zwei Strategien, wenden Sie sie auf Ihre Texte an und werten Sie anschließend aus, wie es Ihnen damit ergangen ist. Leiten Sie daraus Konsequenzen für Ihr Leseverhalten ab und formulieren Sie diese schriftlich.

10.2 Fachtexte zusammenfassen

10.2.1 Überblick, Nutzen und Prinzipien

Beim Anfertigen einer Zusammenfassung geht es darum, einen Text so zu kürzen, dass lediglich die Hauptaussagen übrig bleiben. Hierzu wird alles, was für das Gesamtverständnis des Textes oder Themas relevant ist, kurz und prägnant mit eigenen Worten wiedergegeben; der Rest entfällt. Beispiele, Ergänzungen usw., also alles, was im Mittelteil der Absätze steht (Kap. 10.1.1), gehören nicht zu den Kerninformationen. Sollen ausgewählte Beispiele dennoch ebenfalls festgehalten werden – z. B. zur Veranschaulichung –, dann sind sie am besten in einem separaten Abschnitt außerhalb der Zusammenfassung aufgehoben.

Zusammenfassungen sollten möglichst zeitnah nach dem Lesen erstellt werden. So kann man gut feststellen, ob man den Text tatsächlich verstanden hat. Außerdem werden die Informationen dadurch besser im Gedächtnis verankert.

Weitere Vorteile von Textzusammenfassungen, die man für sich selbst, die Projekt- oder Lerngruppe o. a. schreibt, sind:

- Man kann sie später für die Prüfungsvorbereitung o. ä. Situationen nutzen.
- Die Grundideen und behandelten Hauptthemen des Originaltextes können schnell überblickt werden. So kann man entscheiden, ob es – je nach Kontext – notwendig ist, den gesamten Originaltext zu lesen.
- Schaut man Zusammenfassungen viel später noch einmal an (z. B. zur Vorbereitung auf eine größere Arbeit), erinnern sie einen daran, was man vor längerer Zeit gelesen und womit man sich befasst hat.
- Abstracts zu Beginn von wissenschaftlichen Artikeln, wohl die häufigste Form von Zusammenfassungen, geben einen Überblick über das behandelte Thema, über Thesen, Argumente, Material und Ergebnisse der Darstellung (vgl. Fritz o. J.: o. S.).

Je nachdem, welche Funktion eine Zusammenfassung erfüllen soll, gibt es unterschiedliche Prinzipien, die bei der Erstellung beachtet werden sollten. Nach Fritz sind dies (vgl. ebd.):

- **Originaltreue** → Auffassungen des Autors/der Autorin zutreffend wiedergeben und die eigenen Stellungnahmen als solche kennzeichnen
- **Kürze** → Sich kurz fassen
- **Relevanz** → Sich auf das Wesentliche konzentrieren; hierzu Kriterien für die Auswahl von Inhalten aus dem Originaltext definieren (*Was ist neu/zentral/redundant? Woran erkennt man das?*)
- **Kohärenz** → Den eigenen Kurztext selbst als vollständigen, in sich gut geformten Text konzipieren und verfassen
- **Adressatenorientierung** → Die Voraussetzungen und Vorkenntnisse potenzieller Leser/innen berücksichtigen

TIPP

Ist Ihre Zusammenfassung nur unwesentlich kürzer als der Originaltext, dann handelt es sich lediglich um zu umfangreiche Paraphrasierungen. Gehen Sie Ihren Text dann unter Berücksichtigung der oben genannten Informationen noch einmal durch und kürzen Sie ihn konsequent.

10.2.2 Aspekte des Zusammenfassens

Die Zusammenfassung beginnt mit der richtigen Lesestrategie. Besonders gut geeignet sind *SQ3R, PQ4R, REAP, Textindex* sowie *Exzerpt*, da sie die schriftliche Zusammenfassung des jeweils zuvor gelesenen Abschnitts/der zuvor gelesenen Sinneinheit bereits beinhalten. Wenn Sie eine andere Strategie verwenden, bei der Inhalte immer wieder mit eigenen Worten schriftlich festgehalten werden, ist diese selbstverständlich ebenso gut geeignet. Auf der Grundlage dieser sukzessive erarbeiteten, zusammenfassenden Sätze lässt sich im Anschluss eine Kurzfassung des Originaltextes erstellen. Dabei sollten die folgenden Aspekte berücksichtigt werden:
- **Ausgangslage** → Von den eigenen Notizen, Paraphrasierungen, zusammengefassten Sätzen usw. ausgehen; **nicht** vom Originaltext!
- **Sprache** → Kurze, verständliche Sätze im Präsens formulieren; sachlich und wertfrei schreiben; Aufzählungen, Listen u. Ä. ggf. auflösen und kompakt wiedergeben; Zitationsregeln und/oder korrekte Form der indirekten Rede beachten (vgl. Fritz o. J.: o. S.)
- Auswahl der **Inhalt**e → siehe Kapitel 10.2.1
- **Aufbau** → Potenzielle Hinweise zum Aufbau durch die Verfasser/innen berücksichtigen, sich jedoch nicht von der Originalabfolge der Abschnitte einengen lassen (vgl. ebd.); den Text stattdessen nach dem Lesen in sinnvolle Absätze unterteilen; „den Text im Überblick […] sehen. Suchen Sie nach zusammenfassenden Kennzeichnungen für die Hauptthemen und Hauptfunktionen des Ausgangstexts. Schon der erste Satz Ihrer Zusammenfassung sollte einen ersten Gesamtüberblick geben" (ebd.)
- **Formalia** → Bibliografische Angaben zum Originaltext einfügen
- **Visualisierungen** → Ausgewählte Inhalte/Abschnitte ggf. als Mindmap, Cluster, Flussdiagramm o. a. grafisch darstellen (Kap. 12); damit das Gedächtnis unterstützen

Stimmen von Studierenden

Zuerst habe ich einen Text ausgewählt und ihn mit den Lesestrategien SQ3R und Traffic Light Reading bearbeitet. Das ist mir ziemlich leicht gefallen. Nach jedem Absatz habe ich versucht, diesen kurz und knapp zusammenzufassen. Danach bin ich meine Randnotizen nochmal durchgegangen, um zu schauen, ob ich alles Wichtige dort markiert habe. Dann habe ich auch in den Zusammenfassungen der Absätze überprüft, ob sie alles Wichtige enthalten.

Nach dem Lesen, Bearbeiten und Kontrollieren habe ich die Kernaussagen auf einem Zettel notiert, damit ich im Blick habe, ob ich auch alle wichtigen Kernaussagen in meiner Zusammenfassung erwähne.

Für die Erstellung der Gesamt-Zusammenfassung habe ich einfach meine Zusammenfassungen der einzelnen Absätze abgeschrieben, wenn nötig noch etwas umformuliert und fehlende Informationen ergänzt. Zum Teil habe ich kleine Überleitungen zwischen die Absätze geschrieben, damit es flüssiger und angenehmer klingt. Zum Schluss habe ich alles nochmal durchgelesen und auf Rechtschreibung und Grammatik kontrolliert.

Arbeitsanregung: Eine Zusammenfassung schreiben

Gibt es unter den Studientexten, die Sie zurzeit oder demnächst lesen müssen, solche, die besonders grundlegend, wichtig und prüfungsrelevant sind? Schreiben Sie eventuell bald Ihre Abschlussarbeit und sind bereits dabei, Fachtexte zu sichten und zu bearbeiten? Wenn ja, wählen Sie einen dieser Texte aus, bearbeiten Sie ihn möglichst intensiv mit einer für Sie passenden Lesestrategie und erstellen Sie anschließend eine Zusammenfassung. Geben Sie die Zusammenfassung anschließend einem Kommilitonen/einer Kommilitonin und bitten Sie ihn/sie um Feedback und ggf. Verbesserungsvorschläge.

Noch besser: Suchen Sie eine/n Tandem-Partner/in, fertigen Sie beide jeweils allein eine Zusammenfassung zum selben Text an und vergleichen Sie diese anschließend. Analysieren Sie die Ergebnisse, leiten Sie daraus Tipps für das Zusammenfassen von komplexen Fachtexten ab und erstellen Sie Ihren individuellen Leitfaden.

10.3 Wissenschaftliche Papers lesen

Forschungsergebnisse werden in Fachbüchern (Monografien, Sammelbände, Handbücher), in Tagungsbänden oder in Fachartikeln (*Papers*), die in Fachzeitschriften (*Journals*) erscheinen, geteilt. Papers haben den Vorteil, dass sie recht kurz sind, wesentlich schneller publiziert werden können als Bücher und deshalb recht aktuell sind. „Auf Grund ihrer vergleichsweise großen Aktualität sind Paper die mit Abstand häufigste Veröffentlichungsform. Über ein außerordentliches Angebot englischsprachiger Verlage, Zeitschriftenserien und *Journals* vernetzen sie Wissen und Erkenntnisse von Forscherinnen und Forschern weltweit" (Burkhardt et al. 2017: 6). Die drei Hauptvarianten von Papers sind (vgl. ebd.):

- **Klassischer Forschungsartikel**, in dem aktuelle Forschungsergebnisse auf wenigen Seiten präsentiert werden
- **Review**, in dem vorhandene Publikationen zu einem bestimmten Forschungsthema überblicksartig zusammengefasst werden
- **Short Communications/Letter/Short note**, die sehr schnell publiziert werden können und deshalb „ganz aktuelle und wissenschaftlich brisante Themen" (ebd.: 7) behandeln

Darüber hinaus gibt es – je nach Fachrichtung und Journal – noch viele andere, meist kurze Varianten von Publikationen. Wenn in den folgenden Abschnitten die Bezeichnung „wissenschaftliche Papers" benutzt wird, dann ist damit der klassische Forschungsartikel gemeint.

Spätestens beim Verfassen der Bachelorarbeit muss man sich mit aktuellen Forschungsergebnissen, also auch mit Fachartikeln, auseinandersetzen. Liest man zum ersten Mal einen solchen Artikel, versteht man meistens sehr wenig, hat vielleicht sogar das Gefühl, überhaupt nichts zu verstehen. Ein Trost vorweg: Auch Profis, die nicht exakt auf dem beschriebenen Gebiet forschen, verstehen oft nicht alles. Dazu sind die Forschungsthemen viel zu speziell. Bei Anfänger/innen kommt noch hinzu, dass sie den speziellen Stil von wissenschaftlichen Papers (Aufbau, Sprache usw.) nicht gewohnt sind. Hat man diesen jedoch durchschaut und verstanden und nutzt man die passende/n Lesestrategie/n, kann man auch solch komplexen Artikeln die benötigten Inhalte entnehmen.

10.3.1 Aufbau und Struktur

Ob MINT-Wissenschaften, Medizin o. a., im Laufe der Zeit hat sich für wissenschaftliche Papers eine Struktur etabliert, die im Großen und Ganzen über fast alle Fachgrenzen hinweg verwendet wird. Typischerweise gibt es die folgenden Abschnitte, die in der Reihenfolge ein wenig variieren können (vgl. Burkhardt et al. 2017: 7–10; Lampe 2017: o. S.):

1. **Title** → Neben dem Titel und den Autor/innen findet man hier auch Angaben zu den beteiligten Institutionen, zum Datum der Veröffentlichung und oft auch *Keywords*, anhand derer man die Publikation verschiedenen Themenfeldern zuordnen kann.

2. **Abstract** → Hier werden der theoretische Hintergrund, die verwendeten Methoden und Analysen, die wichtigsten Ergebnisse und Schlussfolgerungen sehr kurz umrissen und in den wissenschaftlichen Kontext gesetzt. Nach dem Lesen des Abstracts kann man entscheiden, ob das Paper für das eigene Vorhaben relevant ist.
3. **Introduction** → In der Einleitung erläutern die Autor/innen im ersten Teil allgemein, in welchem Kontext die Forschungsarbeit stattgefunden hat und welches Ziel damit verfolgt wurde. Dieser Teil ist i. d. R. so formuliert, dass man auch ohne sehr spezielle Fachkenntnisse versteht, worum es geht. Der zweite Teil bezieht sich ganz spezifisch auf die konkrete Forschung, die in der Publikation beschrieben wird. Hier werden oft auch „grundlegende Arbeiten oder andere Artikel, die direkt zu diesem Stück Forschung geführt haben, zitiert" (Lampe 2017: o. S.).
4. **Material and Methods** → Dieser Abschnitt, der mal gleich hinter der Einleitung und mal erst am Ende des Artikels steht, fasst zusammen, mit welchen Materialien und Methoden ein Experiment durchgeführt wurde. Er ist kurz formuliert, aber so ausführlich, dass andere das Experiment nachvollziehen oder wiederholen können.
In manchen Journalen oder in Papers theoretischer Forschungsrichtungen entfällt dieser Abschnitt entweder ganz oder die entsprechenden Inhalte werden im Hauptteil eingeflochten.
5. **Results** → Der Hauptteil des Papers besteht aus den Forschungsergebnissen und deren Diskussion. Im Abschnitt *Results* werden die Ergebnisse vorgestellt: Fakten werden sachlich zusammengefasst und mit Tabellen und Grafiken visualisiert.
6. **Discussion** → Nach der Darstellung der Fakten werden diese nun von den Autor/innen „interpretiert und in einen wissenschaftlichen Zusammenhang eingeordnet" (Burkhardt et al. 2017: 8). Sie werden mit anderen Forschungsergebnissen verglichen, potenzielle Fehlerquellen werden benannt „und auch was gezeigt werden konnte und was eben nicht" (Lampe Lampe 2017: o. S.).
Results und *Discussion* werden je nach Fach, Forschungsrichtung und/oder Journal oft auch in einem Abschnitt zusammengefasst.
7. **Conclusion** → Hier wird die Relevanz der Ergebnisse noch einmal in den Stand der Forschung eingeordnet und ggf. ein Ausblick auf weiterführende, potenzielle Forschungen gegeben. Wie der allgemeine Teil der Einleitung ist auch die *Conclusion* i. d. R. leichter verständlich formuliert. Die *Conclusion* wird nicht in jedem Journal als eigener Abschnitt aufgeführt, jedes wissenschaftliche Paper beinhaltet aber zum Ende hin Schlussfolgerungen aus dem zuvor Dargestellten.
8. **Acknowledgements und ggf. Author contributions** → Schließlich wird Personen, die indirekt oder in geringerem Umfang mitgewirkt haben, Sponsoren usw. gedankt. In manchen Journalen muss hier auch erwähnt werden, welche/r Autor/in welchen Anteil am Projekt selbst und an der Publikation hatte.
9. **Literature** → Alle im Text genannten Publikationen und Studien werden am Ende des Papers entweder in alphabetischer oder in der Reihenfolge ihres Erscheinens im Text aufgelistet.

In manchen Journalen gibt es zusätzlich zum Hauptartikel noch die Möglichkeit, ein **Supplementary** hinzuzufügen. Dabei handelt es sich um ein separates Online-Dokument, in dem die Autor/innen zusätzliche, vertiefende oder ergänzende Informationen und Illustrationen unterbringen. Diese sind für die Darstellung der wichtigsten Forschungsergebnisse nicht zwingend notwendig, wohl aber für die vertiefte Auseinandersetzung mit der Materie.

TIPP

„Machen Sie sich [vor dem Lesen eines wissenschaftlichen Papers] zunächst bewusst, dass das Verstehen schwieriger Texte drei Ebenen betrifft: Inhalt, Struktur und sprachliche Gestaltung. Das Verständnis dieser drei Ebenen bedingt sich gegenseitig. Wenn Sie also die Struktur eines Papers verinnerlicht haben […], kann es ihnen dabei helfen, Informationen, Zusammenhänge und Argumentationslinien besser zu verstehen. Die standardisierte Textstruktur eines Papers ermöglicht Ihnen ein effizientes Lesen, da Sie wissen, welche Art von Informationen Sie in welchem Textteil finden können" (Burkhardt et al. 2017: 17).

10.3.2 Lesen und Verstehen

In Kapitel 2 haben Sie bereits erfahren, dass man abhängig vom Leseziel unterschiedliche Lesestile einsetzt (global, orientierend, selektiv, detailliert). Zusätzlich zu diesen vier allgemeinen Zielen und Stilen können im Zusammenhang mit wissenschaftlichen Artikeln noch zwei Varianten des detaillierten Lesens relevant sein (vgl. Burkhardt et al. 2017: 14):

- **Vertiefendes Lesen**
  - Ziele → Die einzelnen inhaltlichen Schritte nachvollziehen, Aussagen der Autor/innen erarbeiten
  - Vorgehen → „Abschnitte oder Texteinheiten zusammenfassen" (ebd.)
- **Vergleichendes Lesen**
  - Ziel → Positionen, Meinungen, Definitionen, Ergebnisse unterschiedlicher Wissenschaftler/innen zu einem Forschungsgebiet oder Sachverhalt miteinander vergleichen
  - Vorgehen → Die Texte einzeln mit einer vertiefenden Lesestrategie aktiv erarbeiten; anschließend die betreffenden Daten und Fakten übersichtlich gegenüberstellen, z. B. in einer Tabelle oder in einer anderen grafischen Form

Um ein wissenschaftliches Paper zu erarbeiten, sollte man zunächst das Leseziel festlegen (*Warum lese ich diesen Text? Was will ich damit erreichen?*) und anschließend eine passende Lesestrategie auswählen. Wie für die Vorbereitung von Zusammenfassungen empfiehlt es sich auch hier, eine derjenigen Strategien zu verwenden, bei der man sich zu Beginn einen Überblick verschafft und später Textabschnitte mit eigenen Worten paraphrasiert. Die Reihenfolge der Leseschritte sollte aber besser etwas abgewandelt bzw. durch weitere Aspekte ergänzt werden:

1. **„Eckdatencheck/Screening"** (Heins 2014: 20) → Titel und Keywords lesen; anhand des Publikationsdatums die Aktualität überprüfen; nachschauen, ob man eine/n oder mehrere Autor/innen bereits kennt und weiß, auf welchem Gebiet sie arbeiten (vgl. ebd.)
2. **Abstract lesen** → Kurzen Gesamtüberblick erhalten; überprüfen, ob Bekanntes vorhanden ist und/oder ob die Kernaussagen für das eigene Vorhaben relevant sind
3. **Globales Lesen** → Wie in der jeweiligen Strategie vorgesehen; Zwischenüberschriften, Abbildungen, Tabellen usw. können so bereits in den fachlichen Kontext eingeordnet und Fragen an den Text besser formuliert werden
4. **Ersten, allgemeinen Teil der Einleitung** und **Conclusion lesen** → Wie oben erläutert, sind beide so formuliert, dass auch Wissenschaftler/innen, die nicht auf demselben Gebiet arbeiten, sie verstehen können.
5. **Innehalten und „verdauen"** → Nach diesen fünf Schritten weiß man bereits grob, worum es im Paper geht. Am besten hält man nun inne und „verdaut" die Inhalte erst einmal gründlich. Schauen Sie hierzu noch einmal alles an, denken Sie über Details nach, halten Sie Informationen mit eigenen Worten fest, ordnen Sie sie in das bereits bekannte Wissen ein, beantworten Sie eventuell bereits erste (Teil-)Fragen oder formulieren Sie weitere.
6. **Lektüre fortsetzen** → Mögliche Reihenfolge:
   - **zweiter, spezifischer Teil der Einleitung**
   - **Ergebnisse und deren Diskussion**
   - **Materialien und Methoden**

   In jedem Fall sollte das Lesen wegen der Komplexität der Inhalte hier noch intensiver und aktiver gestaltet werden als bei anderen Texten. Dazu gehört auch, deutlich mehr Pausen zu machen, die einzelnen Abschnitte mithilfe der passenden Lesestrategien ausführlich zu bearbeiten und danach einfach mal kurz zu verschnaufen.

Mit etwas Übung gewöhnt man sich an Struktur und Sprache von wissenschaftlichen Papers und kann dann auch die Inhalte immer besser erarbeiten. Nur Mut!

Stimmen von Studierenden

Für eine größere Arbeit musste ich neulich zum ersten Mal ein Paper lesen. Ich muss sagen, ich war total erschlagen und habe praktisch nichts verstanden! Das hat mich zuerst sehr frustriert. Dann haben wir das Paper zu zweit gelesen und sind so ähnlich vorgegangen, wie im Seminar besprochen (den Methodenteil haben wir weggelassen). Wir haben viele Pausen gemacht und die jeweiligen Teile ausführlich diskutiert. Wir haben immer noch nicht alle Details verstanden, hatten am Ende aber einen ganz guten Überblick.

—

Ich musste schon öfter Paper lesen. Inzwischen tue ich das mit einer Kombination aus SQ3R, Textnetz und Randmarkierungen. In den Read-Phasen erstelle ich im jeweiligen Abschnitt ein Textnetz und füge Randmarkierungen hinzu.

Arbeitsanregung: Transfer und Reflexion

Haben Sie schon mal ein Paper gelesen? Wenn ja, wie sind Sie vorgegangen? Wie gut hat das geklappt? Wenn Sie für sich bereits eine erfolgreiche Strategie gefunden haben, prima. Wenn es noch nicht so gut klappt oder Sie zum ersten Mal ein Paper lesen müssen, behalten Sie Folgendes im Hinterkopf: Falls Sie sehr wenig verstehen werden, machen Sie sich nicht verrückt und resignieren Sie nicht. Das ist völlig normal. Orientieren Sie sich stattdessen an den Ausführungen in diesem Kapitel, wählen Sie eine Lesestrategie, welche die oben genannten Kriterien erfüllt und mit der Sie gut zurechtkommen, und legen Sie langsam und konzentriert los. Tun Sie dies am besten zusammen mit einem Kommilitonen/einer Kommilitonin. Werten Sie am Ende Ihr Vorgehen aus und ziehen Sie Schlussfolgerungen für das nächste Mal.

11 Vorlesungen und Vorträge – Vorbereiten, zuhören, mitschreiben, nacharbeiten

11.1 Eine persönliche Bestandsaufnahme

> **Arbeitsanregung: Vorlesungen & Co. I**
> - In welchen anderen Veranstaltungstypen oder mit welchen Materialien Ihres Studiums müssen Sie ähnlich viel durch Zuhören lernen wie in einer Vorlesung?
> - Gibt es zu Ihren Vorlesungen und anderen Hör-Veranstaltungen (im Folgenden „Vorlesung") ein Skript? Wenn ja, beinhaltet dies die Original-Präsentationsfolien oder sind die Inhalte anders aufgearbeitet?
> - Bereiten Sie sich normalerweise auf die Vorlesungen vor? Wenn ja, wie?
> - Schreiben Sie während der Vorlesung mit? Wenn ja, …
>   - wie? → Mit der Hand und einem Stift auf Papier oder Tablet, tippend auf dem Laptop oder …?
>   - was? → Alles, was auf den Folien steht, was der/die Dozierende sagt, was nicht im Skript steht, nur Rechnungen/Funktionen usw., auch/besonders/ausschließlich Kommentare oder …?
>   - in welcher Form? → Linear, alles chronologisch untereinander, in Spalten, als Grafik oder …?
> - Bereiten Sie die Vorlesungsmitschriebe nach? Wenn ja, …
>   - wann? → Sofort nach der Vorlesung, am selben Tag, ein paar Tage später oder …?
>   - wie? → Durchlesen, Markierungen anbringen, zusammenfassen oder …?

11.2 Die Fertigkeit *Hören*

11.2.1 Wesen des Hörens

„Verstehendes Hören ist ein komplizierter psychischer Prozess, in dem der Mitteilungsgehalt sprachlicher Äußerungen des Sprechers im Gedächtnis des Hörers adäquat rekonstruiert werden muss. Verstanden hat ein Hörer eine Äußerung dann, wenn er die kommunikative Absicht des Sprechers richtig erfasst hat. Dazu ist das automatisierte Beherrschen von sprachlich-geistigen Prozessen notwendig" (Schreiter 1996b: 31).

Kommunikative Situationen, in denen Hören eine entscheidende Rolle spielt, also Hörsituationen, lassen sich in drei Kategorien einteilen (vgl. ebd.: 32):

- Von der **direkten/indirekten Kommunikation** spricht man, wenn Kommunikation zwischen mindestens zwei Personen stattfindet (direkt) bzw. wenn sie durch Medien wie Radio oder Fernsehen vermittelt wird (indirekt).
- **Spontane/nicht-spontane gesprochene Sprache** liegt vor, wenn Aussagen in einem Gespräch unmittelbar sofort geäußert und verstanden werden müssen (spontan) bzw. wenn eine vorbereitete Rede gehalten und gehört wird (nicht-spontan).
- **Authentische/nicht-authentische Sprache** bezeichnet Teile eines realen Kontextes von Sprache (authentisch) bzw. vereinfachtes Material, welches eigens für Sprachlernende, also den Sprachunterricht, produziert wurde (nicht-authentisch).

Dabei gelten direkte, spontane und nicht-authentische Hörtexte als (eher) leicht, da sie weniger komplex sind (spontan und nicht-authentisch) und man außerdem bei Unklarheiten nachfragen kann (direkt). Folglich sind indirekte, nicht-spontane und authentische Hörsituationen schwer.

Vorlesungen und andere Vorträge gehören nach dieser Definition zur direkten, nicht-spontanen und authentischen Sprache und Kommunikation. Aufgrund des zweiten und dritten Kriteriums sind solche Hörsituationen also generell anspruchsvoll. Da es sich bei Vorlesungen und Fachvorträgen außerdem um sehr komplexe, meist neue Sachverhalte handelt, wird von den Zuhörer/innen eine besonders große Hörleistung erwartet. Das erste Kriterium *direkt* relativiert dies ein wenig, allerdings nur, wenn Zwischenfragen erlaubt sind.

Wie beim Lesen (Kap. 2.1) wirken auch beim Hören verschiedene Komponenten zusammen (vgl. Schreiter 1996b: 33):

- Die **auditive Komponente** umfasst das Wahrnehmen akustischer Signale sowie das Erkennen von einzelnen Phonemen (den kleinsten lautlichen Bestandteilen von Sprache), Wörtern und Sätzen mit deren Elementen wie Intonation, Rhythmus u. Ä.
- Die **semantische Komponente** beinhaltet das Erfassen des Sinns von Lexemen (den bedeutungstragenden Einheiten von Sprache), Wörtern und Wortkombinationen.

- Die **syntaktische Komponente** meint das Erkennen von Beziehungen zwischen einzelnen Wortketten sowie Abhängigkeiten der einzelnen Satzteile untereinander.
- Die **pragmatische Komponente** fokussiert auf das Identifizieren der Funktion von einzelnen Sätzen im kommunikativen Kontext, also z. B. das Erkennen von Sprechsituation oder Sprechintention.
- Die **kognitive Komponente** schließlich umfasst die generelle Verarbeitung gesprochener Texte sowie das Erkennen und Differenzieren spezifischer Textsorten der gesprochenen Sprache mit den für sie jeweils typischen syntaktischen und lexikalischen Besonderheiten.

Hörverstehen vollzieht sich außerdem in zwei *Hörstufen*:
- Die Stufe des **Hören-Könnens**, also das Herausfiltern von „formal-sprachlichen, para-sprachlichen und außersprachlichen Signalen" (ebd.: 35).
- Die Stufe des **Verstehen-Könnens**, also das Erfassen der „Bedeutung sprachlicher Einheiten unter Berücksichtigung verschiedenartiger Kommunikationssituationen" (ebd.).

Der Erfolg des Hörverstehens kann durch vor- und nachbereitende Maßnahmen maßgeblich gesteigert werden.
- **Vor dem Hören** sollte man deshalb versuchen, Vorwissen möglichst gut zu aktivieren und die Motivation zu wecken.
- **Nach dem Hören** sollte man zeitnah Strategien anwenden, mit denen man das Verständnis kontrollieren und die Inhalte vertiefen kann.

Bei Sprachlernenden ist die Bereitstellung hierfür geeigneter Strategien Aufgabe der Lehrenden. Studierende wie auch alle anderen Personen, die aus beruflichen oder privaten Gründen Hörsituationen bewältigen müssen, sind hierfür hingegen selbst verantwortlich.

11.2.2 Hörstile

Weniger bekannt als Lesestile (Kap. 2.1.4) sind die sogenannten *Hörstile*, die man sich im Interesse einer optimalen Vorbereitung auf Hörsituationen oder auch zur Verbesserung der eigenen Hörkompetenz ebenfalls klar machen sollte. Hierbei unterscheidet man zwischen dem *intensiven* und dem *extensiven* Hören.
- Vom **intensiven** (auch **detaillierten** oder **totalen**) **Hören** machen wir Gebrauch, wenn es darauf ankommt, möglichst jedes Detail zu hören und zu verstehen.
- **Extensives Hören** setzen wir ein, um ausgewählte Inhalte eines gesprochenen Textes zu erfassen. Hierbei werden zwei Typen unterschieden:
  - **Selektives** (auch **selegierendes**) **Hören**, mit dem wir nur bestimmte Informationen, die wir als interessant oder wichtig einstufen, aufnehmen.
  - **Globales** (auch **kursorisches**) **Hören**, mit dem wir nur zentrale Informationen eines Textes, den „roten Faden", aufnehmen.

> **Arbeitsanregung: Vorlesungen & Co. II**
> Betrachten Sie noch einmal die eingangs erstellte Liste der Veranstaltungstypen, in denen Sie durch Hören Informationen aufnehmen müssen. Welcher Hörstil ist in diesen Situationen erforderlich? Fallen Ihnen zu den Hörstilen noch weitere studienrelevante oder private Hörsituationen ein, mit denen Sie regelmäßig konfrontiert werden? Halten Sie Ihre Antworten kurz schriftlich fest.

11.3 Allgemeines zum Verarbeiten von Vorlesungsinhalten

Berücksichtigt man die im vorangegangenen Kapitel beschriebenen Aspekte des Hörverstehens, dann folgt daraus, dass die Inhalte einer Vorlesung oder eines Vortrags dann besonders gut aufgenommen und verinnerlicht werden, wenn Sie als Student/in die folgenden Schritte durchlaufen:
1. Sich auf die jeweilige Sitzung, wenigstens kurz, vorbereiten
2. In der Vorlesung zu**sehen** und aktiv zu**hören**
3. Kontinuierlich **mit**denken und das Gehörte und Gesehene **über**denken
4. Die wichtigsten Inhalte mitschreiben und dabei das Gehörte und Gesehene strukturieren
5. Die Notizen im Selbststudium, mit einem Lernpartner/einer Lernpartnerin oder in einer Lerngruppe nacharbeiten
6. Selbst kontrollieren, ob Sie das Hinzugelernte behalten haben

Eine klare, übersichtliche Struktur hilft dabei, Inhalte verständlich und nachvollziehbar zu notieren, sodass Sie Ihr Gehirn beim Abspeichern der Informationen unterstützen. Außerdem bekommen Sie so später bereits beim Überfliegen – zum Lernen, Wiederholen, vor der Prüfung usw. – schnell einen guten Überblick. Gehörtes „richtig" zu notieren, gelingt am besten, wenn Sie sich auf die Vorlesung vorbereiten (Kap. 11.3) und dann zum Mitschreiben eine bestimmte Anordnung der Informationen nutzen (Kap. 11.5).

Mitschriften nachzubereiten, ist der wichtigste Schritt beim Lernen der Inhalte. Die Mitschrift einfach unbearbeitet abzuheften und sie erst kurz vor der Prüfung wieder durchzulesen, ist genauso ineffektiv wie das Ausdrucken und einfache Lesen von Präsentationsfolien.

Eine Frage, die unter Studierenden immer wieder kontrovers diskutiert wird, lautet: „Sollte ich meine Vorlesungs-Mitschrift mit Hand, Stift und Papier oder lieber digital anfertigen?" Es gibt viele Gründe, die für eine klassische Mitschrift mit Papier und Stift sprechen:
- Als Student/in verbringen Sie viele Stunden am Tag damit, in Bildschirme zu schauen. Smartphone, Tablet, Laptop, PC und auch der Fernseher wechseln sich munter ab oder laufen sogar parallel. All das strapaziert die Augen und das Gehirn ungemein und führt nicht selten zu Konzentrationsschwächen.
- Hinzu kommen lernpsychologische Gründe. Das Gehirn verarbeitet Informationen während des Schreibens mit einem Stift intensiver als beim

Tippen, handgeschriebene Notizen werden deshalb oft schneller behalten und verinnerlicht (siehe INFO *The Pen Is Mightier Than the Keyboard*). Solche Notizen sehen meistens auch unterschiedlich aus, sodass im Gehirn zu verschiedenen Informationen oft auch verschiedene „Bilder" gespeichert werden. In diesem Zusammenhang wäre ein Tablet, auf dem Sie Notizen mit einem Stift anfertigen können, grundsätzlich ein passender Kompromiss. Allerdings ist die verfügbare und sichtbare Fläche auf einem Tablet oft kleiner als auf einem DIN-A4-Blatt – und selbst dort wird sie manchmal knapp. Das Mitschreiben auf einem Tablet erfordert also eventuell einige Umstellungen, z. B. eine kleinere Handschrift, schnelles Vergrößern oder Verschieben von Textstellen o. Ä.

INFO **„The Pen Is Mightier Than the Keyboard"**
(vgl. Mueller & Oppenheimer 2014: 1159)
Viele Forscher sind der Meinung, das Anfertigen von Vorlesungsnotizen am Laptop sei weniger effektiv als handgeschriebene Notizen. Frühe Studien zeigten, dass Studierende, die ihre Notizen am Laptop erstellten, sich zu sehr von anderen Aktivitäten am Laptop ablenken ließen, vor allem, wenn sie Internetzugang hatten. Mueller & Oppenheimer untersuchten später speziell die Unterschiede bei der Art des Notizverhaltens („note-taking behavior") und deren Einfluss auf den Lerneffekt (vgl. ebd.: 1166). Dabei fanden sie heraus, dass Studierende, die ihre Notizen am Laptop schreiben, dazu neigen, das Gehörte – auch wenn explizit davon abgeraten wird – sehr ausführlich und wortwörtlich mitzuschreiben, und deshalb keine Zeit haben, detailliert über die Inhalte nachzudenken. Dies führt zu einer geringeren Verarbeitungstiefe der Inhalte. Studierende, die ihre Notizen von Hand anfertigen, verarbeiten die Informationen hingegen gleich aktiv und fassen sie in eigenen Worten zusammen.
Die Annahme, die geringere Verarbeitungstiefe könne zumindest teilweise dadurch ausgeglichen werden, dass die größere Menge an Notizen ein besseres Nacharbeiten ermögliche, konnte nicht bestätigt werden. In drei Studien schnitten die Laptop-Nutzer/innen sowohl bei sachbezogenen als auch bei konzeptionellen Fragen schlechter ab als Studierende mit handgeschriebenen Notizen (vgl. ebd.).

Das Schreiben auf Papier bietet auch einige pragmatische Vorteile:
- Zum Anfertigen von Grafiken, Mindmaps o. Ä. kann das Blatt schnell gedreht und in einer anderen Richtung beschrieben werden. Auf dem Laptop ist dies zwar möglich, dauert aber viel länger.
- Markierungen sind ebenfalls schneller von Hand eingefügt als am Computer.
- Ein Tablet kann man zwar schnell drehen oder dort zügig Markierungen einfügen, man stößt aber eventuell aus den oben genannten Gründen an andere Grenzen.

- Technische Probleme können nicht auftreten (Akku leer, automatische Updates usw.).
- Wer nicht schnell tippen kann, kommt nicht mit.
- Die Geräusche der Tastatur – und auch des Pencils – können andere stören.

TIPP Sollten Sie es dennoch vorziehen, die Mitschrift digital zu erstellen, drucken Sie diese anschließend aus und bearbeiten Sie sie von Hand. Wenn Sie auch die Nachbearbeitung lieber am Computer schreiben, drucken Sie unbedingt danach alles aus. Das Lernen von Inhalten funktioniert deutlich besser, wenn man ein Blatt, eine Karteikarte o. Ä. in der Hand hält und damit arbeitet. Falls Sie jedoch wenig Zeit haben, ist es sinnvoller, gleich alles mit der Hand zu schreiben.

Stimmen von Studierenden

Bei den Ergebnissen hat mich sehr überrascht, dass ein großer Teil der Mitschriften analog mit Stift und Papier getätigt wurden. Bei einer digitalen Mitschrift schätze ich, dass Korrekturen jederzeit möglich sind.
–
Ich war überrascht, dass so viele ihre Mitschriebe digital erstellt haben. Für mich wäre es unvorstellbar, mit einem Tablet durch mein Zimmer zu laufen und mir dabei die wichtigen Informationen einzuprägen.

Eine Reihe von Notizrastern und Methoden hilft dabei, die Inhalte gleich so zu strukturieren, dass man sie anschließend gut lernen kann (Kap. 11.5).

11.4 Vorlesungen vorbereiten

Ein erfolgreicher Vorlesungsbesuch beginnt mit der Vorbereitung desselben. Wenn es ein Vorlesungsskript gibt, schauen Sie sich das bevorstehende Kapitel kursorisch an und verschaffen Sie sich einen ersten Eindruck von dem, was als Nächstes kommt (vgl. den Schritt *Survey/Preview* der Lesestrategien *SQ3R/PQ4R,* Kap. 2.2.2). Überlegen Sie sich danach einige Fragen, auf die Sie in der Vorlesung eine Antwort erhalten möchten (vgl. *Question* bei denselben Strategien). Falls Sie schon beim ersten Überfliegen – oder genaueren Lesen – etwas nicht verstehen, notieren Sie auch dazu Fragen, achten Sie in der Vorlesung auf passende Antworten und fragen Sie ggf. explizit nach. Gibt es kein Seminarskript oder liegt dies erst nach der jeweiligen Sitzung vor, ist es ratsam, sich in der einschlägigen Fachliteratur auf ähnliche Weise einen Überblick zu verschaffen und sich vorzubereiten.

Bei der Vorbereitung kann die **KWL-Methode** (vgl. https://www.facinghistory.org), eine verkürzte Variante der KWHL-Methode (Kap. 8.3), hilfreich sein (Abb. 18). Beantworten Sie hierzu die Fragen, die sich hinter dem Akronym verbergen:

- **Know** → Was weiß ich zu dem Thema bereits? Auf welches Vorwissen kann ich zurückgreifen?
- **Want to know** → Was will ich noch wissen? Welche Fragen stellen sich mir beim Überfliegen des Textes/Vorlesungsskripts?
- **Learned** → Was habe ich gelernt? Wie lauten die Antworten auf meine zuvor gestellten Fragen?

Zu den ersten beiden Punkten machen Sie sich vor der Vorlesung Notizen, den dritten Punkt bearbeiten Sie nach der Vorlesung (Abb. 18).

Vorlesung Formale Grundlagen Eulerkreise

Vorbereiten: KWL-Methode

Know: — Kreis ≙ einfacher Weg mit $V_o = V_k$

Want to know:
— Was ist ein Eulerkreis?
— Wo bzw. für was kann man einen Eulerkreis anwenden?
— Wann liegt ein Eulerkreis vor? (Kriterium?)

Learned:
— Euler-Kreis ist Kreis, der im Graphen jede Kante genau einmal besucht.
— Zusammenhängender Graph besitzt Euler-Kreis <=> Grad jedes Knotens im Graph ist gerade
— Bsp.: Stadt Königsberg mit Fluss Pregel => Es ist nicht möglich, einen Spaziergang zu machen, der über alle 7 Brücken führt, keine zweimal besucht und zum Ausgangspunkt zurückführt.

Abb. 18 KWL-Methode, stud. Beispiel, *Wirtschaftsmathematik*

11.5 In Vorlesungen aktiv zuhören

Verstehen und sinnvoll mitschreiben funktioniert nur, wenn man den Vortragenden aktiv zuhört. Wie beim Arbeiten zu Hause sollten dazu auch in der Vorlesung zuerst alle störenden Elemente abgeschaltet werden (Kap. 3.2.1). Schaut man heute während der Vorlesung in den Hörsaal, sieht man sehr viele Studierende, die über längere Phasen auf ihren Smartphones, Tablets oder Laptops spielen, im Internet surfen, in den sozialen Netzwerken chatten o. a. Es ist eine Fehlannahme zu glauben, dass man der Vorlesung so effektiv folgen und immer wieder den roten Faden aufnehmen könnte. Wer sich lange nebenher mit anderen Dingen beschäftigt, verpasst zu viel. Nebenbei stört das eventuell auch manche Kommiliton/innen.

Hat man gute Rahmenbedingungen für ein aktives Zuhören geschaffen, hilft die Hörstrategie **TQ3L**, die in Anlehnung an die Lesetechniken *SQ3R* und *PQ4R* entwickelt wurde, beim Verfolgen der Vorlesung und Verarbeiten der Inhalte (Geuenich et al. 2015: 152–54). Das Akronym steht dabei für die folgenden Schritte:

- **Tune-In** → Man „schaltet" sich wie ein Radio für die Veranstaltung ein und macht sich bereit. Stellen Sie sich also gedanklich ein und versuchen Sie, eine positive Grundhaltung einzunehmen, denn diese wirkt sich positiv auf Ihren Lernerfolg aus. Stehen Sie der Vorlesung – warum auch immer – eher zurückhaltend gegenüber, versuchen Sie, wenigstens einen Teilaspekt zu finden, auf den Sie sich freuen können.
- **Question** → Man bereitet sich auf die Vorlesung vor, indem man überlegt, welche Inhalte vermittelt werden könnten, welche Schwerpunkte voraussichtlich behandelt werden usw. Formulieren Sie hierzu Fragen wie bei den Lesestrategien *SQ3R* und *PQ4R*.
- **Look at the speaker** → Hält man Blickkontakt zu Vortragenden, kann man auch die nonverbalen Anteile von Kommunikation beobachten (siehe INFO *Kommunikationsmittel*). So erhält man zusätzliche Informationen, z. B. darüber, wie wichtig ein bestimmter Inhalt ist. Außerdem entsteht eine Art Gespräch mit den Vortragenden, wodurch die Inhalte intensiver aufgenommen werden. Nicht zuletzt lässt man sich auch nicht so leicht ablenken.
- **Listen** → Die Gedanken werden vermutlich trotzdem ab und zu abschweifen. In solchen Situationen ist es wichtig, die Aufmerksamkeit schnell wieder bewusst auf den Vortrag zu lenken und zuzuhören. Achten Sie dabei auch auf die paraverbalen Kommunikationsanteile, also Stimmlage, Lautstärke, Tonfall (streng, ironisch, betont) usw. (siehe INFO *Kommunikationsmittel*), denn auch hierdurch erhalten Sie Informationen darüber, wie wichtig etwas ist, u. a.
- **Look over** → Vergewissern Sie sich zwischendrin, wenn etwa ein Sinnabschnitt, ein bestimmter Schwerpunkt oder Aspekt abgeschlossen wurde, immer wieder, dass Sie den roten Faden noch im Blick haben und die Zusammenhänge verstehen. Ist dies nicht der Fall, haben Sie etwas nicht gut verstanden oder sind Sie an einer Stelle anderer Meinung, fragen Sie nach, bringen Sie Ihre Idee/den Einwand/ein Argument ein, beteiligen Sie sich also aktiv.

Kommunikationsmittel INFO

Mündliche Kommunikation ist ein Zusammenspiel aus *verbalen*, *nonverbalen* und *paraverbalen Kommunikationsmitteln*. **Verbal** sind **Wörter**, Ausdrücke, Sätze sowie deren Struktur und Form. **Nonverbales** wird mit dem **Körper** ausgedrückt: Mimik, Blick, Gestik, äußere Erscheinung (Frisur, Kleidung) oder vegetative Symptome (Erröten, Schwitzen). **Paraverbal** bezeichnet alles, was mit der **Stimme** übertragen wird: Stimmlage (hoch/tief), Tonfall (streng/sanft), Lautstärke, Sprechtempo, Satzmelodie usw. Die meisten non- und paraverbalen Signale sind kulturell bedingt und werden unbewusst gesendet.

Verbales macht i. d. R. lediglich etwa 30 % der mündlichen Kommunikation aus, der Rest ist non- und paraverbal. Diese Anteile werden dann besonders stark beachtet, wenn Körpersprache und Stimme nicht zum Inhalt passen (z. B. bejahender Inhalt, aber Kopfschütteln). In solchen Fällen „gilt die nonverbale [und paraverbale] Aussage oder Botschaft als glaubwürdiger" (Lewandowski 1990b: 750). Natürlich stehen in der Vortragssituation die verbalen Anteile im Mittelpunkt. Non- und paraverbale Kommunikation lassen sich aber nicht abschalten; man sollte sie deshalb beobachten und berücksichtigen.

11.6 In Vorlesungen mitschreiben und diese nachbereiten

In den folgenden Abschnitten lernen Sie einige Notizraster im Original sowie Variationsmöglichkeiten dazu kennen. Ganz gleich, für welche Form der Mitschrift Sie sich entscheiden, einige Kriterien sollten immer erfüllt sein:
- Mitschriften tragen immer einen Titel und das Datum der konkreten Sitzung, damit man sie später schnell zuordnen kann.
- Zwischenüberschriften oder andere Markierungen wie Abkürzungen, Symbole, Anstreichen oder Unterstreichen helfen, den Text übersichtlich zu gestalten.
- Wichtige Inhalte (Namen/Bezeichnungen für bestimmte Personen oder Phänomene, zentrale Formeln u. a.), neue, sich daraus ergebende (Forschungs-)Fragen sowie Schlussfolgerungen werden hervorgehoben.
- Wenn Dozierende bestimmte Fragen oder Aussagen besonders betonen oder wiederholen, sind sie mit großer Wahrscheinlichkeit prüfungsrelevant. Auch diese sollten Sie deshalb besonders kennzeichnen.
- Schreiben Sie auf keinen Fall alles mit, was gesagt und gezeigt wird. Konzentrieren Sie sich stattdessen auf die wichtigsten Inhalte und insbesondere auf Erläuterungen, Kommentare, Querverweise usw., die nicht im Skript oder in der Pflichtlektüre stehen.
- Am Ende der Nacharbeit eines bestimmten Abschnittes können Sie einige potenzielle Prüfungsfragen formulieren und überprüfen, ob Sie diese beantworten könnten.

11.6.1 Vorgefertigte Notizraster

Vorbereitete Raster, in denen während eines Vortrags Informationen strukturiert notiert werden, helfen dabei, Inhalte effektiv und komprimiert festzuhalten, sie später aufzuarbeiten und dadurch zu vertiefen und zu festigen. Die folgenden Varianten haben sich in der Praxis besonders bewährt.

Cornell Notes
Die Methode ist benannt nach der *Cornell University* (Ithaca, NY/USA), wo sie erfunden wurde. Ein DIN-A4-Blatt wird wie in Abbildung 19, Raster 1, in vier Bereiche eingeteilt, die wie folgt genutzt werden:

1 – Fach, Thema der Stunde, Datum und eine fortlaufende Seitennummer werden zu Beginn der Vorlesung in die **Titelleiste** eingetragen.

2 – Wichtige Informationen, Erklärungen, Tafelbild, Beispiele, Regeln, Fachausdrücke, Definitionen, Rechnungen etc. schreibt man während des Zuhörens im **Textfeld** auf.

3 – Erst nach der Vorlesung, aber möglichst zeitnah, liest man die Notizen in Feld 2 noch einmal und notiert Schlüsselwörter sowie eigene Kommentare oder Fragen dazu in der **Randspalte**.

4 – Abschließend wird das Wichtigste aus dem Textfeld in drei bis vier Sätzen mit eigenen Worten im **Ergänzungsfeld** zusammengefasst.

Beispiele → Abbildungen 20, 21 und Onlinematerial (OM-11-Vorlesungen)

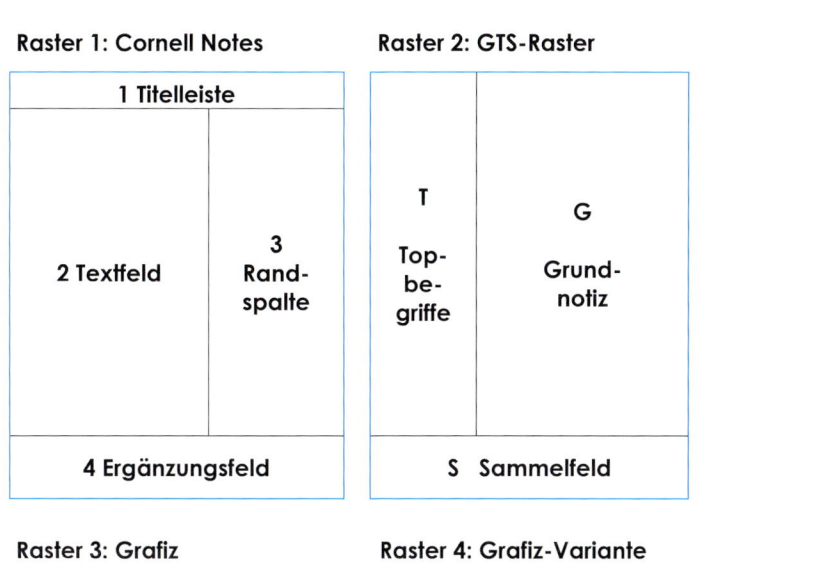

Abb. 19 Notizraster (mod. nach (1) http://lsc.cornell.edu/study-skills/cornell-note-taking-system, (2) Endres 2008, (3) Schaefer 2017; (4) eigene Darstellung)

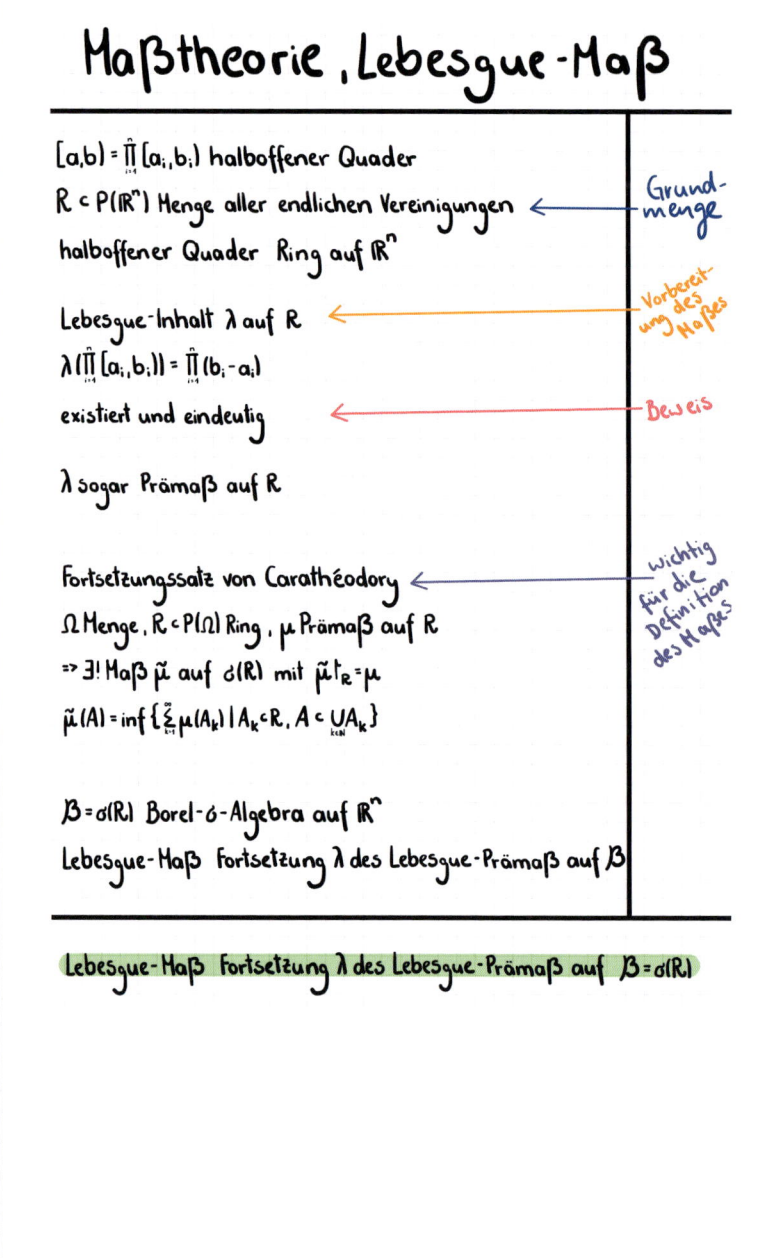

Abb. 20 Vorlesungs-Mitschrift, stud. Beispiel (Ausschnitt), *Biochemie*

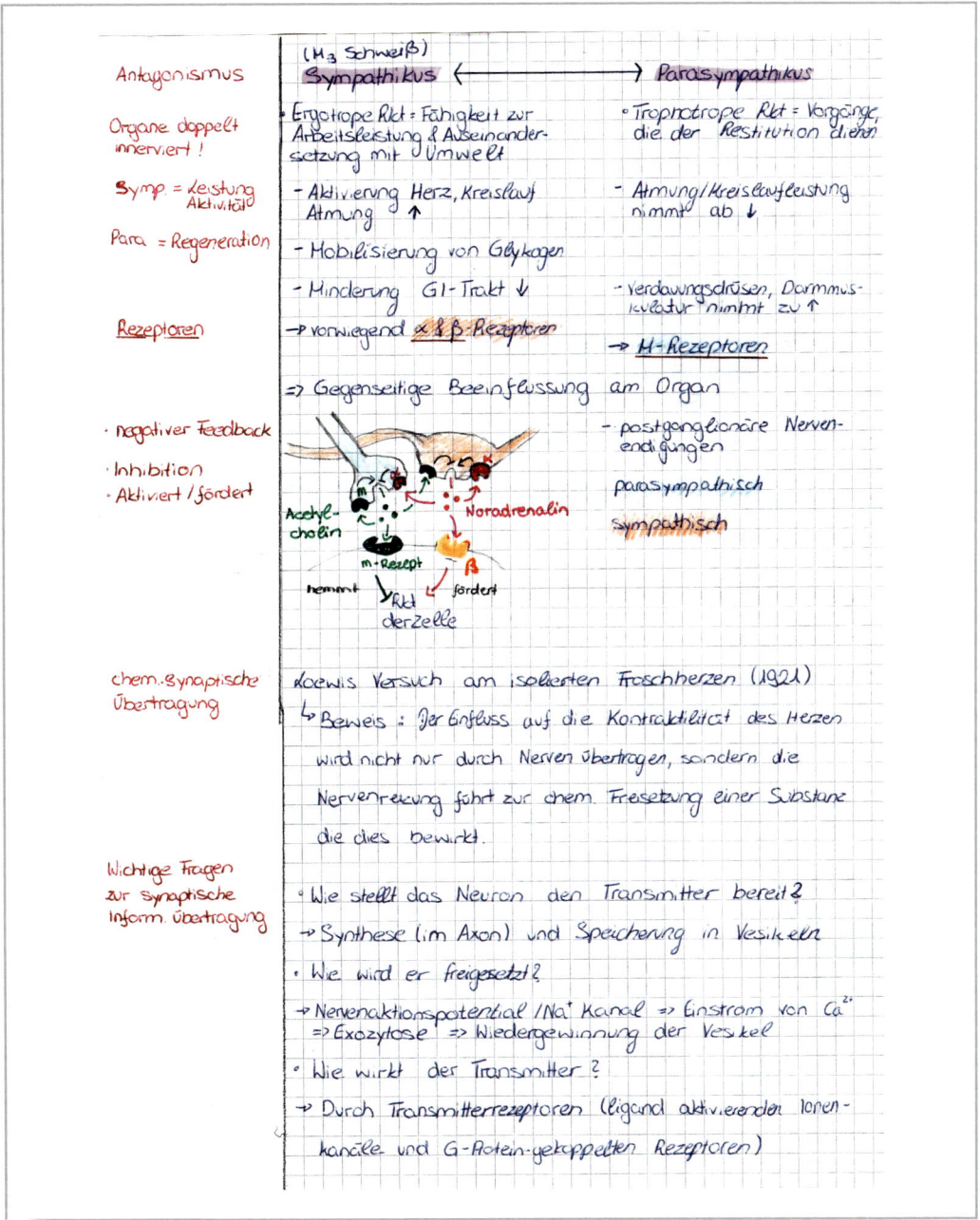

Abb. 21 Vorlesungs-Mitschrift, stud. Beispiel (Ausschnitt), *Biochemie*

GTS-Raster
Ein DIN-A4-Blatt wird wie in Abbildung 19, Raster 2, in drei Bereiche eingeteilt. Die Felder stehen für folgende Bearbeitungsschritte:

- G **Grundnotiz:** Nur die wichtigsten Informationen werden während des Zuhörens in kurzen, prägnanten Ausdrücken notiert.
- T **Top-Begriffe:** Mit etwas Abstand zur Vortragssituation werden später aus den Notizen in Feld G die wichtigsten Begriffe wie Überschriften in Feld T übertragen. Sie können zusätzlich in Feld G unterstrichen werden.
- S **Sammelfeld:** Hier werden nur noch kleine Anmerkungen wie Quellenangaben, Verweise auf weitere Informationsmöglichkeiten o. Ä. ergänzt.

Grafiz (auch: Graf-iz; aus Grafik und Notiz)
Ein DIN-A4-Blatt wird wie in Abbildung 19, Raster 3, in bestimmte Felder unterteilt, nämlich (von links nach rechts und von oben nach unten):
- Thema, Name und Datum
- grafische Darstellung der Inhalte
- Hauptaussagen in Stichwörtern oder kurzen Sätzen
- eigene Beschreibung oder Zusammenfassung des Themas als Fließtext
- Platz für Quellenangaben, weiterführende Links u. Ä.

Im Gegensatz zu anderen Methoden erfordert ein *Grafiz* sowohl eine visuelle als auch eine textbezogene Beschäftigung mit Inhalten. Dadurch sollen aufgenommene Informationen aus unterschiedlichen Perspektiven durchdrungen, strukturiert und vernetzt werden. Gemeint sind hier nicht Grafiken, die selbst zum vermittelten Inhalt gehören, z. B. fertige Diagramme, sondern eine grafische Zusammenfassung und Darstellung von theoretischen Inhalten.

TIPP Vielleicht kennen Sie die folgenden Methoden bereits aus Ihren Lehrveranstaltungen. Wenn Sie gut damit zurechtkommen, können Sie sich für die Zusammenfassungen in den Notizrastern daran orientieren.
- **One-Minute-Paper** → Notieren Sie in einer Minute Ihre wichtigsten Erkenntnisse aus der Vorlesung.
- **Take-Home-Message** → Notieren Sie 3–5 wichtige Aussagen, die Sie aus der Vorlesung mitnehmen.
- **Elevator-Pitch** → Fassen Sie die Kernaussagen der Vorlesung so zusammen, dass Sie sie einer anderen Person während einer Aufzugfahrt (30 bis 60 Sekunden) erklären könnten.

Alle drei Notizraster haben gemeinsam, dass man im Prinzip dreimal mit den Vorlesungsinhalten arbeitet: beim Zuhören, beim Notieren und bei der Nachbearbeitung. So unterstützt man das Gehirn dabei, die Inhalte ins Langzeitgedächtnis zu überführen.

TIPP

Für die Cornell Notes gibt es in Anlehnung an die Lesestrategien *SQ3R* und *PQ4R* die **5R-Bearbeitungsstrategie**, die sich auch auf andere Rastervarianten übertragen lässt. Die fünf Buchstaben stehen für (vgl. Koch 2015: 52):
- **Record** → Mitschrift während der Vorlesung
- **Reduce** → Verdichtungen/Schlüsselbegriffe in den Randspalten
- **Recite** → ausführliche Mitschrift abdecken und die Inhalte mithilfe der Schlüsselbegriffe wiederholen
- **Reflect** → Mitschrift mit bereits vorhandenem Wissen verknüpfen und zusammenfassen
- **Review** → kurz vor der nächsten Vorlesungsstunde zur Vorbereitung die Schlüsselbegriffe und Zusammenfassungen der vorangegangenen Stunde rekapitulieren

11.6.2 Ergänzungen und Variationsmöglichkeiten

Offene Fragen
Eine sinnvolle Ergänzung für die drei Notizraster wäre ein Feld für offengebliebene Fragen. So sieht man auf einen Blick, welche Inhalte in der nächsten Sitzung oder beim nächsten Treffen der Lerngruppe noch zu klären sind.

In und nach der Vorlesung
Das Raster **Grafiz** kann in bestimmten Fächern und/oder für bestimmte Inhalte so modifiziert werden, dass man das Grafik-Feld schon während der Vorlesung dazu benutzt, relevante Grafiken einzutragen, und Erläuterungen dazu in die Spalte rechts daneben schreibt (Abb. 19, Raster 4). So könnte man Experimente dokumentieren, die während der Vorlesung demonstriert werden, Versuchsabläufe, elektrische Schaltkreise, technische Zusammenhänge u. a. darstellen, den Aufbau von Geräten, Zellen, Systemen visualisieren usw. Nutzt man das Grafikfeld auf diese Weise, sollte man sich für die Nacharbeit eine alternative Strategie überlegen, z. B.
- die Anzahl der Felder so lassen wie im Original und bei der Nacharbeit im Feld „Stichwörter & Hauptaussagen" wichtige Begriffe farbig markieren,
- neben dem Grafik-Feld eine Spalte für Hauptaussagen und Erläuterungen, die während der Vorlesung notiert werden, reservieren; rechts daneben eine weitere Spalte einfügen und dort bei der Nacharbeit Stichwörter, Schlüsselbegriffe u. Ä. notieren.

Untere Felder verschieben und rationalisieren
Je nach Umfang und Komplexität der vermittelten Inhalte bietet es sich an, die jeweils unten stehenden Felder, also Ergänzungs- oder Sammelfeld (*Cornell Notes* und *GTS-Raster*) sowie Fließtext und Quellen (*Grafiz*) nicht auf jeder Seite abzuteilen, sondern nur am Ende von Sinnabschnitten/Themen. So erhält man einen zusammenhängenden Mitschrieb und eine abschließende Gesamtzusammenfassung und -kommentierung.

Einzel-, Partner- oder Gruppenarbeit

Die Raster wurden ursprünglich entwickelt, um Lernenden Strategien an die Hand zu geben, mit denen sie komplexe Inhalte allein erarbeiten können. Natürlich können die Nacharbeiten auch zu zweit oder in der Lerngruppe durchgeführt werden. Berücksichtigen Sie dafür für sich persönlich, wie Sie am besten lernen.

11.6.3 Mitschreiben bei vorhandenem Skript

Für Vorlesungsmitschriebe gilt immer: Wer zuhört, zusieht und eigene Notizen macht, lernt besser, schneller und effektiver als diejenigen, die im Skript mitlesen und ab und zu etwas anstreichen oder an den Rand schreiben. Zudem kann man sich die absolut ernst gemeinte Frage stellen: *„Wenn ich sowieso nicht oder kaum zuhöre und stattdessen das Skript lese, warum gehe ich dann überhaupt in die Vorlesung? Lesen kann ich auch zu Hause oder in der Bibliothek, obendrein meistens unter wesentlich besseren Rahmenbedingungen als im Hörsaal."* Wer dennoch Skript oder Präsentationsfolien benutzen möchte, sollte dies so tun, dass sie möglichst intensiv bearbeitet werden.

Übrigens ist es auch für Dozierende mitunter störend, wenn sie in eine Schar von Studierenden blicken, die nur in ihre Computer oder Unterlagen schauen, selten aufblicken und keine Fragen stellen. Was für das Anschauen der Vortragenden durch die Zuhörenden und das Wahrnehmen der non- und paraverbalen Kommunikationsmittel beschrieben wurde, gilt auch in die andere Richtung. Nur wenn Studierende mitarbeiten und weitestgehend (Blick-)Kontakt zu den Dozierenden halten, bekommen diese ein explizites oder implizites Feedback dazu, ob die vorgetragenen Inhalte verstanden wurden.

Ausformuliertes Skript

Am besten liegt das Skript während der Vorlesung in Papierform (oder auf dem Tablet) bereit, idealerweise mit einer leeren Spalte am rechten Rand. Diese Spalte können Sie während der Vorlesung nutzen, um Erläuterungen, Ergänzungen, Kommentare usw. zum Text direkt daneben zu notieren. Eine Form der aktiven Nacharbeit sollte anschließend trotzdem stattfinden.

Alternativ kann das Skript zwar bereitliegen, die wichtigsten Inhalte, Erläuterungen usw. werden aber trotzdem in einem separaten Notizraster im Hauptfeld mitgeschrieben. In Klammern kann man die Stellen im Skript angeben, auf die sich die Notizen beziehen. Die Nacharbeit erfolgt wie bei den Rastern ursprünglich vorgesehen.

Präsentationsfolien

Manche Dozierende erstellen kein ausformuliertes Skript, stellen aber die Originalfolien ihrer Präsentation zur Verfügung. Wer diese als Vorlage zur Mitschrift benutzen möchte, druckt am besten drei bis maximal vier Folien pro Blatt mit Linien für Notizen neben den Folien aus. Je mehr zusätzliche Erläuterungen Sie erwarten, desto weniger Folien und desto mehr Platz zum Schreiben sollten auf dem Blatt vorhanden sein.

Während der Vorlesung notieren Sie Erläuterungen, Beispiele, Ergänzungen usw. auf den Linien neben der jeweiligen Folie. Auch hier sollte später eine Nacharbeit erfolgen. Wer hierfür eine separate Spalte einplanen will, kann die Folien mit den Linien auch im Querformat etwas breiter ausrichten und die Linienfelder dann in zwei Spalten unterteilen, eine für die Mitschrift und eine für die Nacharbeit.

11.6.4 Fazit

Welches der vorgeschlagenen Raster Sie verwenden, ob Sie es abwandeln oder eine ganz andere Form der Mitschrift benutzen, hängt von Ihrem Lerntyp, von den konkreten Inhalten (Theorie, Experiment o. a.) oder der Situation ab. Wichtig ist, die ausgewählte Form der Mitschrift so zu strukturieren, dass

- sie übersichtlich ist,
- Sie später sowohl einen kurzen Überblick als auch wichtige Inhalte schnell finden und
- Platz für die Nachbearbeitung eingeplant ist.

> **Stimmen von Studierenden**
>
> *Der Überblick durch die KWL-Methode hat mich so motiviert, dass ich die Vorlesung mit positiven Gedanken anhören konnte, denn der Stoff kam mir nicht mehr schwer vor. Durch die Nachbereitung habe ich alle Fragen beantwortet und gleichzeitig eine kurze Zusammenfassung der wichtigsten Inhalte erhalten.*
>
> –
>
> *Beim Zuhören hat mir die Hörstrategie TQ3L echt geholfen. Ich habe immer wieder kontrolliert, ob ich die Punkte befolge, und war nicht so abgelenkt wie sonst.*
>
> –
>
> *Ich habe das GTS-Raster genutzt und hatte das Gefühl, dass ich mich nicht so leicht ablenken ließ wie sonst. Die Nachbearbeitung habe ich mit dem Learned-Teil von KWL und der T-Spalte des Rasters gemacht.*
>
> –
>
> *Besonders gut gefallen haben mir die Randspalte und das Ergänzungsfeld. Um diese Felder auszufüllen, beschäftigt man sich intensiv mit dem zuvor gelernten Stoff. Das hat mir sehr geholfen. Das dazugehörige Übungsblatt konnte ich erfolgreich bearbeiten.*
>
> –
>
> *Ich bin zum Kompromiss gekommen, die Zusammenfassungen künftig am Tablet mit Stift zu erstellen. Das hat den Vorteil, dass ich die Texte selbst händisch schreiben, komplexe Grafiken aber weiterhin einfach einfügen kann.*

> **Arbeitsanregung: Transfer und Reflexion**
> Wählen Sie für jeden Schritt – Vorbereiten, Hören und Mitschreiben, Nachbereiten – für Sie passende Methoden aus und wenden Sie diese auf mindestens zwei Vorlesungen an. Vergleichen Sie Ihre Vorgehensweise und das Ergebnis anschließend mit der Art und Weise, wie Sie bisher in Vorlesungen gearbeitet haben und welche Art von Ergebnissen Sie dabei erzielten.
> Schreiben Sie die wichtigsten Erkenntnisse und Schlussfolgerungen in Ihr Portfolio und heften Sie ggf. eine Kopie der bearbeiteten Mitschrift dazu ab. Die folgenden Leitfragen helfen Ihnen bei der Reflexion:
> - Wie habe ich mich vorbereitet, was habe ich während der Vorlesung gemacht und was danach?
> - Was hat gut/nicht gut geklappt und warum?
> - Was kann ich beibehalten, was werde ich ändern und wie?

TIPP Sie haben eines der Raster oder mehrere ausprobiert, können sich aber nicht damit anfreunden? Dann überprüfen Sie doch einmal Ihre bisherige Art der Vorlesungs-Mitschrift. Erfüllt sie alle in diesem Kapitel genannten Kriterien?
- Wenn ja, welche Vor- oder Nachteile hat sie im Vergleich zu den vorgestellten Rastern? Überwiegen die Vorteile, dann bleiben Sie bei Ihrer Methode. Gibt es mehr Nachteile, wählen Sie das Raster mit den meisten Vorteilen und üben Sie es, bis Sie Routine erlangt haben.
- Wenn nein, versuchen Sie die fehlenden Kriterien zu ergänzen, indem Sie sich von den Rastern inspirieren lassen.

12 Lerninhalte strukturieren und vernetzen

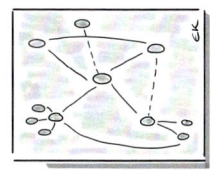

> **Arbeitsanregung: Meine Strukturierungs- und Vernetzungsstrategien**
> Benutzen Sie bereits (regelmäßig) Strategien, mit denen Sie Lerninhalte strukturieren und vernetzen? Wenn ja, welche helfen Ihnen in welchen Kontexten am besten? Für welchen Kontext suchen Sie noch eine neue oder bessere Lösung? Wenn nein, haben Sie eine Idee, wie Sie Lernstoff sinnvoll vernetzen könnten? Machen Sie in beiden Fällen kurze Notizen zu Ihren Antworten.

Wie in Kapitel 4.2.1 erläutert, werden Informationen im Gehirn in vier Schritten verarbeitet, nämlich durch Aufnehmen, Enkodieren, Speichern und Abrufen. Dabei kann der Schritt der Enkodierung durch Wiederholung, Kategorisierung und Elaboration gefördert werden (ebd.). Wiederholung wird dadurch erreicht, dass man während oder nach der Aufnahme von Inhalten – i. d. R. durch Lesen, Hören oder Seh-Hören (Vorlesung mit Präsentation, Vorlesungsaufzeichnung, Lehrfilm) – aktiv und immer wieder auf unterschiedliche Weise mit ihnen arbeitet. Kategorisierung und Elaboration führen zur Vernetzung von Informationen. Dies gelingt besonders gut mit speziellen Strategien, die darauf ausgelegt sind, Relationen zwischen Teilinhalten zu verdeutlichen und Informationen zu strukturieren.

12.1 Mapping-Techniken

Mapping-Techniken sind eine Unterkategorie der sogenannten *Kreativitätstechniken*. Sie wurden ursprünglich entwickelt, um die natürliche, spontane Arbeitsweise des Gehirns, welches laufend Assoziationen und Verknüpfungen produziert, zu unterstützen. Dies soll geschehen, indem die spontan entstehenden Ideen und Verknüpfungen auf bestimmte Art und Weise visualisiert und dabei gleichzeitig sortiert werden. Wegen ihrer hierarchischen Struktur sind Mapping-Techniken aber auch bestens geeignet, um bereits aufgenommene Inhalte nachträglich zu strukturieren, einzelne Teile sinnvoll miteinander zu verknüpfen und so Wissensnetze herzustellen und sie zu visualisieren.

Mindmap

Der Klassiker unter den Mapping-Techniken ist wohl die Mindmap. Sie wurde in den 1960er- Jahren von dem britischen (Neuro-)Psychologen und Trainer Tony Buzan (1942–2019), der sich vor allem den Themen Lernen und Kreativität widmete, entwickelt. Das Konzept wurde von ihm selbst, teilweise in Kooperation mit seinem Bruder Barry Buzan, weiterentwickelt und verbreitete sich weltweit. Allerdings kursieren zahlreiche Beschreibungen der Methode und Beispiele, die nicht immer mit den grundlegenden Aspekten von Tony Buzan übereinstimmen. In diesem Abschnitt wird deshalb seine Variante erläutert (vgl. Buzan o. J., https://youtu.be/u5Y4pIsXTV0; Buzan & Buzan 1993: 59f).

Zunächst schreibt man das Thema in die Mitte eines Blattes oder einer Seite auf dem Tablet und kombiniert es mit einem Bild. Von diesem Bild gehen Hauptäste ab, nach Buzan die „BOIs, the Basic Ordering Ideas, […] the chapter headings of your thought" (https://youtu.be/u5Y4pIsXTV0, Min. 1:44). Es handelt sich also um Oberbegriffe, von denen in beliebig vielen Ebenen weitere Unter- bzw. Nebenäste mit Unterbegriffen abgehen können. Idealerweise steht auf jedem Ast nur ein einzelnes Schlüsselwort oder, wenn es nicht anders geht, ein kurzer Ausdruck. Einen Hauptast mit allen dazugehörenden Nebenästen nennt man *Komplex* (Abb. 22 und Onlinematerial OM-12-Vernetzen).

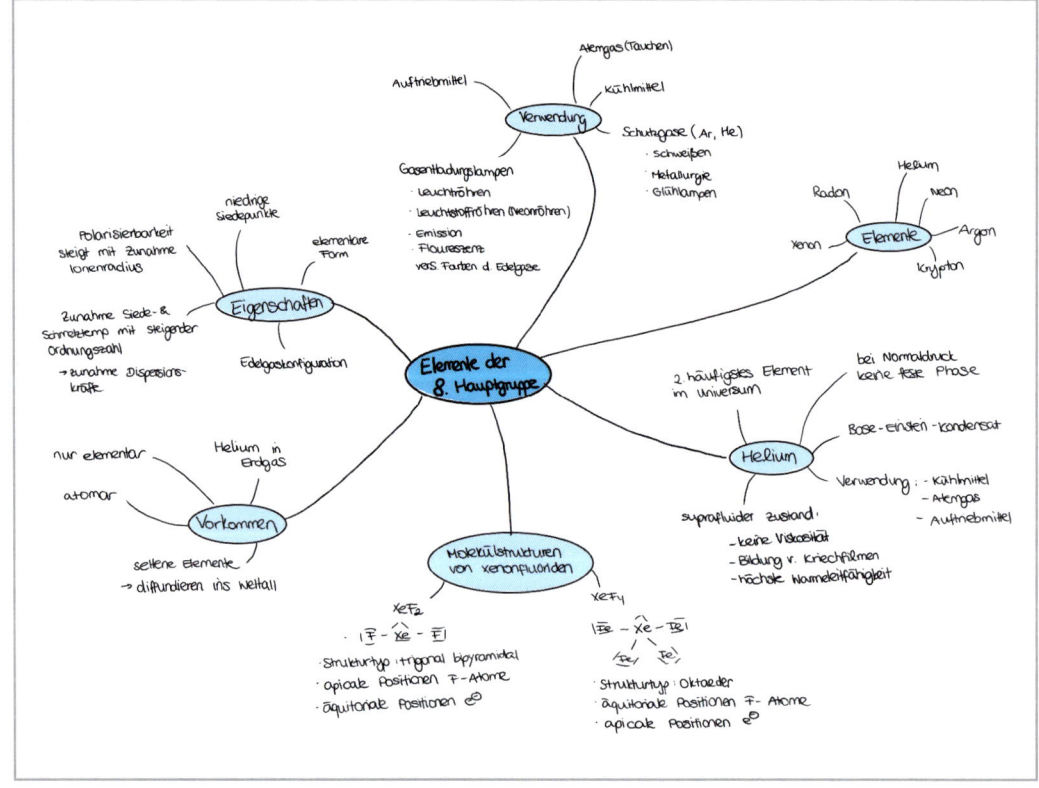

Abb. 22 Mindmap, stud. Beispiel, *Chemie*

Um möglichst viele Sinneskanäle an der Verarbeitung der Informationen zu beteiligen, rät Buzan, Schlüsselwörter mit Bildern zu kombinieren und Strukturen durch Farben zu betonen, z. B. je eine Farbe für die Äste in einem Komplex, farbige Umrandung eines Komplexes, Hervorhebung besonders wichtiger Begriffe durch Farbe, Einkreisen o. a.

Concept Map

Ähnlich wie bei einer Mindmap werden bei der Concept Map Begriffe und ihre Beziehungen zueinander grafisch dargestellt. Allerdings gibt es hier nicht nur einen zentralen Begriff, sondern mehrere wichtige Oberbegriffe (Knoten), von denen Pfeile zu Unterbegriffen führen, von dort neue Pfeile zu neuen Unterbegriffen usw. Man beginnt mit dem Erstellen einer Concept Map deshalb meistens auch nicht im Zentrum der Schreibfläche, sondern tendenziell oben (häufig oben links) und baut die Grafik von dort aus auf.

Für das Benennen von Knoten sind einzelne Fachbegriffe oder kurze Wortkombinationen geeignet. So entstehen mehrere Netze, die jeweils an mindestens einer Stelle ebenfalls durch einen Pfeil miteinander verbunden sind, also mehrere Teilnetze in einem Gesamtnetz. Der Zusammenhang zwischen zwei verbundenen Knoten, z. B. Kausalzusammenhänge, wird i. d. R. mit einem kurzen Wort explizit benannt und auf den jeweiligen Pfeil geschrieben. Dabei wird „in Pfeilrichtung ‹gelesen›" (https://lehrerfortbildung-bw.de/faecher/chemie/gym/fb2/modul7/2_erkennen/2_map).

Concept Maps sind besonders gut geeignet, um komplexe Handlungsabläufe, technische Zusammenhänge o. Ä. zu visualisieren.

> **Stimmen von Studierenden**
>
> *Mit Mindmaps verstehe ich größere Zusammenhänge oder verschaffe mir einen Überblick. Das hilft sehr gut als Einstieg ins ausführliche Lernen.*
> –
> *Toll an Mindmaps finde ich, dass sie für alle Themen und Fächer geeignet sind. Ich habe sie zuletzt für eine Vorlesung verwendet. Vorher waren die Vorlesungsfolien sehr unübersichtlich, jetzt habe ich alles kompakt in meiner Mindmap.*
> –
> *Ich nutze seit einiger Zeit eine Kombination aus Mind Map und Concept Map und bin sehr überrascht, welche Vorteile ich davon habe. Ich bin in der Lage, viel schneller Zusammenhänge innerhalb des zu lernenden Stoffs zu knüpfen, und versuche bereits beim Erstellen Wichtiges von Unwichtigem zu trennen. Außerdem kann ich meine Zusammenfassungen so besser strukturieren und die Maps auch nutzen, um den Stoff zu wiederholen.*

12.2 Diagramme

Zahlreiche Diagrammformen werden in verschiedenen Fachdisziplinen verwendet, um Hierarchien, Abläufe, Kausalzusammenhänge u. Ä. zu veranschaulichen. Oft lassen sich damit aber auch andere Inhalte darstellen, z. B. die Kernaussagen von Fachtexten, ein Zeit- oder Arbeitsplan u. v. m.

Baumdiagramm

Wie die beschriebenen Maps besteht auch ein Baumdiagramm aus Ober- und Unterbegriffen. Diese werden hier jedoch linear abgebildet, meistens von oben nach unten (oder von links nach rechts). So steht meist in der ersten Zeile (oder Spalte) ein einzelner Oberbegriff, darunter (daneben) gehen zwei oder mehr Unterbegriffe ab, darunter (daneben) von den Unterbegriffen neue Unter-Unterbegriffe usw. Das Diagramm wird von oben nach unten bzw. von links nach rechts immer breiter (Beispiel Onlinematerial, OM-12-Vernetzen).

Flussdiagramm

Flussdiagramme sind vor allem in vielen MINT-Fächern üblich, um Abläufe mithilfe bestimmter Symbole darzustellen. Die Symbole haben eine festgelegte Bedeutung, können aber in beliebiger Weise kombiniert werden. (Erläuterung der Symbole → Abb. 23, Beispiele → Onlinematerial, OM-12-Vernetzen)

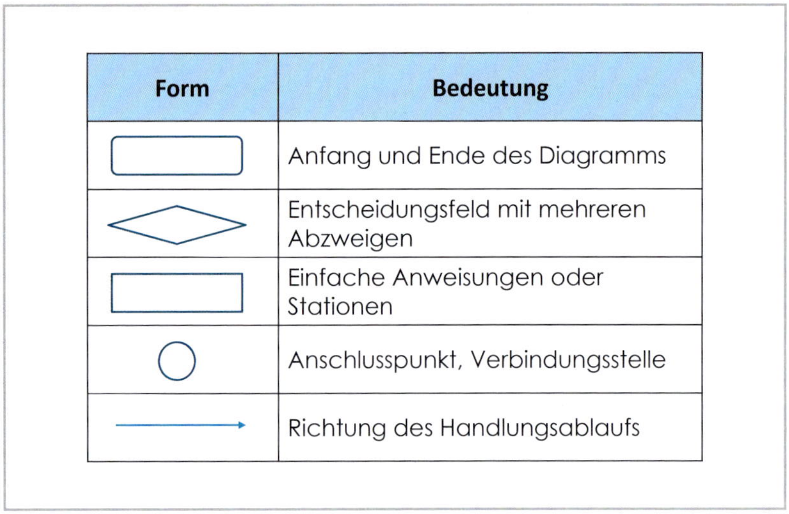

Form	Bedeutung
⬜	Anfang und Ende des Diagramms
◇	Entscheidungsfeld mit mehreren Abzweigen
▭	Einfache Anweisungen oder Stationen
○	Anschlusspunkt, Verbindungsstelle
→	Richtung des Handlungsablaufs

Abb. 23 Flussdiagramm, ausgewählte Symbole

Ursache-Wirkung-Diagramm

In einem Ursache-Wirkung-Diagramm werden Kausalzusammenhänge dargestellt. Von den verschiedenen Varianten ist das sogenannte *Ishikawa-Diagramm* besonders bekannt und verbreitet. Es ist benannt nach dem japanischen Chemiker Kaoru Ishikawa, der es Anfang der 1940er-Jahre entwickelte. Weitere Bezeichnungen für den gleichen Diagrammtyp sind *Fischgräten-* oder *Fishbone-Diagramm*.

Dieser Diagrammtyp besteht aus insgesamt drei Elementen:
- dem „**Kopf**", der gleichzeitig das Ziel, Resultat o. Ä. einer Ursache-Wirkung-Kette darstellt
- den „**Hauptgräten**", an deren Enden eine Ursache (ggf. ein Mittel) notiert ist
- kleineren „**Nebengräten**", die von den Hauptgräten abgehen und in denen Details festgehalten werden

Obwohl diese Diagrammform zur Visualisierung von Ursache-Wirkung-Beziehungen entwickelt wurde, kann man sie auch für die Darstellung „finale[r] Beziehungen …, bei denen viele Mittel auf einen Zweck ausgerichtet sind" (Brüning & Saum 2007: 67), verwenden oder zur Darstellung komplexer Inhalte.

> **Stimmen von Studierenden**
>
> *Ich habe ein Baumdiagramm zum Trennungsgang der Urotropingruppe erstellt und eine zeitliche Komponente eingebaut. So sind auch die Abläufe super leicht darstellbar. Mit dem Diagramm habe ich dann im Labor gearbeitet und es hat super funktioniert. Die Methode nutze ich nun auch für die Schlussanalyse des Praktikums.*
>
> –
>
> *Ein Flussdiagramm ist schnell erstellt und man hat trotzdem einen großen Lernerfolg, da man sich beim Aufschreiben überlegen muss, wie die einzelnen Ausführungsschritte miteinander verbunden sind.*
>
> –
>
> *Ich habe eine Übersicht über die verschiedenen Tests in der Statistik angefertigt und dabei die Entscheidungshilfe, welchen Test man am besten verwendet, in Form eines Flussdiagramms erstellt. So gelangt man durch Beantworten der Aussagen ganz einfach entlang der Pfeile zum richtigen Test.*
>
> –
>
> *Mit dem Ursache-Wirkung-Diagramm habe ich eine Übersicht über die anstehenden Klausuren erstellt. Auf den Nebenästen steht, wann und wo die Klausur stattfindet, welche Themen ich bis wann lernen muss usw. So weiß ich im Voraus, was auf mich zukommt. Vor allem freue ich mich, wenn ich einen Haken machen kann.*
>
> –
>
> *Ich nutze verschiedene Diagrammtypen schon länger zur Prüfungsvorbereitung und jetzt auch für meine Abschlussarbeit.*

12.3 Strukturen

Neben den genannten Visualisierungs- und Vernetzungsstrategien können viele andere Diagrammtypen und Grafiken dafür verwendet werden, komplexe Inhalte zu visualisieren, Neues und Bekanntes in ein Informationsnetz zu integrieren usw. Ebenso lassen sich Elemente aus unterschiedlichen Diagrammtypen miteinander kombinieren und persönliche Varianten erstellen. Entscheidend ist, dass die Diagramme und sonstigen Netze einer gewissen inneren Logik folgen und eine klare Struktur erkennbar ist. Damit unterstützt man das Gedächtnis bei der Verarbeitung und Speicherung von Informationen.

Lehner (2015) unterscheidet vier Formen von Strukturen, die auch kombinierbar sind (vgl. ebd.: 79):

- **Hierarchie** → Informationen werden in über- und untergeordnete Ebenen, in Ober- und Unterbegriffe u. Ä. sortiert. Von den oben genannten Strategien gehören Mindmap, Concept Map, Baumdiagramm und dessen Variationen hierzu.
- **Kategorie** → Einzelinformationen werden zu Kategorien zusammengefasst oder je zwei Kategorien zugeordnet, z. B. in Tabellen oder Übersichten, in denen jeweils ein Kriterium der Überschriftenzeile und eins der linken Spalte auf die einzelnen Felder zutreffen (vgl. Kompetenz-Chart, Kap. 1.2, Eisenhower-Matrix, Kap. 6.3.3, Stunden-/Wochenplan, Kap. 9.2 u. a.).
- **Ablauf** → Hier werden die einzelnen Schritte von Handlungsabläufen, Prozessen usw. dargestellt. Neben zyklischen (z. B. Prozess-Kreislauf)

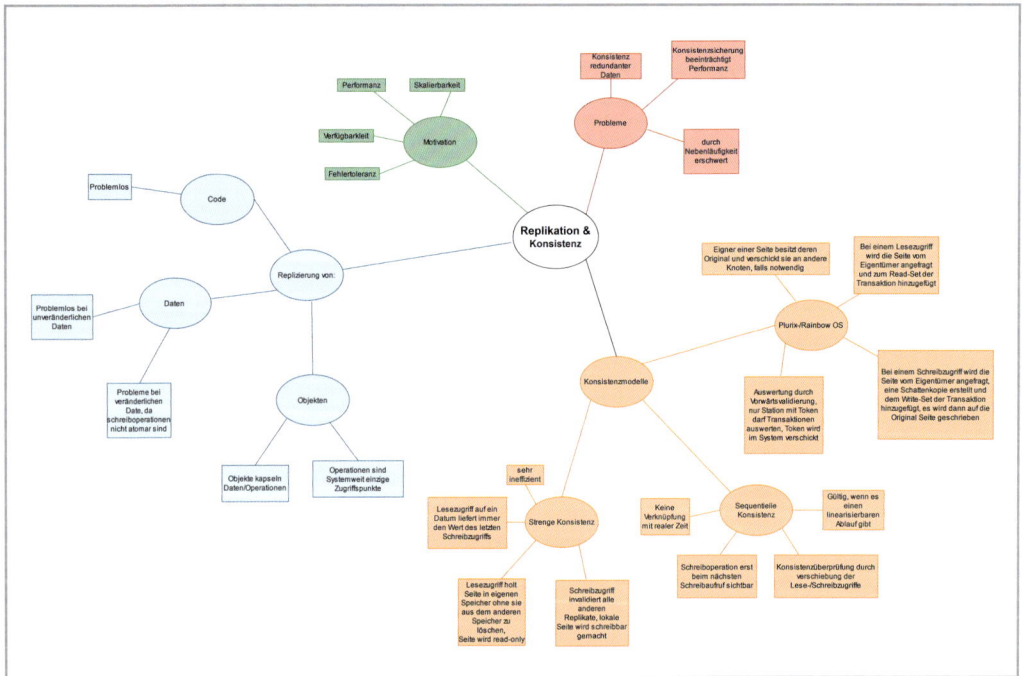

Abb. 24 Cluster, stud. Beispiel, *Informatik*

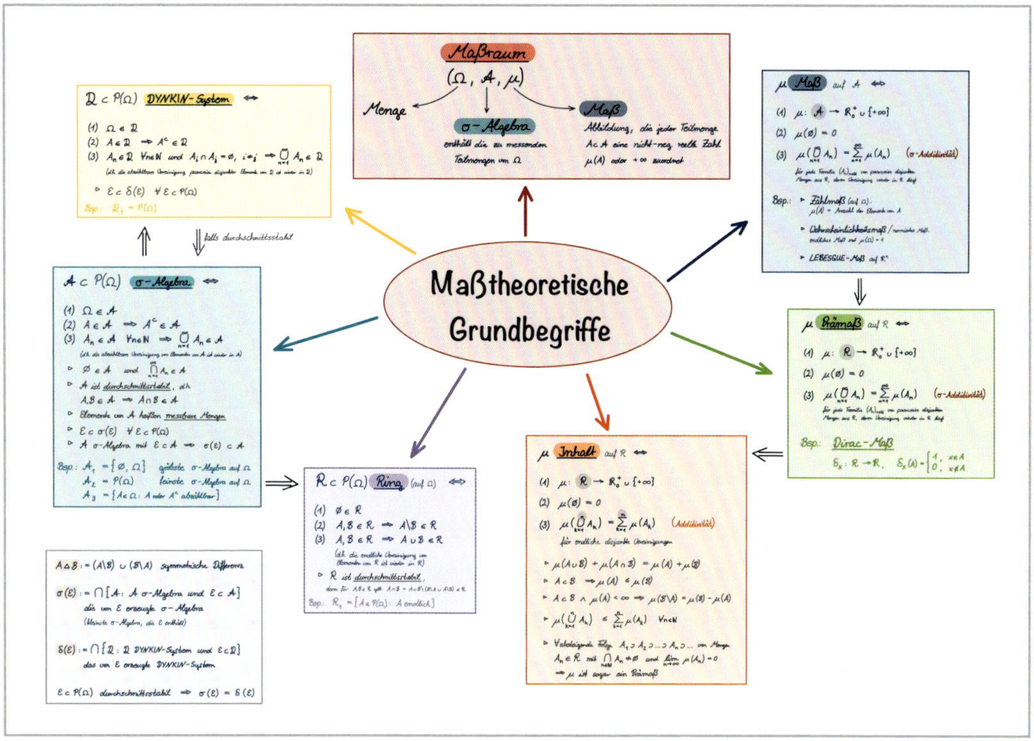

12.3 Strukturen

Abb. 25 Freie Grafik 1, stud. Beispiel, *Mathematik*

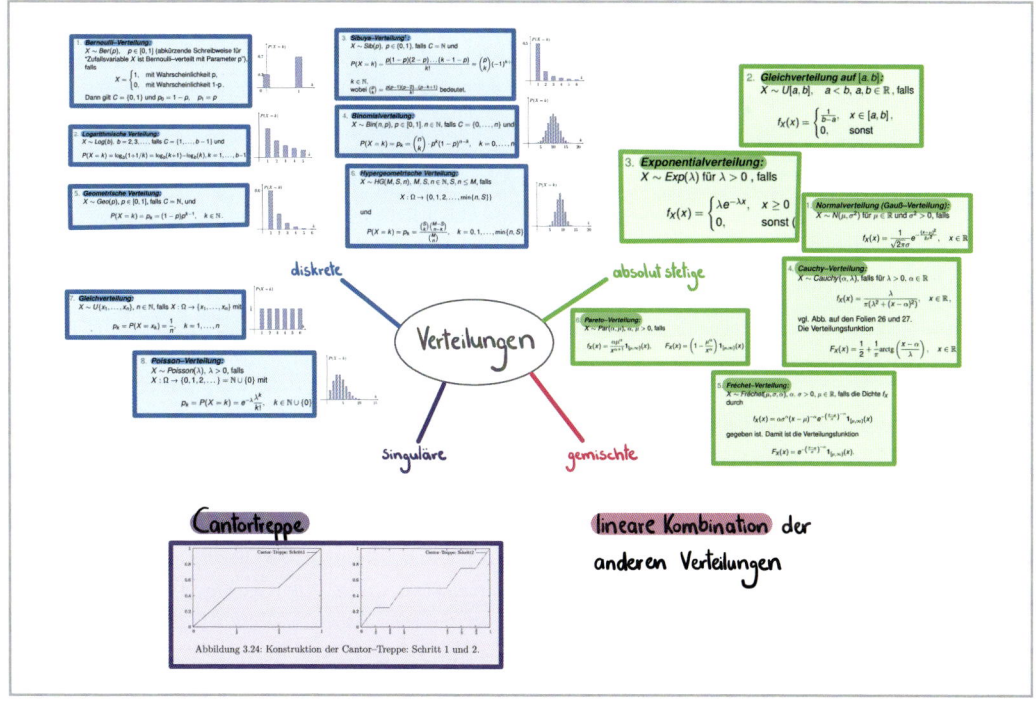

Abb. 26 Freie Grafik 2, stud. Beispiel, *Mathematik*

oder linearen Darstellungen (z. B. Zeitleiste) gehören auch Fluss- und – je nach Inhalt und konkreter Ausführung – Ursache-Wirkung-Diagramme in diese Kategorie.
- **Cluster** → Informationen, Begriffe usw. werden nach Inhalt, Merkmalen, Eigenschaften o. a. Kriterien gruppiert und visualisiert, häufig in frei gestalteten Grafiken (Abb. 24–26 und Onlinematerial, OM-12-Vernetzen). Auch Mapping-Techniken können hierzu gezählt werden, insbesondere die Concept Map. In den verschiedenen Maps werden Begriffe zwar hierarchisiert, dabei gleichzeitig aber auch geclustert.

TIPP Welche Vernetzungsform Sie wählen, hängt von den Inhalten, aber auch von Ihren individuellen Lern- und Arbeitsweisen ab (Kap. 4). Für den einen mag eine Mindmap klar und übersichtlich erscheinen, für die andere hingegen einfach nur chaotisch und verwirrend. Probieren Sie verschiedene Strategien mehrmals aus und variieren oder adaptieren Sie sie so, dass sie zu Ihnen passen. Ihre Grafik können Sie auch gut sichtbar deponieren, sodass der Blick immer wieder darauf fällt und Sie die Inhalte verinnerlichen.

Sie können sich trotz mehrerer Versuche und Variationen absolut nicht mit dem bildlichen Strukturieren von Inhalten anfreunden, sondern notieren Inhalte lieber in Form von Text linear? Gestalten Sie diesen trotzdem so, dass die hierarchischen Zusammenhänge an der Gesamterscheinung erkennbar sind. Boeglin schlägt hierzu folgendes Vorgehen vor (vgl. Boeglin 2007: 56):

Hauptinformationen werden so weit links wie möglich notiert, untergeordnete Informationen nach rechts eingerückt, diesen Unterpunkten untergeordnete Informationen noch weiter rechts positioniert usw. Die verschiedenen Informationsebenen erhalten durchgehende Nummerierungssysteme, ähnlich wie in Inhaltsverzeichnissen von Büchern. Zwischen den verschiedenen Abschnitten und Ebenen werden deutliche Leerräume eingefügt. Erstellen Sie die Zusammenfassungen und Übersichten digital, so können Sie auch mit Schriftgröße sowie Fettdruck Ebenen markieren.

INFO **Hierarchische Strukturierung**
Der US-amerikanische Psychologe Gordon H. Bower (1932–2020) führte Ende der 1960er- Jahre Experimente mit Studierenden durch, in denen er die Auswirkungen der hierarchischen Strukturierung von Wortlisten auf deren Abrufbarkeit untersuchte. Die Proband/innen (Gruppe 1) erhielten hierarchisch sortierte Wörter, die Kontrollgruppe (Gruppe 2) Wörter in zufälliger Anordnung. Es zeigte sich, dass Gruppe 1 zwei- bis dreimal so viele Wörter abrufen konnte wie Gruppe 2 (vgl. Bower et al. 1969).

12.4 Strukturlegetechnik

Bei der Strukturlegetechnik wird der neu erarbeitete Stoff strukturiert, dabei ggf. mit bereits bekannten Inhalten kombiniert und gleich wiederholt. So stellen Sie sicher, dass Sie ihn wirklich verstanden und in Ihr Wissensnetz eingeordnet haben.

Hierzu werden die zentralen Begriffe einer Lerneinheit, eines Themas, Buchkapitels usw. ermittelt und auf Karten geschrieben. Diese beschrifteten Karten werden nun gründlich gemischt und anschließend so sortiert und hingelegt, dass eine logische Struktur entsteht. Je nach Thema kann es dabei mehrere passende Strukturierungsmöglichkeiten geben. Wichtig ist, dass man die gelegte Struktur begründen kann. Die Strukturlegetechnik wird in vier Schritten durchgeführt (vgl. Wahl 2020: 62f):

1. **Begriffe sammeln** (Fachwörter oder kurze Wortgruppen) und auf Karten schreiben (für jeden Begriff eine separate Karte, insgesamt ca. 20–30)
2. **Karten mischen**; danach der Reihe nach anschauen und bei Bedarf sortieren
   - Begriffe, die man gut beherrscht/versteht, nach links, solche mit Erklärungsbedarf nach rechts untereinander legen
   - unbekannte Begriffe klären
3. **Begriffe strukturieren**, also in eine logische, sinnvolle Ordnung bringen
4. **Gelegte Struktur erläutern**, am besten einer anderen Person, eventuell sich selbst (wie bei der Lesestrategie *Lautes Denken*)

Alternativ kann man die Karten auch zweiseitig beschreiben, vorn mit kurzen Fachbegriffen, hinten mit Definitionen, Erläuterungen, Vertiefungen oder Beispielen.

TIPP

Wenden Sie diese Technik am besten mit einem Lernpartner/einer Lernpartnerin an und begründen Sie dabei Ihre Struktur. Später können Sie die Karten nutzen, um die Inhalte nach derselben Methode für die Vorbereitung auf eine Prüfung zu wiederholen.
Zweiseitig beschriebene Karten können Sie auch in einer Lernkartei verwenden (siehe Kap. 13.3.1).

> **Stimmen von Studierenden**
>
> *Zur Nachbereitung und Wiederholung einer Vorlesung habe ich die Strukturlegetechnik ausprobiert. Dabei ist es mir etwas schwergefallen, zentrale Begriffe herauszufiltern. Das anschließende Anordnen und Strukturieren war dann leichter als erwartet. Mir sind deutlich mehr Verknüpfungspunkte aufgefallen, als ich die Begriffe erstmal visuell vor Augen hatte.*
>
> –
>
> *Ich stelle mir die Strukturlegetechnik vor allem toll vor, wenn man sie in jeder Vorlesung anwendet und am Ende des Semesters ein großes Gesamtbild aus allen Begriffskärtchen erstellen kann.*

Arbeitsanregung: Transfer und Reflexion
Wählen Sie drei Strategien zur Vernetzung und Visualisierung von Inhalten aus, am besten solche, mit denen Sie bisher wenig oder keine Erfahrung gesammelt haben. Wenden Sie sie auf (unterschiedliche) Fachinhalte an und werten Sie Ihre Erfahrungen anschließend aus. Was hat gut geklappt und was eventuell nicht? Welchen Mehrwert haben die verschiedenen Strategien für Sie, was sollten Sie ggf. verändern? Ziehen Sie daraus Konsequenzen für Ihr weiteres Lernen.

13 Lerninhalte wiederholen und speichern

> **Arbeitsanregung: Kurze Bestandsaufnahme**
> Was tun Sie, um wichtige Inhalte so zu lernen, dass Sie sie über einen längeren Zeitraum oder sogar dauerhaft behalten und abrufen können? Haben Sie eine oder mehrere besonders erfolgreiche Strategie/n? Was würden Sie gern verbessern oder ganz neu erfahren? Beantworten Sie die Fragen in Stichpunkten.

Über die Bedeutung von Konsolidierung für das Lernen neuer Inhalte sowie über das Lernen in kleinen Einheiten wurde bereits ausführlich gesprochen (Kap. 3.2.2 und 4.2.1). Hier folgen noch einige ergänzende Hinweise.

Das Gehirn braucht „Zeit zum Verdauen" (Reysen-Kostudis 2010: 173). Wenn man es permanent mit „neuen Daten überflute[t]" (ebd.), hat es keine Gelegenheit, die neuen Informationen zu verarbeiten. Oft ist zu lesen, dass Informationen im Schlaf besonders gut verarbeitet werden, sodass Dinge, die man abends lernt, gut behalten werden. Richtig ist, dass das Gehirn nachts (weiter)arbeitet; ob allerdings jeder Mensch abends gut lernt, ist von vielen Faktoren abhängig (Kap. 3.2). Mitunter wird dazu geraten, nach intensiven Lernphasen ein „kleines Schläfchen" einzulegen (Reysen-Kostudis 2010: 173). Natürlich ist das nicht immer und an jedem Ort möglich, und es liegt auch nicht jedem/jeder. Man sollte dem Gehirn aber auf jeden Fall Verarbeitungspausen verschaffen (z. B. über den Campus gehen, eine Entspannungsübung machen o. a.). Dies ist besonders für das Speichern von Lerninhalten wichtig.

13.1 Allgemeine förderliche Faktoren und Hinweise

Zahlreiche Faktoren, die bereits beim Aufnehmen, Verarbeiten und Vernetzen von Inhalten eingesetzt werden können und sollten, helfen später beim besseren Speichern der Inhalte. Hierzu gehören:
- **Visualisierung** von Inhalten
- Verwendung von **Farben und Symbolen** beim Lesen, Nachbereiten von Vorlesungs-Mitschriften, bei Textzusammenfassungen, der Visualisierung von Inhalten usw.; idealerweise ordnet man Farben und Symbolen

über einen längeren Zeitraum immer wieder die gleiche Bedeutung zu und unterstützt damit den Speicherprozess
- Verwendung von **Chunks** (Kap. 4.2.2)
- Berücksichtigung von **Lerntypen, -stilen** und **multiplen Intelligenzen**
- **Wechsel von Strategien und Lernwegen**, passend zur Art der jeweiligen Inhalte
- Schaffung von **positiven Emotionen** beim Lernen

13.2 Wiederholungen

Damit Inhalte dauerhaft im Langzeitgedächtnis gespeichert werden, müssen sie geübt und wiederholt werden – je komplexer, desto öfter. Mit der Zahl der Wiederholungen steigt der Lernerfolg sowohl quantitativ (mehr behalten) als auch qualitativ (Inhalte besser durchdringen). Dabei sollte man so früh wie möglich mit dem Wiederholen beginnen. Der deutsche Psychologe Hermann Ebbinghaus (1850–1909) führte um 1885 erstmals Selbstversuche zur Behaltensleistung des Gedächtnisses durch und prägte den Begriff der *Vergessenskurve*. Demnach werden ohne Wiederholungen innerhalb der ersten 24 Stunden offenbar enorm viele neu aufgenommene Informationen vergessen, danach wird die Kurve flacher. Die Ergebnisse gerieten wegen der Art der Durchführung in die Kritik, lösten aber auch seriöse empirische Untersuchungen aus. Man geht weiterhin davon aus, „dass die Behaltensleistung am ersten Tag [der Informationsaufnahme] am stärksten absinkt" (Stickel-Wolf & Wolf 2006: 77). Außerdem weiß man, dass die Intensität des Vergessens nach jeder Wiederholung abnimmt, man kann also die Abstände zwischen den Wiederholungen nach und nach vergrößern (vgl. Reysen-Kostudis 2010: 174). Als Richtwert für Wiederholungen, auch mit Blick auf die Prüfungsvorbereitung, kann die folgende Empfehlung von Pluntke zugrunde gelegt werden (vgl. Pluntke 2013: 69):

Tag 1: Erstes Lernen → **Tag 2**: Zweites Lernen → **Nach einer Woche**: Drittes Lernen → **Nach einem Monat**: Viertes Lernen → **Kurz vor der Prüfung**: Fünftes Lernen.

Kombiniert man die Wiederholungen mit passenden Mnemotechniken, kann man den Effekt steigern.

13.3 Mnemotechniken

Grundsätzlich unterscheidet man sogenannte *externale* und *internale* Mnemotechniken (von griech. *mnimi* → Gedächtnis, Erinnerung und *techni* → Technik), also äußere und innere (im Sinne von gedankliche) Hilfsmittel (vgl. Pluntke 2013: 76). Die meisten Mnemotechniken sind weder neu noch revolutionär, bestimmt kennen Sie viele aus der Schulzeit. Je älter man wird und je komplexer die Lerninhalte werden, desto seltener wendet man sie jedoch an, deklariert sie oft auch als kindisch. Dabei haben sich viele Techniken in sehr unterschiedlichen, komplexen Kontexten bewährt.

13.3.1 Externale Mnemotechniken

Karteikartenlernen

Diese sehr alte Lernstrategie ist in jedem beliebigen Lernkontext einsetzbar und hat mindestens zwei Vorteile: Das Schreiben der Karten erfordert eine intensive Auseinandersetzung mit den Inhalten und eine Konzentration auf das Wesentliche. Die Strategie gewährleistet kontinuierliches Wiederholen von Lerninhalten, was für nachhaltiges Lernen unabdingbar ist (Kap. 14.2).

Ein Karteikasten sollte fünf Fächer haben, die von vorn nach hinten größer werden. Auf die Vorderseite einer Karte schreibt man ein Stichwort, einen Fachausdruck, Oberbegriff, eine Frage o. Ä. Dazugehörige Ausführungen, Erläuterungen, Visualisierungen, Definitionen, Unterpunkte oder Antworten werden kompakt zusammengefasst und übersichtlich strukturiert auf die Rückseite der Karte geschrieben (Abb. 27). Neue Karten steckt man ins erste Fach. Von hier werden je nach Umfang und Komplexität zehn bis zwanzig Karten herausgenommen, gelernt und in das zweite Fach gesteckt. Bei der nächsten Wiederholung beginnt man mit den Karten im zweiten Fach. Alle Karten, deren Inhalt man vollständig behalten hat, kommen ins nächste Fach, alle anderen wieder zurück ins erste. So wird weiter verfahren, bis die Karten im letzten Fach angekommen sind. Dabei beginnt man immer mit dem letzten Fach und steckt alle Karten, die man nicht (mehr) kann, immer wieder zurück ins erste.

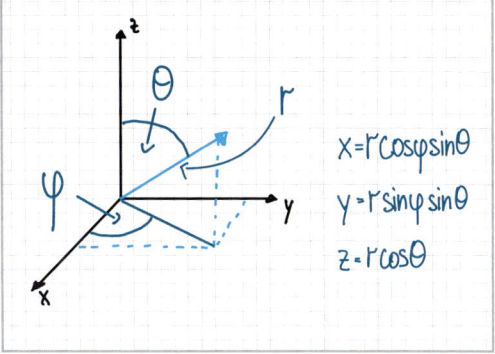

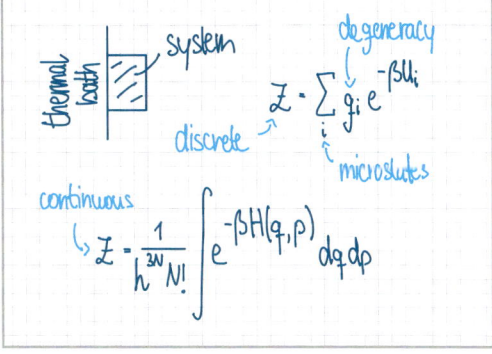

Abb. 27 Lernkarten, stud. Beispiel, *Physik*

Idealerweise lernt man neuen Stoff kontinuierlich über das Semester verteilt und nicht erst unmittelbar vor der Prüfung. Dann kann man sich bei den zeitlichen Abständen für das Wiederholen der Karteikarten an den Empfehlungen in Kapitel 13.2 orientieren.

TIPP Solche Lernkarten kann man auch mitnehmen und unterwegs lernen, z. B. im Bus. Viele Studierende empfinden es außerdem als großen Vorteil, dass man mit Karteikarten in „beide Richtungen" lernen kann. Neben der hier beschriebenen klassischen Form von Lernkarten gibt es auch digitale Systeme, die nach demselben Prinzip funktionieren, darunter auch zahlreiche Apps mit Kontrollfunktion für mobile Endgeräte, die Sie also ebenfalls mitnehmen können.

Variante
Mit der folgenden Variante kann Stoff semesterbegleitend verfestigt werden (basierend auf Steiner (nach Lehner 2015: 121) und modifiziert von Karagiannakis). Hierfür legt man einen Karteikasten mit fünf Tagesfächern, einem Wochenfach und zwei bis drei Monatsfächern an. Die Tagesfächer starten mit dem Wochentag der Lehrveranstaltung oder dem Tag, der für die Wiederholung des Lernstoffs reserviert ist. Die Monatsfächer werden an das Semester angepasst und beginnen mit dem jeweils zweiten Monat desselben (i. d. R. Mai bzw. November). Die Kartei wird wie folgt genutzt:
- **Fach 1: z. B. Montag** → Neue Lernkarten stecken in diesem Fach, werden möglichst gleich gelernt und ins nächste Fach gesteckt.
- **Fächer 2 bis 5: z. B. Dienstag bis Freitag** → Am nächsten Tag (hier Dienstag) beginnt man mit den Karten im letzten Fach. Kann man sie noch nicht, werden sie nun aber nicht zurück an den Anfang, sondern ins nächste Fach gesteckt. Von hier aus wiederholt man sie am nächsten Tag oder an mehreren Folgetagen hintereinander. Gelernte Karten wandern ins Wochenfach.
- **Fach 6: Wochencheck** → Hier befinden sich nun bereits gelernte Karten. Sie werden erst nach ca. einer Woche wiederholt. Hat man die Inhalte bis dahin ganz oder teilweise vergessen, wandern die Karten in Fach 2 und werden am nächsten Tag wiederholt. Beherrscht man die Inhalte nach einer Woche noch, kommen die Karten ins erste Monatsfach.
- **Fächer 7 bis n: Monat 1 bis Monat n** → Karten im Fach Monat 1 werden nach einem Monat wiederholt und wandern dann entweder ins nächste Monatsfach oder zurück in Fach 2.

Spickzettel/Cheat sheet
Spickzettel sind typischerweise besonders klein, weil man sie ja gut verstecken möchte, damit sie nicht entdeckt werden. Inhalte müssen also wegen des begrenzten Platzes sehr komprimiert zusammengefasst werden. Dadurch konzentriert man sich auf besonders wichtige Aspekte. Spickzettel

kann man mitnehmen und unterwegs wiederholen. Sehr oft ist dies aber bald nicht mehr nötig, da die Bearbeitung des Stoffes und die Anfertigung der kleinen Zettelchen dazu führen, dass man die Inhalte schnell lernt.

Checkliste erstellen
Als Erinnerungshilfe für bestimmte Inhalte können auch übersichtliche Checklisten mit Schlüsselwörtern erstellt werden (z. B. für Prozessabläufe). So kann man Punkt für Punkt durchgehen und abhaken.

Mitschrift
Ist eine Mitschrift klar gegliedert und übersichtlich nachbearbeitet (z. B. durch Notizraster), kann sie anfangs ebenfalls zum Wiederholen verwendet werden. Mit der Zeit sollte man aber besser zu anderen Formen mit weniger Informationen übergehen, damit man nicht alles nachlesen kann, sondern Inhalte selbst aktiv benennen muss.

Stimmen von Studierenden

Mit der Lernkartei kann ich mir Inhalte am besten merken. Ich schreibe für jedes Kapitel Karten und wiederhole sie regelmäßig. Kurz vor der Klausur sortiere ich alles aus, was ich gut kann, und konzentriere mich auf den Rest.

—

Das Anfertigen der Karteikarten kostet viel Zeit, aber der Lerneffekt durch das Zurückholen oder Weiterschieben der Karten ist groß. Ich finde es auch sehr motivierend zu sehen, dass viele Karten bereits nach kurzer Zeit nach hinten wandern.

—

Mit einem Spickzettel habe ich die wichtigsten Infos im Blick. Ich verstehe die Zusammenhänge besser, da ich den kompletten Stoff aus einem Semester strukturiert auf einem kleinen Zettel unterbringen muss. Außerdem passt der Zettel in jede Hosentasche, ich nehme ihn überall hin mit und kann zwischendurch lernen.

—

Ich benutze öfter Checklisten zum Lernen und orientiere mich beim Erstellen der Listen an meinen Notizen in den Cornell Notes.

13.3.2 Internale Mnemotechniken

Loci-Technik (auch: Routenmethode oder Mental Walk)
Eine der ältesten internalen Mnemotechniken ist die Loci-Technik (von lat. *locus* → Ort, Platz). Dabei läuft man in Gedanken eine bekannte Route ab (z. B. den Weg zur Uni, zum Sportplatz, zur Freundin) und legt unterwegs an markanten Stellen Informationen ab. Beim Wiederholen geht man diese Route in Gedanken immer wieder entlang, betrachtet die abgelegten Informationen und wiederholt sie innerlich.

Der Sinn ist, beim „gedanklichen Gehen" keine Zeit und Energie für das Finden des Weges zu investieren. Wählen sie deshalb einen Weg aus, den Sie in- und auswendig kennen und im Schlaf gehen könnten. Führt er durch eine angenehme Umgebung oder zu einen angenehmen Ziel, kann das zusätzlich die Motivation steigern und entspannend wirken.

INFO **Loci-Technik**
Die Methode soll auf den griechischen Poeten und Redner Simonides von Keos (556–468 v. Chr.) zurückgehen. Der Sage nach verließ er während eines Festmahls kurz das Haus. Als er zurückkam, fand er es eingestürzt vor, niemand hatte das Unglück überlebt. Nun sollte er die Opfer identifizieren. Dazu betrachtete er die Szenerie vor dem Einsturz vor seinem inneren Auge und erinnerte sich daran, wer wo gesessen hatte. Er erkannte den Zusammenhang zwischen Erinnerung und Ort und entwickelte daraus die sogenannte *Gedächtniskunst*, die fortan von Rednern verwendet wurde, um sich ihre Rede zu merken.

Gedächtnispalast
Der Gedächtnispalast wurde aus der Loci-Technik abgeleitet und funktioniert nach dem gleichen Prinzip. Statt in Gedanken einen Weg entlangzulaufen, geht man aber durch ein Gebäude, ggf. auch durch ein einziges Zimmer.

TIPP Eine Studentin schlug nach ersten Erfahrungen mit der Methode vor, „gedanklich ganze Dörfer zu bauen und so auch Pfade zwischen mehreren Themenblöcken herzustellen." Möglich wäre es bestimmt, über das Semester verteilt nach und nach für neue Themeneinheiten weitere Gebäude hinzuzunehmen. Falls Sie das einmal ausprobieren möchten, wählen Sie unbedingt eine Umgebung, die Sie sehr gut kennen. Treffen Sie auch eine inhaltliche Auswahl und konzentrieren Sie sich auf besonders wichtige Inhalte.

Schlüsselwortmethode
Bei der Schlüsselwortmethode versucht man, Bedeutungsabschnitte in einem Wort zusammenzufassen und sich die Schlüsselwörter zu merken. Das kann auch in Kombination mit anderen Methoden, z. B. Karteikarten, Loci-Technik o. a., erfolgen.

Eselsbrücken und Merksätze

Eselsbrücken und Merksätze sind aus dem schulischen Kontext bekannt: *Wer nämlich mit -h- schreibt, ist dämlich. – Mein Vater erklärt mir jeden Sonntag unseren Nachthimmel.*

Diese Strategie wird später selten verwendet, obwohl sie das Gedächtnis sehr gut dabei unterstützen kann, Informationen komprimiert zusammenzufassen und zu speichern. Für manche Studienfächer gibt es deshalb inzwischen Eselsbrücken-Sammlungen im Internet, auch für verschiedene MINT-Fächer. Welche Begriffe zu welchem Merksatz wie zusammengestellt werden, ist aber eigentlich eine ganz individuelle Angelegenheit, auch Nonsens-Sätze sind möglich. Entscheidend ist lediglich, dass man ihn selbst versteht. Eine Eselsbrücke für einen schwierigen Begriff kann auch ein anderes Wort sein, das ähnlich klingt und einem selbst geläufig ist.

> **Stud. Beispiel, *Biochemie*: „Aufbau der Niere"**
> Aufbau von außen nach innen: **N**ieren, -**k**apsel, -**r**inde, -**m**ark, -**p**apille, -**k**elch, -**b**ecken.
> → Merksatz: **K**ühe und **R**inder **m**uhen **p**aar **K**inder im **B**auernhof an.
>
> **Stud. Beispiele, *Mathematik*: „Nullstellenverfahren" und „Numerische Quadraturen"**
> Nullstellenverfahren: **B**isektionsverfahren – **R**egula Falsi – **S**ekantenmethode – **N**ewton-Verfahren
> → Merksatz: **B**itte **R**egeln **s**chriftlich **n**otieren.
>
> Numerische Quadraturen: **M**ittelpunktregel – **T**rapezregel – **S**impsonregel – **N**ewton-Cotes-Formel
> → Merksatz: **M**orgen **T**exte **s**chnell **n**ennen.
>
> **Stud. Beispiel, *Chemie*: „5. Hauptgruppe des Periodensystems"**
> Elemente: N, P, As, Sb, Bi
> → Merksatz: **N**icole **P**utzt **A**uto**s**cheiben **S**auberer als **Bi**rgit.

TIPP Eselsbrücken und Merksätze können Sie auch auf die Karteikarte, auf der die entsprechenden Inhalte behandelt werden, schreiben.

Bilder, Metaphern, Geschichten

Das zugrunde liegende Prinzip bei der Verwendung von inneren Bildern, Metaphern oder Geschichten ist der Vergleich. Abstrakte Inhalte werden durch vergleichbare konkrete Situationen greifbar gemacht und lassen sich so leichter merken.

> **Beispiel „Brownsche Bewegung"**
> Die *Brownsche Bewegung* beschreibt das Phänomen der zufälligen temperaturabhängigen Bewegungen mikroskopischer Objekte in Flüssigkeiten und Gasen. Diese sind vergleichbar mit den Bewegungen von Menschen in einer vollen Fußgängerzone. Man muss immer wieder spontan und schnell die Laufrichtung ändern, um unvorhersehbaren Hindernissen auszuweichen, z. B. Menschen, die unvermittelt aus einem Geschäft treten und einem entgegenkommen, oder einem Kind, das von der Seite plötzlich losrennt. Wohin man ausweicht, ist dabei oft eine zufällige, eher unbewusste Entscheidung.

Analogiebildung

Auch die Strategie der Analogiebildung arbeitet mit Vergleichen. Ein Phänomen, Prozess o. Ä. wird erläutert, indem man es/ihn mit einem anderen vergleicht und die Gemeinsamkeiten aufzeigt.

> **Beispiel „Analogie zwischen Wasser- und Stromkreis"**
> Zwei Gefäße mit identischem Volumen sind mit unterschiedlich viel Wasser gefüllt und „am Boden mit einem Schlauch verbunden, der durch einen Absperrhahn verschlossen ist. Öffnet man den Hahn, fließt Wasser von dem höher gefüllten Gefäß so lange in das andere Gefäß, bis beide gleich hoch gefüllt sind" (https://www.batterieforum-deutschland.de/infoportal/lexikon/analogiemodell-zur-erklaerung-des-einfachen-stromkreises). Dies liegt an dem unterschiedlich hohen Druck in den beiden Gefäßen, abhängig vom jeweiligen Wasserstand. „Es fließt so lange Wasser von einem Gefäß in das andere, bis die Drücke ausgeglichen sind. [...]
> Analog kann man sich den elektrischen Stromfluss in einer Batterie vorstellen. Ist die Batterie aufgeladen, ist ein Überschuss an Elektronen in der positiv geladenen Elektrode, der Kathode, vorhanden. Das elektrische Potential ist größer als das in der zweiten Elektrode, der Anode [...]. Schließt man einen Stromabnehmer – etwa eine Lampe – an die beiden Elektroden an, fließen so lange Elektronen (= elektrischer Strom) durch den Abnehmer in die Anode bis kein Unterschied zwischen den Potentialen in den Elektroden mehr besteht" (ebd.).

Akronyme

Für bestimmte Inhalte oder Fachbegriffe wird der jeweils erste Buchstabe zu einem Akronym zusammengefasst. Dabei kann das so entstehende Wort ein tatsächlich existierendes sein (ALPEN-Methode, SMART-Kriterien) oder eines, das man erfindet und nur selbst versteht. Entscheidend ist hier nur, dass man es sich gut merken kann und sich dadurch an die Inhalte erinnert.

Beispiel „SNOW-DROP" für Blotting-Verfahren		Beispiel „CIA" für grundlegende Sicherheits-Ziele in IT-Systemen
Southern	**D**NA	**C**onfidentiality
Northern	**R**NA	**I**ntegrity
Open	**O**pen	**A**vailability
Western	**P**rotein	

Finger-Merkhilfe

Recht banal, aber für viele Kontexte äußerst wirkungsvoll ist die *Finger-Merkhilfe* (vgl. Stickel-Wolf & Wolf 2006: 319). Dabei ordnet man jedem Finger eine bestimmte Information zu. Beim Wiederholen und Üben nimmt man bewusst den jeweiligen Finger wahr. Da man die Finger immer dabei hat, kann man die Inhalte immer wieder üben und sogar in der Prüfung heimlich abrufen, z. B. durch eine unauffällige Bewegung oder eine souveräne Geste.

Mehr als fünf Inhalte kann man mit folgenden Tricks auf Finger verteilen:

- Das Hauptthema wird in Unterthemen eingeteilt und von jedem Unterthema werden fünf Schlüsselbegriffe auf die Finger einer Hand verteilt.
- In Gedanken zieht man verschiedene, jeweils anders aussehende Fingerhandschuhe an. Die Inhalte zu Thema 1 werden dann z. B. auf dem blauen oder gestreiften Handschuh abgelegt, Thema 2 auf dem roten oder karierten usw.
- Die Anzahl der Informationen wird durch Chunks oder die Schlüsselwortmethode reduziert. Die Chunks oder die Schlüsselwörter werden auf die Finger verteilt.
- Statt der Finger wählt man andere Körperteile als Speicherort.

TIPP

Wählen Sie für verschiedene Kontexte unterschiedliche Strategien aus, variieren Sie sie bei Bedarf und probieren Sie sie mehrfach aus. Erfahrungsgemäß sind für jeden Lerntyp mehrere passende Mnemotechniken vorhanden. Ganz gleich welche Sie verwenden, sorgen Sie dafür, dass Sie neues Wissen immer wieder aus dem Gedächtnis abrufen. So wird dieses immer besser im Gedächtnis verankert.

> **Stimmen von Studierenden**
>
> *Ich habe für die Loci-Technik Informationen entlang meiner Jogging-Route deponiert. Daran habe ich mich dann sogar erinnert, als ich tatsächlich joggen war.*
>
> —
>
> *In meinem Gedächtnispalast habe ich Informationen verbildlicht. Für die Glykolyse (Abbau von Monosacchariden) habe ich mir einen Zuckerwürfel vorgestellt, der verbrennt, für die Gluconeogenese (Bildung von Glucose) eine kleine Würfelzucker-Fabrik.*
>
> —
>
> *Ich habe die Gedächtnispalast-Methode etwas abgewandelt, Schlüsselbegriffe auf kleine Zettel geschrieben und kurze Erläuterungen auf die Rückseite. Die Zettel habe ich im Haus verteilt. Es hat mich überrascht, wie selbstverständlich ich bei den alltäglichen Aktivitäten diese Zettel kurz durchgehe.*
>
> —
>
> *Ich kombiniere manchmal die Spickzettel- mit der Schlüsselwort-Strategie, indem ich Schlüsselwörter auf sehr kleine Spickzettel schreibe.*
>
> —
>
> *Eselsbrücken verwende ich, wenn ich mir etwas absolut nicht merken kann. Dabei kann ich solche aus nicht sinnvollen Sätzen besonders gut behalten. Meistens brauche ich sie schon nach kurzer Zeit nicht mehr.*
>
> —
>
> *Beim Wiederholen von Informationen fallen mir oft irgendwelche Akronyme ein.*
>
> —
>
> *Die Finger-Merkhilfe hat sich als ziemlich nützlich erwiesen. Ich gehe beim Daumen beginnend jeden Finger durch und habe so eine Checkliste, die ich immer „mit mir führe".*

> **Arbeitsanregung: Transfer und Reflexion**
>
> Wählen Sie je zwei bis drei internale und externale Methoden aus und wenden Sie sie auf studienrelevante Inhalte an. Notieren Sie bei jeder der Methoden, wie Sie vorgegangen sind, reflektieren Sie darüber, wie es Ihnen damit ergangen ist, welche Erkenntnisse Sie gewonnen haben usw. Ziehen Sie daraus Schlussfolgerungen für Ihr weiteres Lernen.

14 Prüfungen meistern I – Basics und Schritte

> **Arbeitsanregung: Eine kurze Bestandsaufnahme**
> Beantworten Sie bitte die folgenden Fragen und machen Sie sich dazu jeweils kurze Notizen:
> - Wie viele schriftliche Prüfungen müssen Sie im laufenden Semester ablegen und in welcher Form (Klausur, Projektbericht, Hausarbeit …)? Wie laufen diese üblicherweise ab?
> - Wie viele mündliche oder praktische Prüfungen müssen Sie im selben Semester ablegen? In welcher Form (Einzel-, Paar-, Gruppenprüfungen)? Wie laufen sie üblicherweise ab?
> - Wie lange dauern die Prüfungen?
> - Wie viel Zeit haben Sie noch bis zu den einzelnen Prüfungen?
> - Haben Sie schon mit der Prüfungsvorbereitung begonnen? Wenn ja, wann? Wenn nein, wann werden Sie voraussichtlich damit beginnen?
> - Wie gehen Sie üblicherweise vor, wenn Sie sich auf schriftliche, mündliche bzw. praktische Prüfungen vorbereiten? Notieren Sie die einzelnen Schritte.

14.1 Einige Basics zur Prüfungsvorbereitung

14.1.1 Das wissen Sie bereits

Prüfungsvorbereitung benötigt …
- **lernförderliche Rahmenbedingungen** → siehe Lernförderliche Voraussetzungen und Rahmenbedingungen (Kap. 3.2), Konzentration (Kap. 3.2.1), Motivation (Kap. 5.1) u. a.
- **eine Struktur und einen genauen Zeitplan**, inkl. Meilensteine, Pausen und Belohnungen → siehe Zeitmanagement I bis III (Kap. 6, 7 und 9), besonders mittel- und langfristige Planung (Kap. 9)
- **gut strukturierte, aktiv bearbeitete Inhalte** → siehe Fachtexte erschließen I und II/Lesestrategien (Kap. 2 und 10), Vorlesungen und Vorträge/Notizraster (Kap. 11), Lerninhalte strukturieren und vernetzen/Visualisierungsformen, Assoziationstechniken, Diagramme u. a. (Kap. 12)
- **gut gespeicherte Inhalte** → siehe Lerninhalte wiederholen und speichern/Mnemotechniken, Wiederholungen u. a. (Kap. 13)

TIPP Wenn Sie möglichst viele der genannten Informationen und Strategien beherzigen und Lerninhalte semesterbegleitend kontinuierlich aktiv bearbeiten, haben Sie gegen Ende des Semesters einen beachtlichen Teil der Prüfungsvorbereitung bereits erledigt und können nun den Endspurt antreten. Haben Sie während des Semesters neuen Stoff eher konsumiert und abgeheftet, sollten Sie deutlich früher mit der Vorbereitung auf die Prüfungen beginnen. Liegt Ihre bisherige Vorgehensweise zwischen den beiden genannten Polen? Fangen Sie trotzdem nicht auf den letzten Drücker an. Gewöhnen Sie sich mittelfristig an, Inhalte regelmäßig über das Semester verteilt zu bearbeiten und zu wiederholen.

14.1.2 Prüfungsformen

Eine Prüfung ist ein „Verfahren, bei dem jmds. Kenntnisse [und] Leistung durch bestimmte Aufgabenstellungen oder Fragen festgestellt werden sollen" (https://www.dwds.de). Prüfungen lassen sich abhängig von der übergeordneten Form in drei große Gruppen einteilen: in schriftliche, mündliche und praktische Prüfungen, die je nach Fachrichtung zahlreiche konkrete Ausformungen haben können.

Schriftliche Prüfungen
Hierzu gehören (vgl. https://www.uni-wuerzburg.de/lehre/lehren/pruefen/pruefungsformen-und-arten; Lehner 2015: 13):
- Übungsaufgaben und -blätter
- Protokolle, Projekt- und Praxisberichte
- Klausuren
- Essays, Seminar- und Hausarbeiten
- Lern-/Arbeitsjournale und Portfolios
- Fallstudien und -analysen
- virtuelle Prüfungen/E-Prüfungen (Online-Klausuren, Erstellung von virtuellen Tools u. a.)

Dabei werden Klausuren (auch virtuelle) zu einem festgelegten Termin innerhalb einer kurzen vorgegebenen Zeitspanne – meist 90 bis 180 Minuten, manchmal auch länger – geschrieben. Andere schriftliche Prüfungen hingegen bearbeitet man über einen längeren Zeitraum von mehreren Tagen bis Wochen (z. B. Hausarbeiten, Programmieren) oder semesterbegleitend (z. B. Lernjournale, Portfolios). Klausuren stellen in vielen Fachrichtungen die häufigste Form der schriftlichen Prüfung dar.

Eine Klausur ist typischerweise gekennzeichnet durch die Tatsache, dass Lernende „in Gruppen (a) zeitgleich (b) innerhalb eines vorgegebenen Zeitrahmens (c) unter Aufsicht (d) geprüft [werden und dabei] zeitgleich und selbstständig die jeweiligen Prüfungsaufgaben" bearbeiten (Beem 2018: 3). Klausuren können geschlossene Fragen und Aufgaben beinhalten (z. B. Multiple Choice, Drag & Drop) und/oder offene, welche „durch Formulieren eines Textes, Visualisierung von Inhalten, Zeigen eines Rechen-/ Lösungsweges usw. beantwortet" (ebd.) werden.

Mündliche Prüfungen
Diese Kategorie umfasst (vgl. https://www.uni-wuerzburg.de/lehre/lehren/ pruefen/pruefungsformen-und-arten; Lehner 2015: 13):
- Einzel-, Partner- oder Gruppenprüfungen
- Poster-Sessions
- Referate, Vorträge, Präsentationen usw.
- Kolloquien

Dunbar (nach Willert 2018: 3) unterstreicht, dass mündliche Prüfungen flexibel gestaltet werden, je nachdem ob es darum geht, „ein breites Fachwissen, die kritische Reflexion von Inhalten, kommunikative, argumentative und analytische Fähigkeiten oder die Kreativität der Studierenden zu prüfen". Im Fokus steht aber stets die mündliche Präsentation von Wissen und Kenntnissen, Denkprozessen und Transferkompetenz, die i.d.R. von zwei Personen – zwei Prüfer/innen oder einem/einer Prüfer/in und einem/einer Beisitzer/in – evaluiert werden (vgl. ebd.). Die Formen mündlicher Prüfungen sind deshalb uneinheitlich und sehr vielfältig in Bezug auf „inhaltliche Gestaltung, Ablauf, Dauer, Anzahl der Prüflinge" (ebd.), sie können von vorgegebenen Rahmenbedingungen wie etwa der Prüfungsordnung abhängen ebenso wie von den individuellen Vorlieben der Prüfer/ innen.

Praktische Prüfungen
Praktische Prüfungen sollen möglichst realistische Situationen schaffen, in denen Studierende ihre Kompetenzen anwenden und demonstrieren können. Je nach Fachrichtung gehören hierzu (vgl. https://www.uni-wuerz burg.de/lehre/lehren/pruefen/pruefungsformen-und-arten; Lehner 2015: 13; https://www.lehren.tum.de/themen/pruefungen/praktische-pruefun gen):
- Aufgaben im Labor (z. B. im Rahmen von Praktika)
- Bauen von Modellen, Programmieren
- Zirkelstationen/Parcours, an denen Fertigkeiten demonstriert werden (z. B. im Labor bestimmte Versuche aufbauen, durchführen und/oder erläutern, Präparate erstellen, Kulturen anlegen)
- Leitung oder Moderation von Gesprächen und Diskussionen
- Simulationen (z. B. Beratungsgespräch), Plan- und Rollenspiele
- Beobachtung und Reflexion von Handlungsabläufen o. Ä.
- Unterrichtsdemonstrationen und Lehrproben (in den Lehramtsstudiengängen)

Auch praktische Prüfungen können als Einzel-, Partner- oder Gruppenprüfung durchgeführt werden. Im Fokus steht hier die praktische Umsetzung des Gelernten in einer konkreten Anwendungssituation.

14.1.3 Prüfungsaufgaben

Prüfungsaufgaben unterscheiden sich nach der Art der zu erbringenden Prüfungsleistung. Verschiedenen Aufgabentypen, die in drei Kategorien zusammengefasst werden, sind jeweils ausgewählte Tätigkeiten zugeordnet. Tabelle 5 zeigt die Kategorisierung, die potenziellen Tätigkeiten sowie Beispiele für eine konkrete Aufgabenstellung (mod. nach Lehner 2015: 11).

Tab. 5 Prüfungsaufgaben

Aufgabentyp/Kategorie	Tätigkeit	Aufgabenstellung und Beispiel
Reproduzieren und Erläutern von gelernten Begriffen, Modellen, Konzepten, Formeln usw.	nennen, definieren, umschreiben, erklären, beschreiben, wiedergeben	• Notieren Sie den Ausdruck für die Lorentzkraft auf ein Teilchen der Ladung q, das sich mit Geschwindigkeit **v** in einem elektromagnetischen Feld bewegt. • Leiten Sie die Lagrange-Funktion L aus dem Hamiltonschen Prinzip der kleinsten Wirkung ab.
Anwenden und Ausführen von Gelerntem auf ähnliche Phänomene, Ereignisse, Sachverhalte, Probleme	berechnen, messen, lösen, anwenden, übertragen, umsetzen	• Zeigen Sie, dass die Varianz einer Poissonverteilung ihrem Erwartungswert entspricht. • Berechnen Sie anhand der Lösung $\varphi(t)$ den Drehimpuls $L(t)$ und die Energie $E(t)$ des Pendels.
Analysieren, Entwickeln und Übertragen des Gelernten auf neue Kontexte durch Vergleiche, Bewertungen, Problemlösungen, Strategieentwicklung	vergleichen, beurteilen, diskutieren, evaluieren, auswerten, entwickeln, konstruieren	• Schreiben Sie ein Programm in Python, das die gekoppelten Newtonschen Bewegungsgleichungen von N Himmelskörpern numerisch löst.

Aufgaben werden mitunter als Frage formuliert, die Aufgabenstellung wird also nur implizit vermittelt. Halten Sie einen kurzen Moment inne, formulieren Sie die Frage in eine klare Aufgabenstellung um und ermitteln Sie so Aufgabentyp und Erwartungen.

> **Beispiel „Pendeldynamik"**
> **Frage**: Für welche Bereiche der Auslenkung spricht man von einer harmonischen Schwingung des Pendels? → **Aufgabenstellung**: Geben Sie an, unter welchen Bedingungen die harmonische Näherung auf die Pendeldynamik anwendbar ist. → **Aufgabentyp/Kategorie**: Reproduzieren und Erläutern

Wie bereits oben angedeutet, gehören zu jeder der drei genannten Kategorien verschiedene Aufgabentypen. In schriftlichen Prüfungen können reproduzierende Aufgaben beispielsweise durch Ankreuzen der richtigen

Antwort, Einsetzen, Zuordnen oder Ergänzen von Teilantworten, freies Schreiben einer Definition usw. gelöst werden. Ähnlich verhält es sich bei den anderen Kategorien. Aufgabentypen beeinflussen stets die Tätigkeit, die zur Bearbeitung der Aufgabe erforderlich ist, und damit auch die Prüfungsvorbereitung.

14.1.4 Prüfungssituationen überblicken

Prüfungssituationen werden durch zahlreiche Aspekte charakterisiert und beeinflusst (vgl. Kap. 14.1.3). Je mehr Sie im Voraus darüber herausfinden, desto zielgerichteter können Sie sich auf die Prüfung vorbereiten. Informationen erhalten Sie in Modulbeschreibungen und Prüfungsordnungen, durch die Befragung von Dozierenden und älteren Studierenden sowie durch die Analyse älterer Klausuren oder Prüfungsaufgaben früherer mündlicher bzw. praktischer Prüfungen. Hilfreiche Tipps geben meistens auch die Fachschaften.

Zusätzlich kann es sich lohnen, Informationen über die Prüfer/innen herauszubekommen. Ihre Prüfungen laufen ihren Vorlieben entsprechend oft nach dem gleichen oder einem sehr ähnlichen Schema ab (bevorzugte Aufgabentypen, Aufbau der Prüfung, Gewichtung von Aufgaben usw.). Solche Informationen erhalten Sie im Gespräch mit anderen Studierenden, die bereits von diesen Dozierenden geprüft wurden, oder indem Sie sich Klausuren/Prüfungsfragen der Dozierenden aus dem eigenen und benachbarten Themenfeldern anschauen.

Mit der folgenden Checkliste verschaffen Sie sich einen guten Überblick über die kommende Prüfungssituation, um sich passend dazu vorzubereiten.

- **Prüfungsform**
  - Schriftlich, mündlich, praktisch? → Bei mündlich und praktisch: wie viele Prüfer/innen und Beisitzende?
  - Zeit → in Minuten oder Stunden (für Klausuren, mündliche und praktische Prüfungen); in Tagen oder Wochen (für Protokolle, Berichte, Hausarbeiten etc.)?
- **Inhalt**
  - Welche Themen und Inhalte werden voraussichtlich geprüft?
  - Was muss ich besonders vertieft, ausführlich, genau lernen/wissen?
- **Materialien**
  - Welche Mitschriften, Skripte, Bücher gibt es? Gibt es ältere Klausuren, Prüfungsprotokolle? Welche zusätzliche Literatur sollte ich lesen und bearbeiten?
  - Welche Materialien habe ich bereits? Wo bekomme ich fehlende Materialien?
- **Aufgabentypen/Kategorie**
  - Muss ich Inhalte (a) reproduzieren und erläutern, (b) anwenden und ausführen oder (c) analysieren, entwickeln und übertragen?
  - Muss ich etwas ankreuzen, zuordnen, ergänzen, rechnen, schreiben (wenn ja, ausführlich oder in Stichpunkten), visualisieren?

- **Tätigkeit**
  - Muss ich etwas (a) nennen, definieren, wiedergeben …, (b) berechnen, messen, anwenden … oder (c) auswerten, entwickeln, konstruieren …?

Hinweis: Ein ausführliches Beispiel dazu finden Sie im Onlinematerial (OM-14-Prüfungen).

14.2 Schritte der Prüfungsvorbereitung

Die Prüfungsvorbereitung verläuft in mehreren Schritten oder Phasen, die unterschiedlich differenziert beschrieben werden können.
  Böss-Ostendorf & Senft sprechen von sechs Schritten, die zur Prüfung führen (vgl. Böss-Ostendorf & Senft 2014: 83–154):
1. einen Lernentschluss fassen
2. Inhalte einer Lehrveranstaltung, eines Fachbuches o. a. überblicken
3. Strukturieren
4. Bearbeiten
5. Wiederholen
6. Präsentieren (in der Prüfung)

Lehner fasst die notwendigen Schritte auf dem Weg zur Prüfung in drei Gruppen zusammen (vgl. Lehner 2015: 7):
1. Prüfungsinhalte auswählen
2. Aufbereiten
3. Memorieren

Dabei beinhalten die Schritte 2 bis 4 bei Böss-Ostendorf & Senft sowie 2 und 3 bei Lehner Lerntechniken und Strategien, die bereits beim Aufnehmen, Vernetzen und Speichern von Inhalten berücksichtigt werden sollten (Kap. 2, 10, 12 und 13). In den folgenden Abschnitten (14.2.1 bis 14.2.5) finden Sie Hinweise und Tipps zur Vorbereitung in fünf Schritten.

14.2.1 Material sichten und Überblick verschaffen

Die gezielte Vorbereitung auf die Prüfung(en) gelingt leichter, wenn Sie sich zunächst einen Überblick über die zu bewältigenden Inhalte verschaffen. Hierzu gehören mehrere Aspekte:
- **Überblicken der Lehrveranstaltung insgesamt** → Was steht im Kommentar zur Veranstaltung? Welche Schwerpunkte und welcher Aufbau lassen sich aus dem Veranstaltungsplan, dem Skript usw. erkennen? Hierbei erweisen sich die Lesestrategien SQ3R, PQ4R (Kap. 2.2.2) und REAP (Kap. 10.1.2) als sehr nützlich.
- **Überblicken der verfügbaren Materialien allgemein** → Welche Fachliteratur gibt es? Wenn Fachliteratur empfohlen wurde, von wem und warum? Empfiehlt jemand etwas, weil es ein sehr gutes/verständliches Standardwerk ist, weil es praxisorientiert ist, viele Beispiele enthält …?

Gibt es alternative/neuere Fachbücher zum Thema? Was empfehlen andere Studierende?
- **Überblicken konkreter Bücher, Skripte usw.** → Wie ist das Buch/der Text inhaltlich und logisch aufgebaut? (siehe auch die Lesestrategien SQ3R, PQ4R, REAP)
- **Überblicken der Lehrveranstaltung konkret** → Welche Inhalte werden wie vermittelt? Wie lauten die zentralen/wichtigen Begriffe, Beispiele, Nebenthemen usw.? (siehe Notizraster und deren Bearbeitung in Kap. 11.6)

TIPP

Nachdem Sie sich einen Überblick verschafft haben, stellt sich die Frage, mit welchem Material Sie den eigentlichen Lernprozess beginnen. Hierzu einige Hinweise (mod. nach Böss-Ostendorf & Senft 2014: 130f):
- **Eigene Mitschriften** → Dies könnte „der beste Weg [sein], um in Kontakt zum Thema zu kommen" (ebd.: 131). Allerdings setzt das voraus, dass Sie im Laufe des Semesters sorgfältig Notizen gemacht haben. Idealerweise haben Sie diese nach den Veranstaltungen auch gründlich nachbereitet.
- **Veranstaltungsskript** → Ein Skript hat den Vorteil, dass es die Struktur der Veranstaltung abbildet, an der sich oft (aber keineswegs immer) auch die Prüfung orientiert (vgl. ebd.: 130). Allerdings sind Skripte für den hier vorliegenden Zweck meist zu ausführlich und beinhalten viele Inhalte, die nicht unbedingt prüfungsrelevant sind.
- **Lehrbücher** → Sie sind vermutlich am wenigsten geeignet, um damit zu beginnen, denn sie beinhalten zum einen viel mehr Stoff, als für die Prüfung benötigt wird, und folgen auch nicht unbedingt der Veranstaltungsstruktur. Sie sind aber gute Quellen, um Aspekte nachzulesen oder zu vertiefen, die Sie noch nicht richtig verstanden haben, Beispiele zu finden u. Ä.
- **Altklausuren** → Wenn Sie zuerst eine Altklausur bearbeiten, können Sie damit sowohl Ihren Wissensstand als auch wichtige Themen ermitteln. Dabei sollten Sie aber bedenken, dass eine einzelne Klausur auch nur ein ausgewähltes Beispiel darstellt, in anderen Altklausuren wurden vielleicht andere Schwerpunkte gesetzt.

Fazit: Wenn Sie mit einer Momentaufnahme Ihres Wissens beginnen möchten, bearbeiten Sie zuerst eine Altklausur. Davon unabhängig stellen Ihre sorgfältig geführten Mitschriften eine sehr gute Grundlage für die weiteren Vorbereitungs- und Lernschritte dar. Benutzen Sie sie, um Inhalte auszuwählen und aufzuarbeiten. Ergänzen Sie dabei ggf. einzelne Punkte anhand des Skripts oder eines Lehrbuchs und lassen Sie Aspekte, die sich nun als nebensächlich erweisen, weg.

14.2.2 Inhalte auswählen und Prioritäten setzen

Beim Auswählen von prüfungsrelevanten Inhalten geht es darum, aus der großen Stoffmenge, die im Laufe des Semesters behandelt wird, das Wesentliche zu erfassen, Inhalte zu reduzieren und sie „in eine gut abrufbare Form [zu] überführ[en]" (Lehner 2015: 54). Wer glaubt, alles sei wichtig, ist bereits in die Vollständigkeitsfalle getappt (vgl. ebd.: 42). Dies gilt übrigens für Lernende ebenso wie für Lehrende.

Dozierende streuen in ihren Veranstaltungen im Laufe des Semesters häufig Hinweise dazu ein, worauf sie den Fokus legen und was prüfungsrelevant sein könnte. Sie verweisen auf bestimmte Phänomene, Formeln, Beweise, heben einzelne Abschnitte oder Kapitel im Skript, in Präsentationen oder Fachbüchern usw. hervor. All dies sind Indizien dafür, dass der Stoff besonders wichtig ist.

TIPP Gibt es Vorlesungen, die Sie nicht oft besuchen, sondern den Stoff stattdessen selbstständig aus dem Skript oder einem Buch erarbeiten? Auch wenn Ihnen dies gut gelingt, gehen Sie lieber regelmäßig in die Vorlesung, wenn nicht wöchentlich, dann wenigstens in einem anderen Rhythmus. Nur so können Sie Hinweise der Dozierenden wahrnehmen. Besuchen Sie unbedingt auch den letzten Termin vor der Klausur, denn hier gibt es oft noch einmal Tipps oder Sie können Ihre eigenen Fragen stellen.

So vorbereitet können die prüfungsrelevanten Inhalte mithilfe einer der folgenden Strategien oder einer Kombination aus mehreren ermittelt werden.

Auswählen mithilfe der *PZP-Formel*

Der Stoff einer Veranstaltung muss für die Prüfung auf jeden Fall reduziert werden. Was dabei wesentlich und relevant ist, hängt nicht nur vom Thema selbst, sondern auch von den Rahmenbedingungen ab, besonders von
- **dem Prüfer/der Prüferin (P)** → „Wer prüft mit welchen Schwerpunkten und welcher Art von Aufgaben?" (Lehner 2015: 51)
- **dem Zeitbudget (Z)** → Wie viel Zeit steht für das Lernen zur Verfügung? Wie lange dauert die Prüfung? (vgl. ebd.: 52)
- **dem/den Prüfungsziel/en (P)** → Wer erwartet von mir was? Was soll/muss ich können oder wissen? Welche sind die wesentlichen Ziele? (vgl. ebd.)

Auswählen durch *Grundlandschaft* und *Tiefenbohrungen*

Mit dieser Strategie kann man eine erste, grobe Orientierung herstellen und anschließend ausgewählte Schwerpunkte benennen. Dabei werden die Ergebnisse in zwei Ebenen visualisiert. Für die sogenannte *Grundlandschaft* wird das Übersichtswissen in einer Ebene grafisch dargestellt (z. B. durch beschriftete Punkte, Symbole o. a.). Für diejenigen Aspekte und Teilthemen, die in der Prüfung vertieft werden könnten oder sollten, werden *Tiefenboh-*

rungen durchgeführt und in einer zweiten, unterhalb der Grundlandschaft liegenden, Ebene dargestellt (Abb. 28). So lernt man zunächst die großen Zusammenhänge und vertieft dann exemplarisch ausgewählte Aspekte (vgl. Lehner 2015: 45f und 125).

Auswählen durch *Fachlandkarten*

Der Stoff kann auch mithilfe von Fachlandkarten komprimiert werden, laut Lehner „Strukturhilfen auf der Ebene des Prüfungsfaches, die dazu beitragen, die fachliche Grundlandschaft […] sichtbar und nachvollziehbar zu machen" (Lehner 2015: 47). Hierzu gehören alle Formen von Visualisierungen, z. B. Mindmaps, Concept Maps, Diagramme und sonstige Grafiken, mit denen man inhaltliche und strukturelle Zusammenhänge von Einzelteilen eines übergeordneten Themas darstellen kann (Kap. 12; Beispiel Onlinematerial, OM-14-Prüfungen).

Auswählen mithilfe von *Sieben der Reduktion*

Lehner unterscheidet drei *Siebe der Reduktion* für die Auswahl von Lernstoff (vgl. Lehner 2015: 56f). Die Reduktion kann sich an der Anzahl von inhaltlichen Aussagen (A) – Fachtermini, Modelle, Gesetzmäßigkeiten, Beweise, Formeln u. a. – oder an einem bestimmten Zeitbudget (Z) orientieren. Die folgenden Leitfragen helfen beim Aussieben (vgl. ebd.):

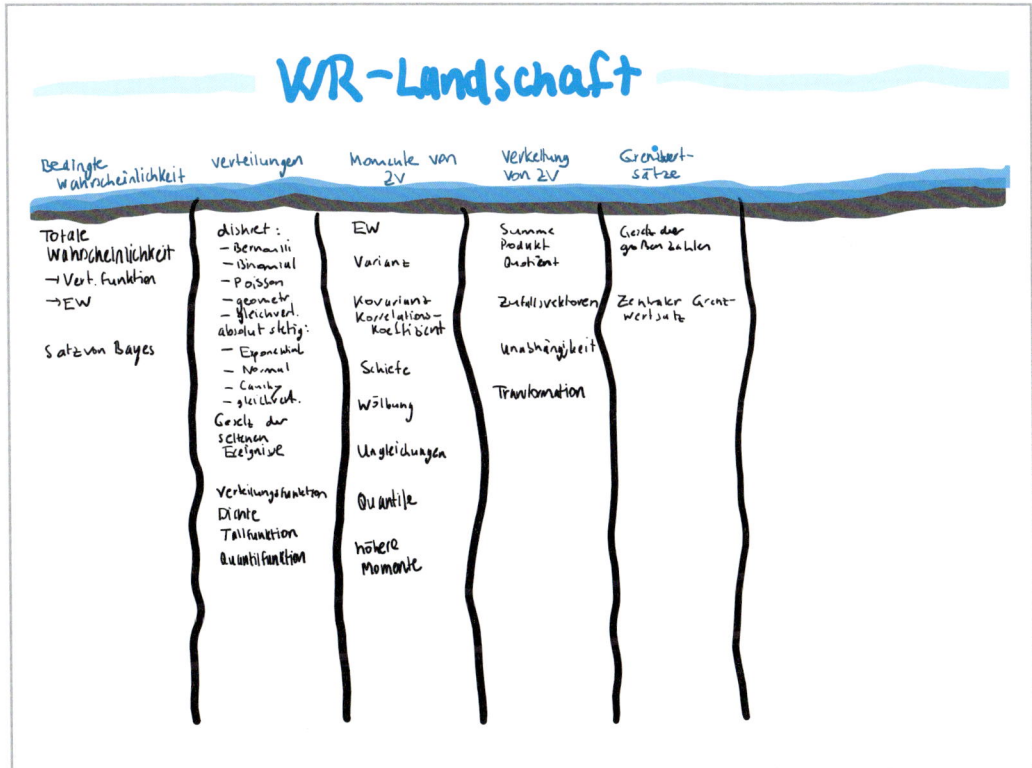

Abb. 28 Grundlandschaft/Tiefenbohrung, stud. Beispiel, *Mathematik*

- **Grobes Sieb – Reduktion 1**
  - **A:** Wenn für dieses Fach nur drei zentrale Aussagen wichtig wären, welche wären das und warum genau diese?
  - **Z:** Welche Inhalte sollte ich unbedingt lernen, wenn mir insgesamt nur 60 Minuten zur Verfügung stünden?
- **Mittleres Sieb – Reduktion 2**
  - **A:** Wenn es acht wichtige Aussagen gäbe, welche wären das? Warum?
  - **Z:** Welche Inhalte lerne ich, wenn mir fünf Stunden Vorbereitungszeit zur Verfügung stehen?

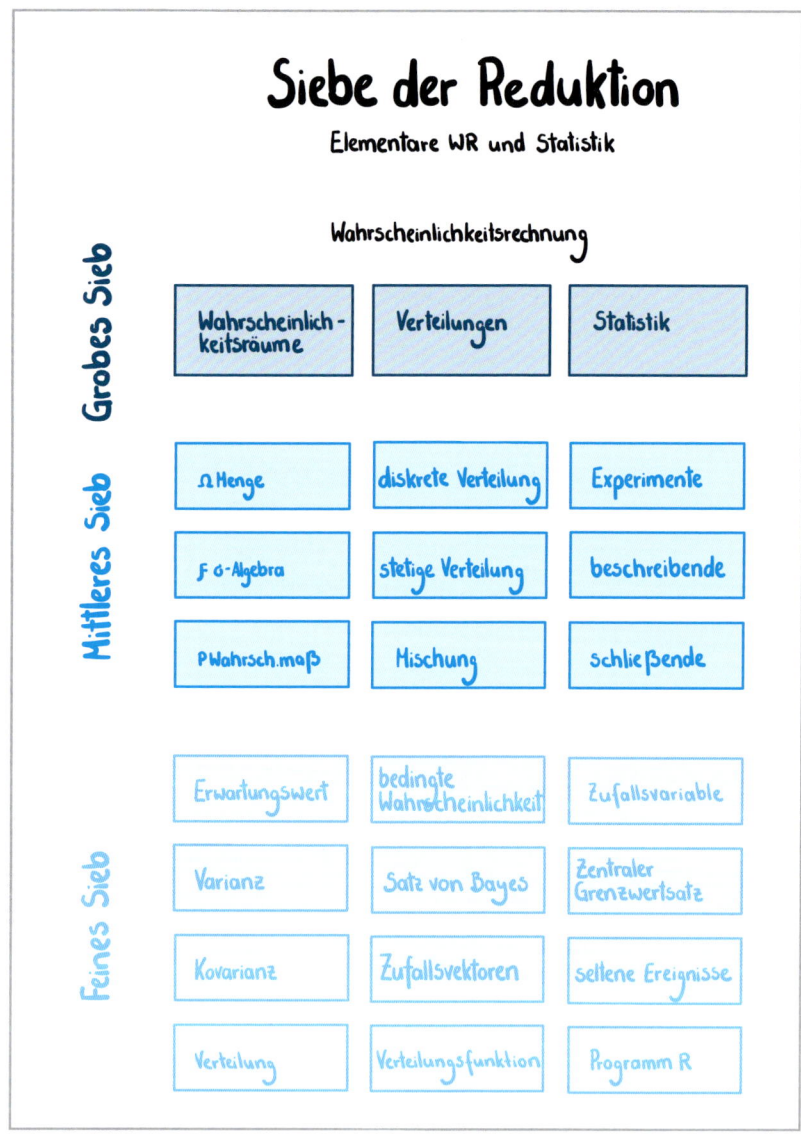

Abb. 29 Siebe der Reduktion 1, stud. Beispiel, *Mathematik*

- **Feines Sieb – Reduktion 3**
    - A: Wenn ich 16 wichtige Aussagen lernen könnte, welche wären das? Warum diese?
    - Z: Welche Inhalte lerne ich, wenn ich hierfür zwei volle Tage Zeit habe?

Die verschiedenen Siebe können nun, abhängig von der zur Verfügung stehenden Zeit, helfen, diejenigen Inhalte auszuwählen, die in dieser Zeit machbar sind und so viel Information beinhalten, dass eine Prüfung geschafft werden kann – je nach Motivation oder Notwendigkeit mehr oder weniger gut, lediglich bestanden, mit guten oder sehr guten Noten usw. (Abb. 29, 30 und Onlinematerial, OM-14-Prüfungen).

> Elemente d. Algebra – Siebe d. Reduktion
>
> R 1   Faktorgruppen, Burnside, Ideale
>
> R 2   Gruppenhomomorphismen, Symmetriegruppen, Nebenklassen, Faktorgruppen, Gruppenwirkung, Burnside, Ringhomomorphismen, Ideale
>
> R 3   Gruppen, Gruppenhomomorphismen, alternierende Gruppen (An), Diedergruppe (Dn), Symmetriegruppen, Nebenklassen, Satz von Lagrange, Faktorgruppen, Normalteiler, Gruppenwirkung, Burnside, Ringhomomorphismen, Ideale, euklidische Ringe, Ring d. ganzen Gaußschen Zahlen, Körper

Abb. 30 Siebe der Reduktion 2, stud. Beispiel, *Mathematik*

TIPP
Auch wenn Sie viel Zeit für die Vorbereitung haben, analysieren Sie den Stoff am besten trotzdem erst einmal mit dem groben Sieb. So identifizieren Sie die zentralen Pfeiler des Themenfeldes, um die herum Sie weitere Informationen arrangieren und einen Lernplan erstellen können.

Die Auswahl checken – *Substanzcheck, inneres Reduktionsteam* und *Prioritätencheck*

Spätestens am Ende, besser immer wieder zwischendrin, sollten Sie die Inhalte einem „Substanzcheck" (Lehner 2013: 156) unterziehen. Überprüfen Sie, ob die ausgewählten Inhalte wirklich substanziell dazu beitragen, Ihr Wissen konkret zu erweitern, ob sie also einen echten Mehrwert haben oder eher Dinge wiederholen und paraphrasieren, die bereits berücksichtigt wurden und/oder die Sie schon sicher beherrschen.

Bei diesem Check kann das „innere Reduktionsteam" (ebd.: 158) unterstützend wirken. Es besteht aus dem/der Reduzierer/in, Strukturierer/in und Spezialist/in, welche die Auswahl aus jeweils unterschiedlichen Perspektiven überprüfen (vgl. ebd.):

- **Reduzierer/in** → Das ist immer noch zu viel. Du kannst noch mehr weglassen.
- **Strukturierer/in** → In welchem Zusammenhang stehen die ausgewählten Inhalte?
- **Spezialist/in** → Hast du wirklich an alles Wichtige gedacht oder fehlt noch was?

Wenn die Stoffmenge besonders groß ist und/oder verhältnismäßig wenig Zeit zur Verfügung steht, führen Sie einen „Prioritätencheck" (Lehner 2015: 61) durch. Überprüfen Sie die ausgewählten Inhalte auf deren Dringlichkeit, Bedeutung und Beitrag zum Gesamtverständnis des Lernstoffs und zum Bestehen der Prüfung.

Stimmen von Studierenden

Zur Auswahl der wichtigsten Lerninhalte habe ich in die Modulbeschreibung geschaut und die am häufigsten vertretenen Aspekte der Übungsblätter und Altklausuren beachtet und notiert. Aus der so entstandenen Liste der relevantesten Inhalte habe ich dann mithilfe der Siebe der Reduktion die wichtigsten Themen herausgefiltert.

—

Die wichtigsten Inhalte für die Prüfung habe ich mit der Landschaft-Strategie herausgesucht. Hierzu habe ich mich am Skript und den Übungsfragen orientiert. Als wichtig erschienen mir vor allem die Inhalte, die in beiden Quellen vorkamen und zudem viel Raum in den Vorlesungen eingenommen haben. Einige Inhalte sind dadurch direkt weggefallen. Das erstellte Diagramm finde ich sehr hilfreich, da man dadurch ein festes Grundgerüst hat, an dem man sich langhangeln kann.

—

Ich habe die PZP-Formel ausprobiert und das hat gut geklappt. Ich finde es unheimlich hilfreich, sich einen genauen Überblick über die Rahmenbedingungen der Prüfung zu verschaffen.

—

Ich habe eine Fachlandkarte erstellt. Dazu habe ich aus den Vorlesungen die Oberthemen herausgesucht, als Diagramm dargestellt und Unterpunkte ergänzt. So habe ich einen detaillierten Überblick, kann Gelerntes abhaken und meinen Fortschritt verfolgen.

14.2.3 Inhalte strukturieren, aufbereiten und vernetzen

Stehen die prüfungsrelevanten Inhalte fest, müssen sie so aufbereitet, verdichtet und mit bereits Bekanntem vernetzt werden, dass man sie sich gut merken und später leicht abrufen kann. Wie bereits gesagt, findet dies idealerweise ohnehin regelmäßig und kontinuierlich über das ganze Semester verteilt statt, sodass die Inhalte, die man für die Prüfung benötigt, (größtenteils) bereits gut aufbereitet sind. Wenn nicht, sollte dies spätestens jetzt nachgeholt werden. Hierzu steht das gesamte Repertoire zur Verfügung, das bereits rund um die Themen *Inhalte aufnehmen* und *Inhalte vernetzen* behandelt wurde:

- **Strategien zum Lesen und Zusammenfassen von Texten**: für geschriebene Texte → Kap. 2.2, 10.1.2, 10.1.3, 10.2 und ggf. 10.3 (für wissenschaftliche Papers); für Vorlesungsaufzeichnungen und ggf. auch zum Zusammenfassen von schriftlichen Texten → Kap. 11.6
- **Chunks**: zur Entlastung des Gedächtnisses durch Verdichten von Informationen → Kap. 4.2.2; diese Begriffe können bei der Erstellung von Strukturen und Grafiken aller Art (s. u.) verwendet werden
- **Bildung von Strukturen und Visualisierung derselben**: Tabellen, Mapping-Techniken, Diagramme, sonstige Grafiken → Kap. 12.1 bis 12.3
- **Strukturlegetechnik und Lernkartei**: die Karten werden in diesem Schritt erstellt und später zum Wiederholen verwendet → Kap. 12.4 und 13.3.1

Bei Bedarf können abstrakte, theoretische Inhalte durch Situationen, Fälle oder Beispiele konkretisiert werden.

Stimmen von Studierenden

Den Schritt „Inhalte aufbereiten und vernetzen" mache ich bereits nach jeder Seminareinheit, sodass ich gar nicht mehr viel Nachholbedarf hatte.

—

Meine Vorbereitung ist abhängig von der Art der Klausur: Auswendig-Lern-Klausur → Karteikarten, mit denen ich Stück für Stück den Stoff durchgehe und lerne; mathematische Klausuren → Zusammenfassung, dann Bearbeiten der Übungsblätter und abschießend Altklausuren.

—

Für die wichtigsten Formeln und Definitionen schreibe ich Karteikarten. Diese fertigen Formulierungen kann ich in der Klausur schneller aufschreiben. Die eingesparte Zeit investiere ich in schwierigere Aufgaben.

—

Ich erstelle eine Zusammenfassung von der Zusammenfassung, die ich unter dem Semester angefertigt habe. Der Vorteil davon ist, dass jetzt nur das wirklich Wichtigste in der Zusammenfassung steht.

> **Arbeitsanregung: Transfer und Reflexion I**
> Wählen Sie aus den bevorstehenden Prüfungen, die Sie zu Beginn des Kapitels ermittelt haben, eine aus. Gehen Sie für diese Prüfung zunächst die Checkliste (14.1.4) durch und bearbeiten Sie anschließend die Vorbereitungsschritte 1 bis 3 (14.2.1 bis 14.2.3). Nutzen Sie hierfür die Verfahren aus, die Ihnen am meisten zusagen.
> **Hinweis**: Falls Schritt 3 Teil Ihres Lernplans werden soll, verschieben Sie ihn und lesen Sie zuerst die nächsten Kapitel.

14.2.4 Inhalte memorieren und wiederholen

Geeignete Verfahren

Strategien zum Memorieren von Inhalten wurden bereits ausführlich behandelt (Kap. 13). Alle dort genannten Strategien sind auch für die Prüfungsvorbereitung geeignet. Die externalen Mnemotechniken *Karteikartenlernen* und *Spickzettel/Cheat sheet* (Kap. 13.3.1) sowie die Strukturlegetechnik (Kap. 12.4) sind in besonderem Maße dazu geeignet, Lernstoff intensiv und vertiefend zu üben und zu wiederholen: inhaltlich, weil sie Inhalte sehr komprimiert zusammenfassen, und praktisch, weil man sie mitnehmen und in jeder freien Minute sowie an fast jedem Ort damit lernen kann. Trägt man die Inhalte beim Wiederholen sich selbst (innerlich oder äußerlich) oder einer anderen Person vor, werden sie auch auditiv verarbeitet.

Zeitplan für die Vorbereitung

Für den Endspurt sollte man – auch wenn man den Lernstoff über das Semester verteilt regelmäßig wiederholt hat – unbedingt einen genauen Zeitplan erstellen, in dem alle Lerninhalte in Portionen verteilt werden. Hierfür können die gleichen Formate genutzt werden wie für das Zeitmanagement, insbesondere eine Übersicht der Meilensteine (Kap. 9.1.1) sowie Wochenpläne (Kap. 9.2.1 und 9.2.2). Eine Alternative ist das sogenannte *Gantt-Diagramm*, ein spezielles horizontales Balkendiagramm, in dem die einzelnen Schritte eines Projektplans über die Zeit verteilt visualisiert werden (Abb. 31 und Onlinematerial (inkl. Checklisten), OM-14-Prüfungen).

> **INFO Henry L. Gantt**
> Das Gantt-Diagramm ist benannt nach Henry L. Gantt (1861–1919, US-amerikanischer Ingenieur und Managementberater), der es Anfang des 20. Jahrhunderts aus einer bereits vorhandenen Diagrammform entwickelte.

Benutzt man dieses Diagramm für die Planung der Prüfungsvorbereitung, dann sollte sie mindestens aus den folgenden Komponenten bestehen (mod. nach https://www.teamgantt.com/what-is-a-gantt-chart):
- **Aufgabenliste** → Sie wird links im Gantt-Diagramm vertikal notiert und kann in Gruppen und Untergruppen unterteilt werden.
- **Meilensteine** → Diese werden in die Aufgabenliste integriert und besonders markiert, z. B. durch eine Farbe, ein Symbol o. a.
- **Zeitleiste** → Sie läuft horizontal am oberen Rand des Diagramms und zeigt Tage und Wochen, eventuell auch Monate an.
- **Zeitspalte** → Sie steht direkt neben der Aufgabenliste und zeigt an, wie viel Zeit für den jeweiligen Schritt vorgesehen ist. Hier sollten auf jeden Fall die Tage, über die sich die Aufgaben verteilen, aufgeführt werden.
- **Balken** → Horizontale Markierungen, deren Länge die zeitliche Dauer der einzelnen Aufgaben visualisiert sowie das jeweilige Start- und Enddatum anzeigt.

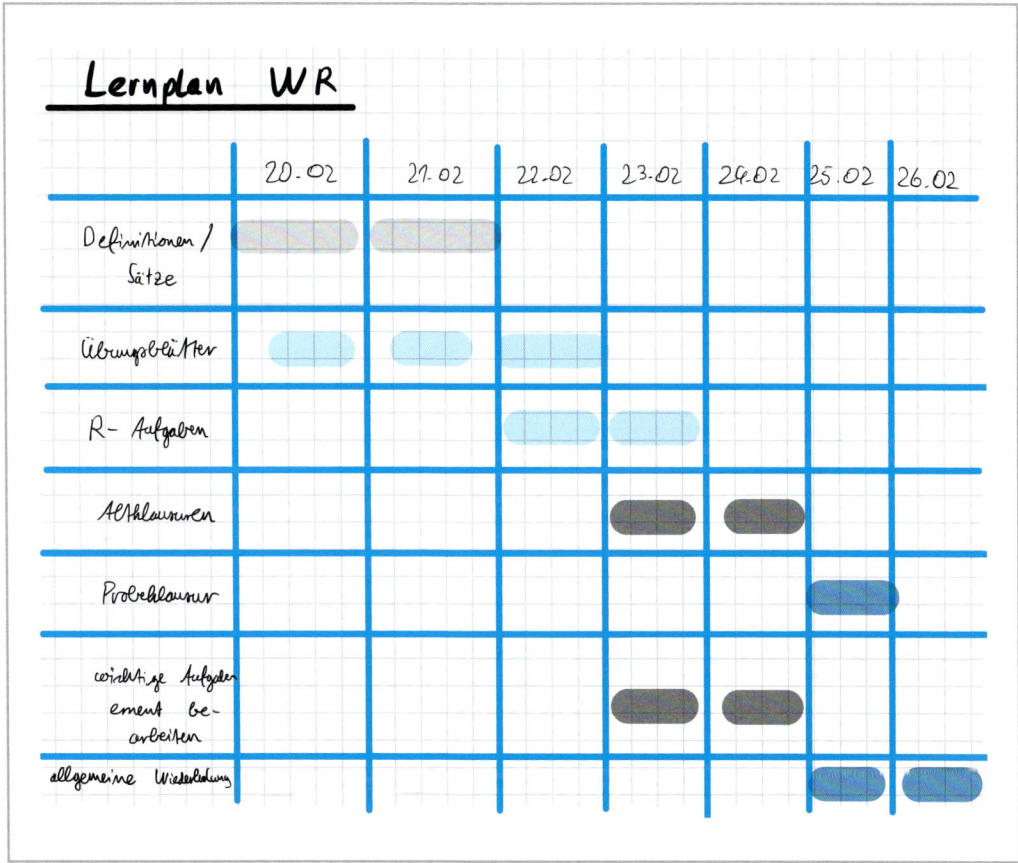

Abb. 31 Gantt-Diagramm, stud. Beispiel, *Physik*

TIPP Gantt-Diagramme kann man auch mit spezieller Software erstellen, von denen zahlreiche kostenlos – entweder online oder zum Download – zur Verfügung stehen. Über die einschlägigen Suchmaschinen können Sie diese leicht finden.

Idealerweise halten Sie den Tag vor der Prüfung frei von Prüfungsinhalten. Gönnen Sie Körper und Geist eine Pause, damit Sie nicht Gefahr laufen, den an sich gut gelernten Stoff wegen Überreizung und Stress im entscheidenden Moment nicht abrufen zu können.

Stimmen von Studierenden

Ich fange immer vier Wochen vor der Klausur mit dem Wiederholen des Stoffes sowie mit der Bearbeitung der Übungsblätter an. Für die letzte Woche hebe ich mir die Altklausuren auf.

–

Mir hilft es immer, bereits am Anfang eine Übungsklausur durchzuarbeiten. So kann ich beim Lernen besser eingrenzen, was wirklich wichtig ist.

–

Zwischendrin habe ich Tage, an denen ich nur wiederhole. Wenn ich jeden Tag Neues lernen muss, lässt die Konzentration merklich nach.

–

Ich plane immer wieder freie Tage ein, damit mein Gehirn den ganzen Stoff verarbeiten kann. Zudem achte ich auf ausreichend Schlaf und eine ausgewogene Ernährung.

–

Ich mache mir einen detaillierten Lernplan mit Meilensteinen, die ich der Reihe nach abhaken kann.

–

Das Erstellen dieses Lernplans hat meine komplette Prüfungsphase und mein Lernverhalten in Bezug auf die Klausur revolutioniert. Meine Pläne waren früher zu voll und ein reines Durcheinander. Kein Wunder, dass ich einfach nicht erfolgreich war und Klausuren nicht bestanden habe.

14.2.5 Wissen aktiv abrufen – Prüfungen simulieren

Im letzten Schritt der Vorbereitung kann man die Prüfungssituation simulieren und sich möglichst vielen prüfungsähnlichen Situationen aussetzen. So trainieren Sie auch das eigene Prüfungsverhalten, erlangen eine gewisse Routine und bauen durch all diese Faktoren auch Prüfungsängste ab.

Für **Klausuren** ist hierzu das Arbeiten mit Musteraufgaben oder kompletten Altklausuren am besten geeignet. Lösen Sie diese unter realen Zeitbedingungen, stellen Sie den Timer und brechen Sie ab, wenn die Zeit vorbei ist. Je mehr Sie das üben, desto größer ist die Wahrscheinlichkeit, dass Sie Ihr Tempo erhöhen können.

Für **mündliche oder praktische Prüfungen** wertet man ebenfalls Musteraufgaben oder ältere Prüfungsfragen und -aufgaben aus. Formulieren Sie zusätzlich selbst Fragen und Aufgaben und beantworten Sie diese bzw. führen Sie sie aus (soweit das bei praktischen Aufgaben möglich ist). Sie können sich auch von jemandem befragen lassen und ihm/ihr unter prüfungsähnlichen Rahmenbedingungen die Fragen beantworten. Auch hierdurch erreichen Sie etwas Routine.

TIPP

Bearbeiten Sie diesen Schritt am besten zu zweit oder in der Lerngruppe. Schreiben Sie gleichzeitig die Probeklausur und besprechen Sie sie anschließend gemeinsam. Seien Sie für mündliche und praktische Prüfungen abwechselnd mal Prüfer/in, mal Prüfling und werten Sie die Simulation am Ende gemeinsam aus.

Stimmen von Studierenden

Die letzten Altklausuren schreibe ich immer unter strengen Prüfungsbedingungen mit den erlaubten Hilfsmitteln, der entsprechenden Zeitvorgabe und mit Maske. (Anm. d. Verf.: Die Maske bezieht sich auf die Situation während der Corona-Pandemie.)

–

Mir hilft es sehr, Prüfungssituationen nachzuspielen. So bekomme ich schon im Vorfeld ein gutes Gefühl für das Zeitmanagement.

–

Wir rechnen Altklausuren in unserer Lerngruppe und besprechen sie dann gemeinsam. Durch das Erklären werde ich sicherer mit dem Stoff und gleichzeitig sehe ich, wo noch Lücken sind.

> **Arbeitsanregung: Transfer und Reflexion II**
>
> Erstellen Sie nun einen detaillierten Lernplan für die weitere Vorbereitung der ausgewählten Prüfung und berücksichtigen Sie hierfür alle noch ausstehenden Schritte. Versuchen Sie dann, sich nach diesem Plan auf Ihre Prüfung vorzubereiten. Werten Sie nach der Prüfung aus, was gut geklappt hat und was Sie eventuell ändern oder verbessern könnten. Notieren Sie Ihre persönlichen Schlussfolgerungen für künftige Prüfungen.
> **Hinweis**: Falls Sie in einer Gruppe lernen, regen Sie doch mal an, Ihre Lernpläne und Vorgehensweisen zu vergleichen und sich gegenseitig Tipps zu geben.

15 Prüfungen meistern II – Entspannt, motiviert und konzentriert bis zuletzt

> **Arbeitsanregung: Wie ich mich bei Laune halte**
> Sind Sie eher der bedachte, gelassene Typ oder neigen Sie dazu, in Prüfungsphasen unkonzentriert und angespannt in Hektik zu verfallen? Haben Sie manchmal Prüfungsangst? Was tun Sie in Phasen intensiver Prüfungsvorbereitung, um motiviert und ruhig bei der Sache zu bleiben und ggf. aufkommende Ängste abzubauen oder gering zu halten? Notieren Sie Ihre Antworten in Stichpunkten.

15.1 Umgang mit Anspannung, Stress und Lampenfieber

Die gute Nachricht zuerst: Stress, Nervosität oder Anspannung sind nicht per se schädlich, es kommt vielmehr auf die Dosis an (vgl. Lammerding-Köppel & Griewatz 2019: 85). Leichte Anspannung wirkt sich oft förderlich auf die Konzentration aus. Das Stresshormon Adrenalin führt dazu, dass man „blitzschnell aufmerksam, hellwach und handlungsfähig" (ebd.: 86) wird, Energie bekommt und die Konzentration steigt (vgl. ebd.). Hinderlich sind starke Anspannung, hoher anhaltender Stress oder Angst vor der Prüfung. Um diesen Zuständen entgegenzuwirken oder sie zu minimieren, sollte man die Gründe dafür kennen.

Liegt die Angst darin begründet, dass Sie (noch) **zu wenig Fachwissen** haben? Dann sollten Sie die Lernmethoden und Strategien ändern, sich kleinere Teilziele setzen sowie den Zeitplan überarbeiten. Auch ein Treffen mit der Lerngruppe, in der Sie sich Inhalte gegenseitig erklären, sich abfragen usw., kann hilfreich sein. Auf jeden Fall sollten Sie aber auch allein und eigenständig lernen und wiederholen, denn in der Prüfung müssen Sie ja allein zeigen, was Sie können – selbst in Partner- oder Gruppenprüfungen.

Sind Anspannung und Stress **physisch oder psychisch begründet**? Keine Panik, hier können Sie auf vielfältige Art und Weise Abhilfe schaffen.

Entspannungstechniken

Mit Entspannungstechniken kann man Anspannung bestens reduzieren oder ganz aus dem Weg räumen. Besonders beliebt und bewährt sind in diesem Zusammenhang Yoga, Autogenes Training, Meditation, Dehnübungen sowie Progressive Muskelentspannung nach Jacobson. Jede beliebige Art von Sport und Bewegung kann ebenfalls dazu beitragen, Anspannung und Stress zu reduzieren und den Kopf frei zu machen.

TIPP Die Methoden hier zu erläutern, würde den Rahmen sprengen. Sie finden dazu aber viele gute Hinweise im Internet. Besonders die Progressive Muskelentspannung nach Jacobson ist schnell gelernt, leicht umzusetzen und sehr effektiv.

Oft lässt man in besonders stressigen Phasen ausgerechnet die Entspannungstechniken fallen, weil man glaubt, überhaupt keine Zeit dafür zu haben. Das Resultat ist meistens noch mehr Anspannung und Stress. Phasen, in denen Körper und Geist zur Ruhe kommen und der Kopf frei ist von Prüfungsinhalten, sind aber wichtig, damit man danach gestärkt weiterlernen kann (vgl. Kap. 3.2).

Körperhaltung, *Power Posing* und Lächeln

Unsere innere Verfassung spiegelt sich meist in Körperhaltung, Mimik und Gestik wider. Innere Unruhe oder Angst können dazu führen, dass man nervös herumzappelt oder in sich zusammengesunken steht oder sitzt. Umgekehrt kann man durch eine bewusst aufrechte und offene Körperhaltung die Stimmung heben. Besonders effektiv sind hierfür: tief einatmen, den Körper aufrichten, Kopf und Kinn heben und nach oben schauen. Auch Lächeln hat eine sehr positive Wirkung auf Gefühle. Beim Lächeln fühlt man sich gut gelaunt, frei und beschwingt und man erinnert sich einfacher an positive Erlebnisse. Eine runzelige Stirn hingegen drückt aufs Gemüt. Am besten überprüfen Sie deshalb immer wieder Ihre Körperhaltung und kombinieren eine aufrechte Haltung mit dem Glätten der Stirn und einem bewussten Lächeln (vgl. Boeglin 2007: 46f).

Besonders intensiv kann das sogenannte *Power Posing* wirken, das z. B. von Spitzensportler/innen, Schauspieler/innen u. a. praktiziert wird. Demnach kann eine bewusst eingenommene selbstbewusste Körperhaltung dazu führen, dass man sich wirklich stärker fühlt (vgl. Lammerding-Köppel 2019: 88). Zu diesen Posen gehören u. a. die folgenden (vgl. ebd.: 89):

- **Siegerpose** → breitbeinige Stellung; die Arme sind nach oben gestreckt und bilden ein V; das Gesicht schaut nach oben und lächelt
- **Superman/Superwoman** → lockerer, aber stabiler, aufrechter Stand; der Oberkörper ist breit und offen; die Hände sind auf die Hüften gestützt; die Stirn ist aufrecht und nach vorn gerichtet
- **Schmetterling** → entspanntes, zurückgelehntes Sitzen auf einem Stuhl; die Arme sind locker hinter dem Kopf verschränkt; das Gesicht lächelt

TIPP

Probieren Sie verschiedene Körperhaltungen, Mimik und Gestik vor dem Spiegel aus, schauen Sie sich an, horchen und spüren Sie in sich hinein. Achten Sie darauf, wie sich Ihr Empfinden verändert, und merken Sie sich die Haltung, die Ihnen besonders viel Ruhe und Sicherheit verleiht. Wenn Sie später beim Arbeiten merken, dass Sie unruhig werden, nehmen Sie diese Haltung ein.

Gedanken- und Tätigkeitsstopp

Bevorstehende Prüfungen können manchmal schlagartig Panikattacken und angsterfüllende Gedanken auslösen. Diese sollten sofort unterbrochen und beendet werden. Versuchen Sie zunächst, an etwas Positives zu denken – an ein nettes Gespräch mit einer Freundin, den Urlaub nach der Prüfung, Ihre positiven Glaubenssätze o. a. Falls das nicht funktioniert, stehen Sie auf, verlassen Sie den Arbeitsplatz und machen Sie für eine begrenzte Zeit etwas ganz anderes – Musik hören, Ihr Instrument spielen, an der frischen Luft spazieren gehen oder was Ihnen sonst noch Freude bereitet (vgl. Öchsner 2016: 64).

Mentales Training

Auch mentales Training kann dazu beitragen, Prüfungsangst abzubauen. Im Leistungssport ist dies eine weit verbreitete Strategie. Eine Grundannahme hierzu lautet: „Je öfter ich mir die Bewältigung der Prüfungssituation vorstelle, umso vertrauter wird sie mir. Was in der Vorstellung gelingt, wird auch in der Realität leichter bewältigt" (https://www.studierendenberatung.at/studienbewaeltigung/pruefungen-erfolgreich-bestehen/mentale-vorbereitung). Konkret bedeutet das: Sie suchen sich einen ruhigen Platz und bringen sich in eine entspannte Stimmung. Denken Sie hierzu an etwas Angenehmes, vielleicht an eine Prüfung, die Sie erfolgreich gemeistert haben. Stellen Sie sich dann die bevorstehende Prüfungssituation möglichst genau vor, betrachten und beobachten Sie sie präzise, also die anwesenden Personen, sich selbst beim Hören der Fragen, Überlegen und Antworten usw. So werden Sie nach und nach mit der Prüfungssituation vertraut (vgl. ebd.).

Übertragen der Lernumgebung auf die Prüfung

Eine weitere hilfreiche Strategie ist das Übertragen der Lernumgebung auf die Prüfung, also quasi das Gegenteil von mentalem Training. Wie bereits bekannt, speichert das menschliche Gehirn Informationen stets vernetzt. Dabei werden beim Lernen von kognitiven Inhalten auch affektive, emotionale o. a. Informationen, die inhaltlich nichts mit dem Lernstoff zu tun haben, verarbeitet und gespeichert. (Kap. 4.2). „Gelingt es also, Reize aus der Lernumgebung in die Prüfung ‚hinüber zu retten', kann dies die Leistung erhöhen. Ein bestimmtes Schreibgerät, ein ‚Maskottchen' oder Ähnliches können das Lernen begleiten, zur Prüfung mitgenommen werden und damit Assoziationen herstellen – lernen Sie bspw. schon in Kleidung, die Sie bei der Prüfung tragen werden" (https://www.studierendenbera

tung.at/studienbewaeltigung/pruefungen-erfolgreich-bestehen/mentale-vorbereitung).

Positive Anker setzen und Glaubenssätze aktivieren

Verwandt mit dem Übertragen der Lernumgebung auf die Prüfung ist das Nutzen von gespeicherten Auslösern/Triggern, die eine bestimmte Stimmung, einen bestimmten emotionalen Zustand bewirken. Menschen haben ihre persönlichen Geschichten und Erfahrungen, „die reich an unterschiedlichen emotionalen Zuständen" (O'Connor & Seymour 2015: 96) und Stimmungen sind. Taucht ein Auslöser, eine bestimmte „Assoziation […] in der Gegenwart" (ebd.) auf, so kann dieser Zustand oder diese Stimmung quasi reaktiviert werden. Ein bestimmter Geruch erinnert vielleicht immer wieder an ein schönes Erlebnis mit den Großeltern in der Kindheit und verbreitet ein wohliges Gefühl, ein Musikstück versetzt einen schlagartig in ein festliches oder cooles Konzert usw.

Im NLP (vgl. INFO *Neurolinguistisches Programmieren* in Kap. 5.2.2) werden solche Auslöser auch als *Anker* bezeichnet. Menschen verfügen über sehr viele Anker, die ihnen gar nicht bewusst sind: die Pausenglocke, die Entspannung einleitet; das Gefühl von Wärme, die eine bestimmte Person auslöst; der Duft einer bestimmten Pflanze, der an einen besonders schönen Ort erinnert u. a. Im Prinzip handelt es sich dabei um eine Art Reiz-Reaktion-Lernen (Kap. 3.1.3), wobei nicht angeborene, biologische Reflexe ausgelöst werden, sondern gelernte emotionale Zustände wie die oben genannten. Laut NLP kann man sich solche Anker bewusst zunutze machen.

Sind Sie beispielsweise nach einer Erholungsphase ohnehin ruhig und entspannt, rufen Sie sich eine Situation in Erinnerung, die Sie durch und durch als angenehm empfunden haben, in der Sie ruhig und besonnen waren, sich stark, selbstbewusst, überzeugend erlebt haben usw. Gehen Sie diese Situation in Gedanken ganz genau durch, betrachten Sie sie aus allen Blickwinkeln und durch unterschiedliche Wahrnehmungskanäle: *Was sehe, höre, spüre ich? Wie fühle ich mich insgesamt?* Eventuell auch: *Was rieche oder schmecke ich?* Nehmen Sie sich hierfür die Zeit, die Sie benötigen, damit es Ihnen richtig gut geht.

Haben Sie sich sehr gut in die Situation eingefühlt? Dann setzen Sie jetzt bewusst einen Anker, bauen Sie also eine kleine Eselsbrücke zu diesem entspannten, von sich selbst überzeugten Zustand. Das kann ein Wort sein, welches Sie innerlich aussprechen; eine unauffällige, aber vertraute Bewegung mit der Hand; ein Blick auf das Maskottchen; eine Markierung auf einem Gegenstand, den Sie immer dabei haben (z. B. Kreuzchen, Klebepunkt auf dem Federmäppchen oder Schreibgerät) o. Ä. Versuchen Sie in der Folgezeit, in Pausen oder Ruhephasen über die Eselsbrücke, den Anker, in den Zustand besagter Situation zurückzukommen, indem Sie die Bewegung ausführen, die Markierung anschauen etc. Je regelmäßiger Sie dies üben, desto größer ist die Wahrscheinlichkeit, dass Sie es bis zur Prüfung automatisiert haben, sodass Sie den Anker/die Eselsbrücke dann schnell nutzen können.

Wissenschaftlich ist das Ankern zwar umstritten und es wird vermutlich eher nicht helfen, wenn man geradezu in Panik verfällt. Es konnte aber festgestellt werden, dass ein solches Vorgehen vielen Leuten dabei hilft, aufsteigende Anspannung zu kontrollieren und sich zwischendrin immer wieder kurz zu erholen und zu stärken.

15.2 Erste Hilfe für den Notfall – Last-Minute-Strategien

Auch beim besten Zeitmanagement kann es mal vorkommen, dass man doch nicht rechtzeitig fertig wird, etwa, weil unerwartet etwas eingetreten ist, das als sehr wichtig und sehr dringend eingestuft wird, weil man krank wird oder sich einfach verschätzt hat. In diesem Fall „ist stumpfsinniges Pauken die schlechteste Lösung. Dabei bleibt im Normalfall viel zu wenig hängen" (Koch 2015: 99). Bewahren Sie stattdessen einen klaren Kopf und nutzen Sie eine schnelle, effektive Methode für das konzentrierte Lernen weniger, ausgewählter Aspekte.

Öchsner et al. (2016) empfehlen auch, erst einmal vom *Worst Case* auszugehen und sich zu informieren, welche Konsequenzen es hätte, wenn man die Prüfung tatsächlich nicht bestehen würde. Vorausgesetzt, man ist nicht bereits mehrfach durch die gleiche Prüfung gefallen, sind die Konsequenzen in den meisten Fällen nämlich nicht so schlimm, wie man vielleicht befürchtet. Dieses Wissen trägt dazu bei, dass man trotz allem etwas souveräner an das Ganze herangeht (vgl. Öchsner et al. 2016: 34). Hierbei kann die folgende Strategie von Klenke (2014) unterstützend wirken.

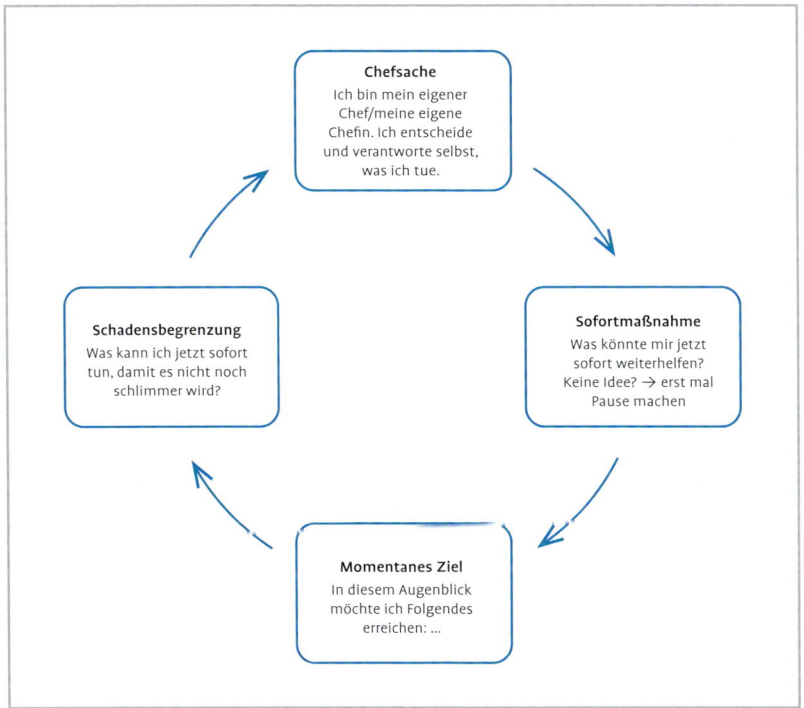

Abb. 32 Erfolgs-Loop (mod. nach Klenke 2014)

Das *Erfolgs-Loop* nach Klenke

Klenke empfiehlt allgemein für solche und andere Notfall-Situationen im Studium ein sogenanntes *Erfolgs-Loop*. Dabei handelt es sich um ein Instrument, das helfen kann, die Situation zu checken, Ruhe zu bewahren und einen geeigneten Lösungsweg zu finden. Das Loop beinhaltet vier Aspekte, die in Abbildung 32 dargestellt sind.

Ist der Check beendet, sollte man sich umgehend auf die wichtigsten Hauptthemen konzentrieren und diese mit einer passenden, effektiven Strategie lernen. Hierzu stehen grundsätzlich die in den Kapiteln 12 bis 14 besprochenen Strategien und Techniken zur Verfügung. Im absoluten Härtefall kann die nachstehende 5-Blätter-Strategie helfen.

Die 5-Blätter-Strategie nach Koch

Koch empfiehlt für Notfälle die folgende Strategie (vgl. Koch 2015: 99):
1. Nehmen Sie zunächst fünf Blätter und schreiben Sie einen Themenschwerpunkt oben auf jedes Blatt.
2. Fassen Sie unter jeder Überschrift Ihr Wissen dazu in maximal zehn Sätzen oder als Liste mit Stichpunkten zusammen – wenn möglich, auf einer Seite.
3. Gleichen Sie die Zusammenfassungen dann mit dem Skript oder mit anderen Materialien ab und verbessern oder ergänzen Sie sie, falls nötig. Falls noch Zeit vorhanden ist, können Sie auf diese Weise maximal fünf weitere Blätter erstellen, mehr sollten es jedoch insgesamt nicht sein.
4. Sortieren Sie die Blätter nach Prioritäten und nummerieren Sie sie entsprechend.
5. Beginnen Sie nun damit, diese Zusammenfassungen zu lernen und zu wiederholen, wann immer dafür Zeit ist, also auch immer wieder zwischendrin.

> **Stimmen von Studierenden**
>
> *Meiner Erfahrung nach ist ein guter und ausreichender Schlaf in Kombination mit etwas Sport und einer positiven Einstellung die beste Möglichkeit, Stress entgegenzuwirken.*
> –
> *Mir hilft es in der Prüfungsphase ungemein, meine Routine zu beachten. Das gibt mir eine feste Struktur und eine gewisse Sicherheit. Am Tag der Prüfung stehe ich zur selben Zeit auf wie immer, mache wie sonst auch morgens Sport und abends Yoga.*
> –
> *Was mir auch sehr hilft, ist Sport. Ich gehe fast jeden Tag joggen, bekomme dabei den Kopf frei und tue gleichzeitig was für meine Gesundheit und Fitness.*
> –

> *Mir fällt oft auf, dass Kommilitonen das Grundziel der Prüfungsvorbereitung aus den Augen verlieren. Sie denken nicht mehr über das nach, was sie gut können, sondern stressen sich mit kleinen Spezialfällen, die für die Prüfung unwichtig sind.*
>
> —
>
> *Ich habe festgestellt, dass der überwiegende Stress früher von mir selbst ausging, weil ich mir zu viele Gedanken um gute Noten und einen perfekten Verlauf gemacht habe. Das war einfach unnötig.*
>
> —
>
> *Im Notfall sollte man sich erst mal sammeln und beruhigen. Ich schaue dann den Stoff durch und picke mir heraus, was prüfungsrelevant ist und wahrscheinlich viele Punkte bringt. Diese Themen lerne ich mit einer bewährten Strategie. Das hat schon mehrfach geklappt.*

15.3 Vor, während und nach der Prüfung

Auch die nachfolgenden Hinweise können dabei helfen, gelassen und konzentriert in die Prüfung zu gehen. Die meisten davon sind eigentlich selbstverständlich, werden in der Hektik aber manchmal vergessen (mod. nach Koch 2015: 90–94 und 106–108; https://www.studienkreis.de/infothek/lerntipps/die-pruefungssituation).

Vor der Prüfung
- Beginnen Sie nicht erst kurz vor der Prüfung mit der Vorbereitung. Es ist nachgewiesen, dass diejenigen Studierenden, die das ganze Semester über Veranstaltungen strukturiert und gewissenhaft vor- und nachbereiten, also kontinuierlich lernen, in den Prüfungen besser abschneiden.
- Erstellen Sie für die Prüfungsvorbereitung möglichst detaillierte Lernpläne.
- Vermeiden Sie überzogene, unrealistische Erwartungen an sich selbst.
- Erinnern Sie sich an Ihre positiven Glaubenssätze (Kap. 5.2).
- Legen Sie am Abend vor der Prüfung alle Materialien bereit.
- Schlafen Sie ausreichend.
- Frühstücken bzw. essen Sie gut, leicht und gesund.
- Nehmen Sie keine Medikamente oder sonstige Mittel, die angeblich gegen Prüfungsangst helfen, auch keine vermeintlich harmlosen Naturprodukte!
- Nehmen Sie ausreichend zu trinken und für längere Prüfungen auch etwas zu essen mit.
- Wenn Sie einen Talisman haben, nehmen Sie ihn mit – notfalls in der Jackentasche oder im Rucksack. Haben Sie keine falsche Scheu, selbst internationale Spitzensportler/innen haben Maskottchen.
- Gehen oder fahren Sie rechtzeitig los und erscheinen Sie pünktlich. Planen Sie dabei ein, dass eine Straßenbahn ausfallen kann oder Sie in einen Stau geraten können.

- Gehen Sie aufgeregten, hektischen Kommiliton/innen aus dem Weg und lassen Sie sich nicht verrückt machen.
- Meiden Sie stressige, turbulente Situationen.

Während der mündlichen oder praktischen Prüfung
- Stellen Sie sich zu Beginn kurz vor.
- Starten Sie hoch konzentriert, hören Sie genau hin und denken Sie kurz nach, bevor Sie antworten.
- Lassen Sie sich Zeit. Eine kurze Pause zwischen Frage und Antwort wird nicht als störend empfunden.
- Verwenden Sie eine dem Studium angemessene Sprache und sprechen Sie klar und deutlich.
- Beachten Sie auch Ihre Körpersprache.
- Suchen Sie Blickkontakt und strahlen Sie Zuversicht aus.
- Wenn Sie etwas nicht verstehen, fragen Sie nach.
- Benutzen Sie keine leeren Worthülsen oder Fachbegriffe, die Sie nicht verstanden haben.
- Zeigen Sie, was Sie können, und halten Sie sich nicht lange mit dem auf, was Sie eventuell nicht können.
- Lauschen Sie Ihrer eigenen Stimme.
- Seien Sie höflich.
- Beobachten und beachten Sie nonverbale Signale des Prüfers/der Prüferin.

Während der schriftlichen Prüfung
- Verschaffen Sie sich zuerst einen Überblick über die gesamten Prüfungsaufgaben und lesen Sie diese sorgfältig durch. In der Aufregung kann man leicht etwas übersehen.
- Legen Sie einen Schmierzettel bereit und notieren Sie Ideen, die bei der Durchsicht oder später zwischendurch auftauchen.
- Nutzen Sie Ihre Zeit klug. Das bedeutet, überlegen Sie kurz, womit Sie beginnen und fortfahren wollen und wie viel Zeit Sie für die verschiedenen Aufgaben ungefähr einplanen sollten.
- Beginnen Sie mit den leichten Aufgaben, denn diese können Sie sehr wahrscheinlich zügig und richtig bearbeiten. Das motiviert und trägt dazu bei, dass man langsam in den nötigen Arbeitsrhythmus kommt. Wenn Sie sich besonders gut vorbereitet, fit und konzentriert fühlen, beginnen Sie mit der Aufgabe, die Ihnen die meisten Punkte bringt (vgl. das Pareto-Prinzip, Kap. 6.3.3).
- Behalten Sie die Zeit im Blick.
- Versuchen Sie bei langen Prüfungen, ab und zu kurze Pausen zu machen und abzuschalten, z. B. indem Sie die Augen schließen, aus dem Fenster schauen, sich strecken o. Ä.
- Kontrollieren Sie am Ende noch mal alles.

Nach der Prüfung
- Am besten vergessen Sie die Prüfung erst mal.
- Gehen Sie Kommiliton/innen, die nun anfangen, ihre Ergebnisse zu vergleichen, vorerst aus dem Weg.

- Gehen Sie stattdessen nach Hause oder an einen anderen schönen Ort, an dem Sie entspannen können.
- Belohnen Sie sich mit etwas, treffen Sie Freund/innen, machen Sie Sport o. a.
- Erst einige Stunden später können Sie sich Gedanken darüber machen, wie es gelaufen ist.
- Wenn möglich, nutzen Sie später die Möglichkeit, die korrigierte Klausur einzusehen. Falls Sie grundsätzliche Fehler bei der Vorbereitung gemacht haben, kann es sein, dass sie durch die Einsichtnahme in die Korrektur entdeckt werden. Außerdem lernen Sie etwas über die Art und Weise, wie korrigiert wird. Je mehr Sie darüber wissen, desto besser können Sie sich auf künftige Prüfungen vorbereiten.

15.4 Motiviert und konzentriert bleiben

In Kapitel 5 haben Sie sich bereits ausführlich mit dem Thema *Motivation* befasst und haben analysiert, was Sie selbst im Studium motiviert. Außerdem wissen Sie, welche Faktoren den Lernprozess begünstigen (Kap. 3.2). Machen Sie sich all diese Aspekte in Prüfungsphasen noch einmal explizit bewusst. Suchen und gestalten Sie ein ruhiges, angenehmes Lernumfeld. Berücksichtigen Sie bei der Erstellung des Lernplans, wann Sie besonders aufnahmefähig sind, und vergessen Sie die Pausen nicht. Bauen Sie unbedingt auch Erfolgskontrollen und kleine Belohnungen ein. Wählen Sie besonders effektive Lerntechniken aus. Last but not least: Suchen Sie Gleichgesinnte und Unterstützer/innen, lernen Sie zwischendrin gemeinsam, schalten Sie aber auch gemeinsam ab und erholen Sie sich.

Lassen Motivation und Konzentration trotzdem zwischendrin mal nach, können kleine, manchmal spielerische Konzentrationsübungen Wunder bewirken.

- Einen Punkt an der Decke oder in der Ferne fixieren und ihn möglichst lange anschauen, ohne den Blick abzuwenden
- Rückwärts schreiben, am besten mit der Hand
- Aus dem Gedächtnis rückwärts buchstabieren, auch Fachbegriffe – Wie wäre es z. B. mit Desoxyribonukleinsäure?
- Ein bis zwei Minuten lang dem Sekundenzeiger einer Uhr folgen, dem Ticken einer Uhr oder dem Tropfen des Regens lauschen
- Die Augen schließen, ein bis zwei Minuten lang die Geräusche um sich herum bewusst wahrnehmen oder aus einem Musikstück Instrumente identifizieren
- *Kofferpacken* spielen, evtl. mit fachbezogenen Dingen (*Ich packe meinen Koffer und lege X hinein. – Ich packe meinen Koffer und lege X und Y hinein usw.*)
- Assoziationsketten zu einem witzigen oder fachbezogenen Thema bilden, indem man mit einem Wort anfängt und dann immer ein weiteres anhängt, das mit dem letzten Buchstaben des vorangegangenen beginnt (Urlau*b* → Bade*n* → Nordse*e* → Eilan*d* …)
- Zungenbrecher aufsagen oder selbst welche erfinden

- In zusammengesetzten Wörtern die jeweiligen Anfangsbuchstaben oder Anfangslaute vertauschen (Pflaumenbaum – Blaumenpfaum; Bücherwurm – Wücherburm; Straßenlaterne – Lraßenstalerne …)
- Ein Erlebnis, den Tagesablauf o. a. rückwärts erzählen
- Bestimmte Wörter oder Buchstaben in einem Text zählen
- Ein Bild oder eine Szene (z. B. vor dem Fenster) eine halbe Minute lang anschauen/beobachten, dann wegschauen und das Bild/die Szene sehr detailliert beschreiben
- Suchspiele wie in Abbildung 33

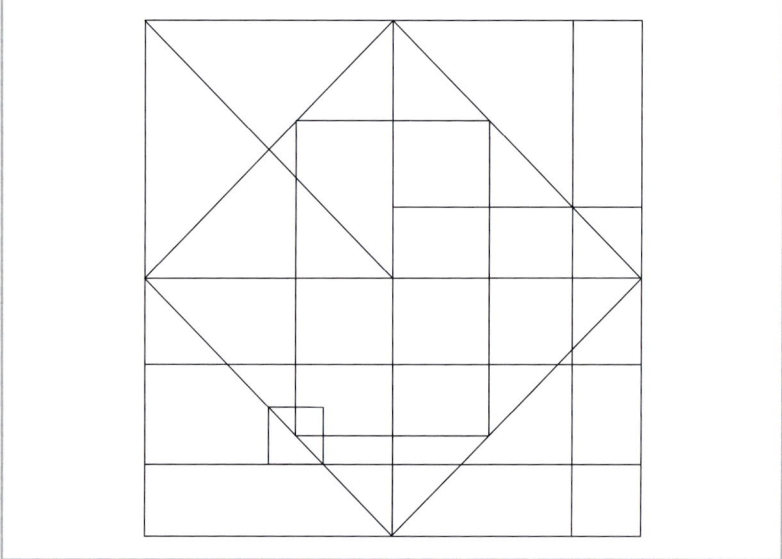

Abb. 33 Suchbild: Wie viele Quadrate, Dreiecke und Rechtecke finden Sie?

TIPP Suchbilder und andere spielerische Übungen dieser Art gibt es in großer Zahl im Internet. Legen Sie sich nach und nach eine kleine Sammlung zu oder suchen Sie entsprechende Seiten und setzen Sie Lesezeichen. Die Übungen sollten unbedingt sofort verfügbar sein, wenn Sie sie brauchen.

> **Stimmen von Studierenden**
>
> *Früher habe ich mich vor Prüfungen selbst gestresst und alles vor mir hergeschoben. Seit ich Pläne und To-do-Listen erstelle, behalte ich den Überblick und habe alles unter Kontrolle. Das entspannt ungemein.*

Zwischendrin habe ich Konzentrationsspiele gemacht. Da kann man gar nichts anderes tun, als sich eben zu konzentrieren.

—

Am Tag der Klausur schaue ich mir nie den Stoff an, weil ich mich sonst nur verrückt machen würde.

—

Vor der Prüfung versuche ich, mir immer Mut zuzusprechen im Sinne von positiven Affirmationen, und ich mache morgens gerne eine Meditation, um im richtigen Mindset zu sein.

—

Am Tag der Klausur versuche ich, mir etwas Gutes zu tun, z. B. mein Lieblingsfrühstück essen, mein liebstes Getränk in die Klausur mitnehmen etc. Für den Zeitraum danach verabrede ich mich oft mit Freunden. So bekomme ich Abstand und habe noch etwas, worauf ich mich an dem Tag freuen kann.

—

In der Klausur nehme ich mir erstmal die Zeit, die Aufgaben zu überfliegen. Dann beginne ich mit der Aufgabe, bei der ich mich sehr sicher fühle und leicht Punkte sammeln kann.

—

Bei Aufgaben, bei denen ich nicht sofort eine Idee habe, nehme ich mir einen kurzen Moment und trinke was. Dadurch entspanne ich mich ein wenig und kann wieder klarer denken.

—

Wenn ich merke, dass ich nervös werde, atme ich mehrmals tief ein und aus. Dadurch werde ich wieder deutlich ruhiger und kann mich besser auf die Aufgaben konzentrieren.

Arbeitsanregung: Transfer und Reflexion
Gehören Sie zu denjenigen, die alles im Griff haben, sich nicht aus der Ruhe bringen lassen und entspannt in die Prüfung gehen? Super! Machen Sie weiter so. Vielleicht haben Sie in den vorangegangenen Abschnitten trotzdem etwas gefunden, das Sie mal ausprobieren möchten. Nur zu, Abwechslung ist immer gut.
Sind Sie eher jemand, der/die schnell unruhig und nervös wird, sich stresst oder gar in Panik gerät? Suchen Sie sich aus den obigen Abschnitten diejenigen Strategien heraus, die ihnen spontan zusagen, und versuchen Sie, diese in den nächsten Wochen konsequent umzusetzen. Nehmen Sie sich dabei aber nicht zu viel vor, das erzeugt nur neuen Druck. Konzentrieren Sie sich lieber auf einige wenige Aspekte, schreiben Sie kleine Denkzettel und hängen Sie diese gut sichtbar auf. Sie werden sehen, wie Sie langsam, aber sicher ruhiger und konzentrierter werden. Führen Sie nebenher eine Art Minitagebuch, notieren Sie Ihre Erfolge und finden Sie heraus, was Ihnen am besten hilft.

16 Das war's. – War's das?

> **Arbeitsanregung: Was ich mir vorgenommen hatte**
> Erinnern Sie sich? In Kapitel 1 haben Sie sich Gedanken darüber gemacht, warum Sie überhaupt mit diesem Buch arbeiten wollten, womit Sie bereits zufrieden waren und was Sie gern verändern oder verbessern würden. Sie haben Ziele abgesteckt und formuliert, was Sie tun werden, damit Sie Ihre Ziele erreichen. Rekapitulieren Sie kurz, was Sie sich vorgenommen hatten, bevor Sie weiterlesen.

Sie haben im Laufe der Arbeit mit diesem Buch viel über Ihr Lernverhalten nachgedacht, regelmäßig reflektiert, Neues ausprobiert, Schlussfolgerungen für Ihr Studium gezogen, vielleicht mit anderen Personen darüber gesprochen. Ihr Lernerfolg wird nachhaltiger verankert, wenn Sie abschließend noch einmal auf den gesamten Prozess zurückschauen und auch einen Blick in die Zukunft werfen.

Die nachstehenden Leitfragen dienen als roter Faden für Ihre Abschlussreflexion. Sie müssen diese nicht alle einzeln und separat beantworten. Nehmen Sie sie als Inspiration, lassen Sie mit deren Hilfe Ihren Lernprozess Revue passieren und halten Sie Ihre Erkenntnisse in Ihrem Portfolio fest. Viel Vergnügen!

Allgemeiner Rückblick
Das Buch ist ausgelesen und durchgearbeitet, und ich habe mich mit vielen unterschiedlichen Aspekten von Lernen, Studieren und Lernstrategien beschäftigt. Wenn ich heute auf die gesamte Zeit und meine Arbeit zurückschaue, fällt mir Folgendes auf: …

Leitfragen
> Wie ist der ganze Prozess für mich verlaufen? Was habe ich konkret gemacht? Wie schätze ich rückblickend meinen eigenen Beitrag – auch in Bezug auf die anfangs formulierten Vorsätze – ein? Was ist mir gut gelungen und woran erkenne ich das? Was hat mich beim Lernen weitergebracht?

Erkenntnisse
Meine wichtigsten Erkenntnisse sind: …

Leitfragen

Was konnte ich vertiefen? Was war neu für mich? Was hat mich (besonders) überrascht? Was hat sich in Bezug auf die anfangs formulierten Vorkenntnisse und Erfahrungen verändert? Welche neue Frage/neuen Fragen hat/haben sich für mich gestellt?

Highlights

Diese Aktivitäten und Inputs haben mich nachhaltig beschäftigt, weil …

Leitfragen

Welche Informationen, Aufgaben o. a. haben zu einer besonderen Erkenntnis oder zu einem Aha-Erlebnis geführt? Was hat eine wichtige neue Frage aufgeworfen? Ein bestimmter Abschnitt, eine Strategie oder eine Aktivität aus diesem Buch? Habe ich mich vielleicht mit jemandem über meine Erfahrungen unterhalten und dabei Erkenntnisse vertieft? Habe ich unabhängig von diesem Buch etwas gelesen, gesehen oder erlebt, das mir zusätzliche wichtige Informationen gegeben hat?

Ausblick

Für mein weiteres Handeln in Bezug auf mein Lern- und Arbeitsverhalten im Studium nehme ich mir Folgendes vor: …

Leitfragen

Worauf will ich künftig (mehr) achten, woran will ich denken? Wo sehe ich Entwicklungspotenzial? Was werde ich tun, um eine Antwort auf meine neuen, oben formulierten Fragen zu finden?

Arbeitsanregung: Meine aktualisierte Kompetenz-Chart

Nehmen Sie noch einmal Ihre Kompetenz-Chart, die Sie in Kapitel 1 erstellt hatten, hervor und betrachten Sie sie genau. Was hat sich verändert? Welche neuen Errungenschaften können Sie nun ergänzen? Tun Sie es und genießen Sie Ihren Erfolg.

Quellenverzeichnis

Literatur

Atkinson, Richard C./Shiffrin, Richard M. (1968): Human memory: aproposal system and its control process. In: Spence, Kenneth W./Spence, Janet Taylor (Hrsg.): The psychology of learning and motivation. Bd. 2, S. 89–195.

Baddeley, Alan D. (1999): Essentials of human memory. Hove/UK: Psychology Press.

Baddeley, Alan D. (2000): The episodic buffer: a new component of working memory? In: Trends in Cognitive Sciences, Bd. 4, Nr. 11, S. 417–423. Amsterdam: Elsevier.

Baddeley, Alan D./Hitch, Graham J. (1974): Working memory. In: The Psychology of Learning and Motivation. Advances in Research and Theory. Bd. 8, S. 47–89. New York: Academic Press.

Baumgartner, Peter/Payr, Sabine (1997): Erfinden lernen. In: Müller, H. und Stadler F.: Konstruktivismus und Kognitionswissenschaft. Kulturelle Wurzeln und Ergebnisse. Zu Ehren Heinz von Foersters. K. Wien-New York: Springer. S. 89–106.

Bayerl, Claudia (2005): 30 Minuten für Kreativitätstechniken. Offenbach: GABAL Verlag GmbH.

Beem, André (2018): Klausur. Handreichung der Prüfungswerkstatt. Mainz: Zentrum für Qualitätssicherung und -entwicklung der Universität Mainz.

Bertram, Wulf (2020): Wo bitte geht es hier zum Hippocampus? Ein kurzer Wegweiser durch die Hirnlandschaft. In: Spitzer, Manfred/Bertram, Wulf (2020): Hirngespinste. Die besten Geschichten über unser wichtigstes Organ. Stuttgart: J. G. Cotta'sche Buchhandlung. S. 12–32.

Bimmel, Peter/Rampillon, Ute (2000): Lernerautonomie und Lernstrategien. Fernstudieneinheit 23. München: Langenscheidt.

Boeglin, Martha (2007): Wissenschaftlich arbeiten Schritt für Schritt. Gelassen und effektiv studieren. München: Wilhelm Fink Verlag.

Böss-Ostendorf, Andreas/Senft, Holger (2014): Alles wird gut – Ein Lern- und Prüfungscoach. Opladen und Toronto: Verlag Barbara Budrich.

Boldt, Joachim/Karagiannakis, Evangelia (2009): Probieren geht über Studieren. Ein Erfahrungsbericht zum Einsatz des Studientagebuchs. In: Neues Handbuch Hochschullehre. H 4.4., S. 1–22.

Bower, Gordon/Clark, Michal C./Lesgold, Alan M./Winzenz, David (1969): Hierarchical Retrieval Schemes in Recall of Categorized Word Lists. In: Journal of Verbal Learning and Verbal Behavior, Bd. 8, S. 323–343.

Brenner, Gerd (2011): Methoden für Deutsch und Fremdsprachen. Berlin: Cornelsen Verlag Skriptor GmbH & Co. KG

Broszinsky-Schwabe, Edith (2011): Interkulturelle Kommunikation. Missverständnisse – Verständigung. Wiesbaden: VS Verlag für Sozialwissenschaften.

Brüning, Ludger/Saum, Tobias (2007): Erfolgreich unterrichten durch Visualisieren. Erfolgreich unterrichten durch kooperatives Lernen. Essen: Neue Deutsche Schule Verlagsgesellschaft mbH.

Burkhardt, Christin/Meyer-Heydecke, Neele/Stahlberg, Nadine (2017): Vom Lesen zum Verstehen: Der Umgang mit wissenschaftlicher Fachliteratur. Arbeitsmaterialien Band 7. Hamburg: Technische Universität Hamburg.

Buzan, Tony/Buzan, Barry (1993): The Mind Map Book. How to Use Radiant Thinking to Maximize Your Brain's Untapped Potential. New York, USA: Penguin Books USA Inc.

Cirillo, Francesco (2006): The Pomodoro Technique (The Pomodoro). San Francisco: University of California.

Craik, Fergus I./Lockhart, Robet S. (1972): Levels of processing: A framework for memory research. In: Journal of Verbal Learning & Verbal Behavior. Bd. 11, Nr. 6, 1972, S. 671–684.

Davis, Zach (2020): Zeitintelligenz®. Vom Zeitmanagement zur Zeitintelligenz. Berlin: Peoplebuilding-Verlag.

Deci, Edward L./Ryan, Richard M. (1985): Intrinsic motivation and self-determination in human behavior. New York: Plenum.

Degenhardt, Marion/Karagiannakis, Evangelia (2008): Lerntagebuch, Arbeitsjournal und Portfolio: Drei Säulen eines Lernprozess-Begleiters. In: Neues Handbuch Hochschullehre, 2 34 08 08, Kapitel C 2.13., S. 1–42.

Dresel, Markus/Lämmle, Lena (2011): Motivation. In: Goetz, Thomas (Hrsg.): Emotion, Motivation und Selbstreguliertes Lernen in der Schule. Paderborn: Ferdinand Schöningh, S. 79–142.

Dunbar, N. E./Brooks, C. F./Kubicka-Miller, T. (2006): Oral Communication Skills in Higher Education. Using a Performance-Based Evaluation Rubric to Assess Communication Skills. Innovative Higher Education 32 (2), 115–128.

Eanet, Marilyn G./Manzo, Anthony V. (1976): REAP – A Strategy for Improving Reading/Writing/Study Skills. In: The Journal of Reading, 19 (8), S. 647–652.

Endres, Wolfgang u. a. (2008): So macht Lernen Spaß. Praktische Lerntipps für Schüler und Schülerinnen, Weinheim und Basel: Beltz Verlag. (empfohlen für ältere Jugendliche)

Engelmeyer, Eva/Meier, Rolf (2004): Zeitmanagement. Offenbach: GABAL Verlag GmbH.

Fritz, Gerd (o. J.): Texte schreiben im Studium. Modul 1: Einen wissenschaftlichen Text lesen und zusammenfassen. Justus Liebig Universität Gießen, Institut für Germanistik. http://www.festschrift-gerd-fritz.de/files/tsis/modul1/index2.html

Gardner, Howard (1983): Frames of Mind. The theory of multiple intelligences. New York NY: Basic Books.

Gardner, Howard (1993): Creating minds. An anatomy of creativity seen through the lives of Freud, Einstein, Picasso, Stravinsky, Eliot, Graham, and Gandhi. New York NY: Basic Books.

Gardner, Howard (1997): Extraordinary Minds: Portraits of Exceptional Individuals and an Examination of Our Extraordinariness (Master Minds). London: Weidenfeld & Nicolson.

Gardner, Howard (1999): Intelligence Reframed. Multiple Intelligences for the 21st Century. New York NY: Basic Books.

Geuenich, Bettina/Hammelmann, Iris/Havas, Harald/Mündemann, Belen-Mercedes/Novac, Katja/Solms, Andrea (2015): Das große Buch der Lerntechniken. Effektives Lernen leicht gemacht. München: Compact Verlag GmbH.

Göhlich, Michael/Wulf, Christoph/Zirfas, Jörg (Hrsg.) (2007): Pädagogische Theorien des Lernens. Weinheim u. a.: Beltz.

Graichen, Winfried U./Seiwert, Lothar J. (1991): Das ABC der Arbeitsfreude. Techniken, Tips (sic!) und Tricks für Vielbeschäftigte. Speyer: GABAL Verlag GmbH.

Gräsel, Cornelia/Bruhn, Johannes/Mandl, Heinz/Fischer, Frank (1997): Lernen mit Computernetzen aus konstruktivistischer Perspektive. In: Unterrichtswissenschaft 25 (1997) 1, S. 4–18.

Grein, Marion (2013): Neurodidaktik. Grundlagen für Sprachlehrende. Ismaning: Hueber Verlag GmbH & Co.

Grinder, Michael (1994): NLP für Lehrer. Ein praxisorientiertes Arbeitsbuch. Freiburg: VAK Verlag für angewandte Kinesiologie GmbH.

Hall, Edward T. (1983): Dance of Life. The Other Dimension of Time. New York: Anchor Books.

Harsdörffer, Georg Philipp (1647): Poetischer Trichter. Die Teutsche Dicht- und Reimkunst / ohne Behuf der Lateinischen Sprache / in Vl. Stunden einzugiessen. Samt einem Anhang Von der Rechtschreibung / und Schriftscheidung / oder Distinction. Nürnberg: Endter.

Heckhausen, Heinz/Gollwitzer, Peter M. (1987): Thought Contents and Cognitive Functioning in Motivational versus Volitional States of Mind. In: Motivation and Emotion 11/1987. New York City: Springer US. S. 101–120.

Heins, Pia (2014): Tipps zum Lesen und Schreiben wissenschaftlicher Texte. Einführung in das wissenschaftliche Arbeiten, Kap. 2. Münster: Westfälische Wilhelms-Universität Münster.

Heister, Werner (2013): Studieren mit Erfolg. Effizientes Lernen und Selbstmanagement in Bachelor-, Mater- und Diplomstudiengängen. Stuttgart: Schäffer-Poeschel Verlag.

Herculano-Houzel, Suzana (2012): The remarkable, yet not extraordinary, human brain as a scaled-up primate brain and its associated cost. In: PNAS, Proceedings of the National Academy of Sciences of the United States of America. Bd. 109, Supplement 1, S. 10661–10668.

Hofstede, Geert/Hofstede, Gert Jan (2011): Lokales Handeln, globales Denken. Interkulturelle Zusammenarbeit und globales Management. München: Deutscher Taschenbuchverlag GmbH & Co. KG.

Honey, Peter/Mumford, Alan (1992): The Manual of Learning Styles. Maidenhead/Berkshire: Ardingly House.

Hull, Clark L. (1932): The Goal Gradient Hypothesis and Maze Learning. In: Psychological Review, 39. S. 25–43.

Karagiannakis, Evangelia/Lewark, Ulrike (2006): Lernprozesse reflektieren, Selbsteinschätzung und Lernerfolg. In: Themenzentrierte Interaktion, 1/2006. S. 71–82.

Karagiannakis, Evangelia/Taxis, Susan-Silja (2017): Motivation im Deutschunterricht. In: Fremdsprache Deutsch. Heft 57/2017. S. 3–10.

Karsch, Debora/Roth, Susanne (2019): Prioritäten setzen. Die bewährtesten Tipps für ein gelungenes Zeitmanagement. In: erfolgreich. Themenheft. Bonn: Orgenda Verlag.

Kittl, Denis/Winheller, Andreas (2007): Zeit-Seeing. Entdecken Sie in fünf Akten einen neuen Umgang mit Ihrer Zeit. Mainz: GEW Rheinland-Pfalz.

Klenke, Kira (2014): Studieren kann man lernen. Mit weniger Mühe zu mehr Erfolg. Wiesbaden: Springer Gabler.

Koch, Günther (2015): Studieren mit Köpfchen. clever lernen – entspannt planen – leichter punkten. Paderborn: Verlag Ferdinand Schöningh GmbH & Co. KG.

Kolb, Alice Y./Kolb, David A. (2013): The Kolb Learning Style Inventory – Version 4.0. A Comprehensive Guide to the Theory, Psychometrics, Research on Validity and Educational Applications. Kaunakakai/HI: Experience Based Learning Systems, Inc.

Kolb, David A./Wolfe, Donald M. (1981): Lifelong Learning and Adult Development Project. Final Report. Cleveland/Ohio: Case Western Reserve University. Weatherhead School of Management. Department of Organizational Behavior.

Lammerding-Köppel, Maria/Griewatz, Jan (2019): Erfolgreich präsentieren im Studium. Stuttgart: Verlag Eugen Ulmer.
Lampe, André (2017): Wie liest man einen wissenschaftlichen Artikel? In: Schnetzer, Julia/Ramcke, Inga Marie/Lampe, Andé: PLÖTZLICH WISSEN! Hamburg. Eine Initiative des Bundesministeriums für Bildung und Forschung. http://www.ploetzlichwissen.de/wie-liest-man-einen-wissenschaftliche-artikel
Lehner, Martin (2013): Viel Stoff – wenig Zeit. Wege aus der Vollständigkeitsfalle. Bern, Stuttgart, Wien: Haupt Verlag.
Lehner, Martin (2015): Viel Stoff – schnell gelernt. Prüfungen optimal vorbereiten. Bern: Haupt Verlag.
Leiß, Dominik (2003): Arbeitstechniken im Mathematikunterricht. Begriffsklärung, Beispiele und empirische Erhebungen. Kassel: University Press.
Lewandowski, Theodor (1990a): Linguistisches Wörterbuch. Bd. 1. Heidelberg/Wiesbaden: Quelle & Meyer.
Lewandowski, Theodor (1990b): Linguistisches Wörterbuch. Bd. 2. Heidelberg/Wiesbaden: Quelle & Meyer.
Marcell, Barcley (2007): Traffic Light Reading. Fostering the Independent Usage of Comprehension Strategies with Informational Text. In: The Reading Teacher, 60/8, 778–781.
Meir, Susanne (o. J.): elearning-plus. 2. Didaktischer Hintergrund Lerntheorien. 1–19. https://lehrerfortbildung-bw.de/st_digital/elearning/moodle/praxis/einfuehrung/material/2_meir_9-19.pdf
Miller, George Armitage (1956): The magical number seven, plus or minus two: some limits on our capacity for processing information. In: Psychological Review. Vol. 63 (2): 81–97.
Mueller, Pam A./Oppenheimer, Daniel M. (2014): The Pen Is Mightier Than the Keyboard. Advantages of Longhand Over Laptop Note Taking. In: Psychological Science, 2014, Vol. 25 (6) 1159–1168.
Mühlbauer, Andreas (2020): Zeitmanagement. 15 Methoden im Überblick. Online-Beitrag. https://www.digitalesmojo.de/zeitmanagement-methoden.
Neisser Ulric (1967): Cognitive Psychology. Upper Saddle River/NJ: Prentice Hall. 1974 auch: Kognitive Psychologie. Stuttgart: Klett.
Nöteberg, Staffan (2011): Die Pomodoro-Technik in der Praxis. Der einfache Weg, mehr in kürzerer Zeit zu erledigen. Heidelberg: dpunkt.verlag GmbH.
O'Connor, Joseph/Seymour, John (1995): Neurolinguistisches Programmieren. Gelungene Kommunikation und persönliche Entfaltung. Freiburg im Breisgau: VAK, Verlag für Angewandte Kinesiologie.
Öchsner, Wolfgang/Estner, Cornelia/Kühl, Susanne (2016): Prüfungen erfolgreich bestehen in den Life Sciences – ein Leitfaden für Studierende. Stuttgart: Verlag Eugen Ulmer.
Pluntke, Steffen (2013): Lehrrettungsassistent und Dozent im Rettungsdienst. Für die Aus- und Weiterbildung. Berlin/Heidelberg: Springer-Verlag.
Pressley, Michael (2000): What should comprehension instruction be the instruction of? In: Barr, Rebecca/Michael L. Kamil/Mosenthal, Peter B./P. David Pearson (Hrsg): Handbook of reading research, Vol. 3, 545–561. Lawrence Erlbaum Associates Publishers.
Puchta, Herbert/Krenn, Wilfried/Rinvolucri, Mario (2009): Multiple Intelligenzen im DaF-Unterricht. Aktivitäten für die Sekundarstufe und den Erwachsenenunterricht. Deutsch als Fremdsprache. Ismaning: Hueber Verlag.
Rambow, Riklef/Nückles, Matthias (2002): Der Einsatz des Lerntagebuchs in der Hochschullehre. In: Das Hochschulwesen, 3/2002. S. 113–120. Zitiert nach der Fassung von http.//www.tu-cottbus.de/theoriederarchitektur/Lehrstuhl/deu/rambow/rambow5.htm

Reich, Kersten (2002): Grundfehler des Konstruktivismus – Eine Einführung in das konstruktivistische Denken unter Aufnahme von 10 häufig gehörten kritischen Einwänden. In: Fragner, Josef/Greiner, Ulrike/Vorauer, Markus (Hrsg.) (2002): Menschenbilder. Zur Auslöschung der anthropologischen Differenz. Linz: Schriften der Pädagogischen Akademie des Bundes in Oberösterreich, 15/2002. S. 91–122.

Reysen-Kostudis, Brigitte (2010): Leichter Lernen. Für ein erfolgreiches Lernmanagement in Studium und Beruf. München: mvg Verlag.

Riemer, Claudia (2016): L2-Motivationsforschung für Deutsch als Fremdsprache. Länderspezifische und länderübergreifende Einsichten. In: Fremdsprachen Lehren und Lernen 2016, 45/2. S. 30–45.

Robinson, Francis P. (1946): Effective Study. New York and London: Harper & Brothers Publishers.

Rost, Friedrich (2008): Lern- und Arbeitstechniken für das Studium. Wiesbaden: VS Verlag für sozialwissenschaften/GWW Fachverlage GmbH.

Roth, Juliana/Köck, Christoph (Hrsg.) (2011): Interkulturelle Kompetenz. Stuttgart: EduMedia GmbH.

Rubner, Jeanne (1999): Vom Wissen und Fühlen. Einführung in die Erforschung des Gehirns. dtv, München.

Ryan, Richard M./Deci, Edward L. (2000): Self-Determination Theory and the Facilitation of Intrinsic Motivation, Social Development, and Well-Being. In: American Psychologist. Bd. 55, Nr. 1, S. 68–78.

Schaefer, Stefan (2017): Unterrichtsmethoden. Schwerpunkt kaufmännische Fächer. Haan-Gruiten: Verlag Europa-Lehrmittel Nourney, Vollmer GmbH & Co KG.

Schiefele, Ulrich/Köller, Olaf (2006): Intrinsische und extrinsische Motivation. In: Rost, Detlef H. (Hrsg.): Handwörterbuch Pädagogische Psychologie. Weinheim und Basel: Beltz, S. 303–310.

Schiefele, Ulrich/Streblow, Lilian (2006): Motivation aktivieren. In: Mandl, Heinz/Friedrich, Helmut, F. (Hrsg.): Handbuch Lernstrategie. Göttingen: Hogrefe. S. 232–247.

Steiner, Verena (2013): Exploratives Lernen – Der persönliche Weg zum Erfolg. Eine Anleitung für Studium, Beruf und Weiterbildung. Zürich: vdf Hochschulverlag AG an der ETH Zürich.

Schräder-Naef, Regula (2000): Rationeller lernen lernen. Ratschläge und Übungen für alle Wissbegierigen. Weinheim und Basel: Beltz Verlag.

Schreiter, Ina (1996a): Lesen und Verstehen. In: Henrici, Gert/Riemer, Claudia (Hrsg): Einführung in die Didaktik des Deutschunterrichts, Bd. 1. Baltmannsweiler: Schneider Verlag Hohengehren, S. 83–102.

Schreiter, Ina (1996b): Hören und Verstehen. In: Henrici, Gert/Riemer, Claudia (Hrsg): Einführung in die Didaktik des Deutschunterrichts, Bd. 1. Baltmannsweiler: Schneider Verlag Hohengehren. S. 31–52.

Spitzer, Manfred (2002): Lernen. Gehirnforschung und die Schule des Lebens. Heidelberg, Berlin: Spektrum Akademischer Verlag.

Stickel-Wolf, Christine/Wolf, Joachim (2006): Wissenschaftliches Arbeiten und Lerntechniken. Erfolgreich studieren – gewusst wie! Wiesbaden: Betriebswirtschaftlicher Verlag Dr. Th. Gabler/GWW Fachverlage GmbH.

Stolzenberger, Günter (Hrsg.) (2012): Mark Twain für Boshafte. Berlin: eBook Insel Verlag.

Strebel, Hanniel (2009): Konstruktivismus – Darstellung und Kritik. In: Schirrmacher, Thomas (Hrsg.): Philosophische Anstöße. Berlin u. a.: Martin Bucer Seminar. MBS Texte 135, 6. Jahrgang 2009.

Thomas, Ellen Lamar/Robinson, H. Alan (1972): Improving reading in every class: A sourcebook for teachers. Boston: Allyn & Bacon.

Vester, Frederic (1978): Denken, Lernen, Vergessen. Was geht in unserem Kopf vor, wie lernt das Gehirn, und wann läßt es uns im Stich? München: Deutscher Taschenbuch Verlag GmbH & Co. KG.

Wahl, Diethelm (2020): Wirkungsvoll unterrichten in Schule, Hochschule und Erwachsenenbildung. Von der Organisation der Vorkenntnisse bis zur Anbahnung professionellen Handelns. Bad Heilbrunn: Klinkhardt.

Westhoff, Gerard (1997): Fertigkeit Lesen. Fernstudieneinheit 17. München: Langenscheidt.

Willert, Mandy (2018): Mündliche Prüfung. Handreichung der Prüfungswerkstatt. Mainz: Zentrum für Qualitätssicherung und -entwicklung der Uni Mainz.

Winkel, Sandra/Petermann, Franz/Petermann, Ulrike (2006): Lernpsychologie. Paderborn: Verlag Ferdinand Schöningh GmbH & Co. KG.

Zartmann, Eberhard Johannes (2014): Portfolioarbeit – kohärente Lernprozesse im Kontext forschenden Lernens. In: journal hochschuldidaktik 1–2/2014. S. 17–23.

Internetquellen

Alle Internetquellen zuletzt besucht am 25.01.2022.

http://lsc.cornell.edu/study-skills/cornell-note-taking-system
http://www.a-ch-d.eu
https://karrierebibel.de/de-bono-heute
https://lehrerfortbildung-bw.de/faecher/chemie/gym/fb2/modul7/2_erkennen/2_map
https://www.batterieforum-deutschland.de/infoportal/lexikon/analogiemodell-zur-erklaerung-des-einfachen-stromkreises
https://www.duden.de
https://www.dwds.de
https://www.facinghistory.org
https://www.lehren.tum.de/themen/pruefungen/praktische-pruefungen
https://www.soft-skills.com/rosenthal-effekt-pygmalion-effekt
https://www.soft-skills.com/sozialkompetenz/menschenkenntnis/halo/effekt.php
https://www.studienkreis.de/infothek/lerntipps/die-pruefungssituation
https://www.studienstrategie.de/zeitmanagement/pareto-prinzip
https://www.studierendenberatung.at/studienbewaeltigung/pruefungen-erfolgreich-bestehen/mentale-vorbereitung
https://www.teamgantt.com/what-is-a-gantt-chart
https://www.uni-ulm.de
https://www.uni-wuerzburg.de/lehre/lehren/pruefen/pruefungsformen-und-arten
https://youtu.be/u5Y4pIsXTV0

Quellennachweis

Abbildungen Die in diesem Buch enthaltenen Abbildungen sind auf der Basis der zitierten Quellen entstanden oder es handelt es sich um eigene Darstellungen der Autorin.

Tabellen Die Quellen für die in diesem Buch enthaltenen Tabellen sind in Klammern genannt und im Literaturverzeichnis ausgeführt. Die Tabellen ohne explizite Quellenangabe basieren auf eigenen Zusammenstellungen der Autorin.

Register

Ähnlichkeitshemmung 40
Arbeitstechnik 11
Aufgaben einteilen 41
Aufmerksamkeit 35
– geteilte 36
– selektive 36
Autonomie 60
Baumdiagramm 148
Bedürfnisse 60
– Autonomie 60
– Kompetenzerleben 60
– soziale Eingebundenheit 60
Behaviorismus 30
Bestandsaufnahme 13
Bewertung 60
Black Box 31, 32
Chunks 48, 156, 177
Concept Map 147
Cornell Notes 136
Diagramme 148
– Baumdiagramm 148
– Flussdiagramm 148
– Ursache-Wirkung-Diagramm 148
Drei-Komponenten-Modell des Kurzzeitgedächtnisses 49
Dreispeichermodell des Gedächtnisses 48
Elevator-Pitch 140
Entscheidungen treffen 96
Entscheidungsfindung 110
Erfolgskontrolle 96
Erfolgs-Loop 188
Exzerpt 118
Feedback 60
Fernziel 106, 112
Flussdiagramm 148
Forschungsartikel 123
Gantt-Diagramm 178
Gedächtnis 46, 48
– Arbeits- 49
– Drei-Komponenten-Modell 49
– Dreispeichermodell 48

– Kurzzeit- 48
– Langzeit- 48
– sensorisches 48
– Ultrakurzzeit- 48
– Verarbeitungstiefe 50
Gehirn 43
Glaubenssätze 57, 63, 64, 186
– negative 65
– positive 65
Grafiz 140
GTS-Raster 140
Halo-Effekt 63
Handlungsschritte 106
Hören 129
– Komponenten 129
Hörstile 130
– extensiv 130
– global/kursorisch 130
– intensiv/detailliert/total 130
– selektiv/selegierend 130
Informationsaufnahme 45
Informationsverarbeitung 46
Interferenzen 47
Journal 123
Karteikartenlernen 177, 178
Kerninformationen 120
Kognitivismus 32
Kommunikation 129
– authentische/nicht-authentische 129
– direkte/indirekte 129
– spontane/nicht-spontane 129
Kompetenz-Chart 14, 195
Kompetenzerleben 60
Konditionieren 30
Konsolidierung 46, 155
Konstruktivismus 33
Konzentration 35, 191
KWL-Methode 134
Labortagebuch 15
Langzeitgedächtnis 156
Lautes Denken 27

Leistungskurve 38, 94
Leistungspensum 39
Lernen 46
– massiertes 46
– verteiltes 46
Lernen durch Verstärkung 30
Lerninhalte
– speichern 155
– strukturieren 145
– vernetzen 145
– wiederholen 155
Lernphasen 40, 94, 155
Lernplateau 47
Lernprozess 13
Lernstile 51, 53
Lernstrategien 11, 15
Lerntheorien 29
– Anamnésis 29
– Behaviorismus 30
– Kognitivismus 32
– Konditionieren 30, 31
– Konstruktivismus 33
– Nürnberger Trichter 30, 31
– tabula rasa 29, 31
Lerntypen 51
Lesearten 19
– lautes Lesen 19
– leises/stilles Lesen 21
Lesekompetenz 18
Lesen 18
Leseprozess 19, 114
Leseresultat 19
Lesestile 21
– detailliert 20
– global/kursorisch 20
– orientierend/sortierend 20
– selektiv/selegierend 20
– vergleichend 125
– vertiefend 125
Lesestrategien 17, 22, 114
– Exzerpt 118
– Lautes Denken 27
– Marginalien 25
– PQ4R 24
– Randmarkierungen 25
– REAP 116
– Scanning 22
– Skimming 22
– SQ3R 22
– Textindex 117
– Textnetz 25
– Traffic Light Reading 115
Lesevorgang 18

Leseziel 20, 125
Mapping-Techniken 145
– Concept Map 147
– Mindmap 146
Marginalien 25
Meilensteine 106
Mindmap 146
Mnemotechniken 156
– Akronyme 162
– Analogiebildung 162
– Bilder, Metaphern, Geschichten 161
– Checkliste 159
– Eselsbrücken 161
– externale 157
– Finger-Merkhilfe 163
– Gedächtnispalast 160
– internale 159
– Karteikartenlernen 157
– Loci-Technik 159
– Mental Walk 159
– Merksätze 161
– Schlüsselwortmethode 160
– Spickzettel/Cheat sheet 158
Motivation 35, 57, 96, 106, 191
– Entstehung 60
– Indikatoren 61
– Merkmale 57
– Personenmerkmale 58
– Selbstmotivation 67
– situative Merkmale 58
– Verlauf 60
Motivationstypen 58, 59
– extrinsisch 58
– instrumentell 60
– integrativ 60
– intrinsisch 58
Multiple Intelligenzen 51, 52
Neuronen 45
Notizraster 136
– Cornell Notes 136
– Grafiz 140
– GTS-Raster 140
Nürnberger Trichter 30
One-Minute-Paper 140
Paper 123
Pausen 40
Placebo-Effekt 64
Planung 60
– inhaltlich 40
– zeitlich 40
Portfolio 15, 16
positive Emotionen 156

PQ4R 24
Prioritäten setzen 73, 96
Prüfungen 165, 183
- mündliche 167
- praktische 167
- schriftliche 166
Prüfungsaufgaben 168
Prüfungssituationen 169
Prüfungsvorbereitung 170
- Fachlandkarten 173
- Gantt-Diagramm 178
- Grundlandschaft und Tiefenbohrungen 172
- Inhalte auswählen 172
- Inhalte memorieren 178
- Inhalte strukturieren und vernetzen 177
- Inhalte wiederholen 178
- Material sichten 170
- Prioritätencheck 175
- Prioritäten setzen 172
- Prüfungen simulieren 181
- PZP-Formel 172
- Siebe der Reduktion 173
- Substanzcheck 175
- Überblick verschaffen 170
- Zeitplan 178
Prüfungsvorbereitung, Notfall
- 5-Blätter-Strategie 188
- Erfolgs-Loop 188
Pufferzeiten 108, 112
Pygmalion-Effekt 63
Rahmenbedingungen des Lernens 35
- äußere 35, 40
- innere 35
- physiologische 35, 38
Randmarkierungen 25
REAP 116
Reflexion 15
reflexive Medien 15
Ressourcen 100
Rosenthal-Effekt 63
Scanning 22
Schlüsselbegriffe 115
Schlüsselkompetenz 12
- Fach- 12
- Lern- 12, 13
- Methoden- 12, 13
- Personal- 12
- Reflexions- 15
- Sach- 12
- Selbst- 12, 13
- Sozial- 12

Selbstbestimmungstheorie 60
Selbsterfüllende Prophezeiungen 63
- Halo-Effekt 63
- Pygmalion-Effekt 63
- Rosenthal-Effekt 63
Selbstmotivation 67
Selbstreflexion 15
Semesterplan 106
Skimming 22
soziale Eingebundenheit 60
Speicherkapazität 48
Speichervorgang 47
Spickzettel/Cheat sheet 178
SQ3R 22
Strukturen 150, 177
Strukturlegetechnik 153, 177, 178
Studientagebuch 15, 16
Synapsen 45
Tagesplan 85. *siehe* To-do-Liste
Tagesplanung 108
Take-Home-Message 140
Teilschritte 106
Textarbeit 114
Texterschließung 114
Textindex 117
Textnetz 25
Textsorte 21, 123
- Letter 123
- Review 123
- Short Communications 123
- Short note 123
- wissenschaftliches Paper 123
Textzusammenfassungen 120
- Prinzipien 120
To-do-Liste 84
- beweglich 84
- grafisch 84
- klassisch 84
TQ3L 134
Traffic Light Reading 115
Umgang mit Anspannung
- Anker setzen 186
- Entspannungstechniken 184
- Gedanken- und Tätigkeitsstopp 185
- Glaubenssätze aktivieren 186
- Lächeln 184
- Lernumgebung übertragen 185
- Mentales Training 185
- Power Posing 184
Ursache-Wirkung-Diagramm 148
Verarbeitungspausen 155
Verarbeitungstiefe 50
Vergessenskurve 156

Versuch-Irrtum-Lernen 30
Voraussetzungen des Lernens. *siehe* Rahmenbedingungen
Vorlesung 128
- 5R-Bearbeitungsstrategie 141
- Inhalte verarbeiten 131
- KWL-Methode 134
- Notizraster 136
- TQ3L 134
- vorbereiten 133
Wiederholung 156
Wissen 49
- deklaratives 49
- episodisches 49
- prozedurales 49
- semantisches 49
wissenschaftliches Paper 123
- Aufbau und Struktur 123
- lesen und verstehen 125
Wochenplan 108
Wochenplanung 83
Wunschzettel 98
Zeitdiebe 71
Zeitfenster 108
Zeitflussanalyse 70, 72
Zeitmanagement 12, 69, 83, 106
- Ablenkungen 80
- Aspekte 69
- Aufschieberitis 93, 94
- Checklisten 79
- Deming-Shewhart-Zyklus 81
- Dreamday 80
- Gewohnheiten 79
- Goal-Gradient-Hypothese 86
- Last-In-First-Out 93
- Nein sagen 80
- Parkinsonsches Gesetz 86
- Perfektionismus 81
- Pizza-Taxi-Effekt 75
- Placebo-Termine 112
- Prinzipien 69
- Prokrastination 94
- schlechtes Gewissen 95
- Stille Stunden 80
- Termine mit sich selbst 80
- Zeit einschätzen 86
- Zeit verteilen 87
Zeitmanagement-Tools
- 10-10-10-Methode 110
- 60:40-Regel 87
- 60-60-30-Strategie 90
- 80:20-Prinzip 78
- ABC-Analyse 78
- ALPEN-Methode 85
- Don't Break the Chain 112
- Eat the frog 86
- Eisenhower-Matrix 75
- Ivy-Lee-Methode 85
- Mehrwertpyramide 77
- Not-to-do-Liste 72
- Pareto-Prinzip 78
- Personal Kanban 111
- Pomodoro-Technik 88
- Zeitverwendungskuchen 73
- Zeit-Zielscheibe 77
Zeitplanung 73
- Checkliste 107
- kurzfristige 83, 85
- langfristige 83, 106, 107, 110
- mittelfristige 83, 106, 108, 110
- unzulängliche 93
Zeitprotokoll 70
Zeittagebuch 70
Zeittypen. *siehe* Zeitverständnis
Zeitverbleib 70
Zeitverständnis 73
- Kurzzeitorientierung 73
- Langzeitorientierung 73
- monochron 73
- polychron 73
Zielanalyse 98
Ziele identifizieren 97
Zielfindung 98
Zielformulierung 13, 60, 96, 106
- 4-W-Fragen-Technik 102
- Flip-Flop-Technik 103
- KWHL-Methode 104
- Merkmale von Zielen 97
- O-R-D-E-R-Technik 102
- Sechs Denkhüte 103
- S.M.A.R.T.-Regel 97
- Walt-Disney-Strategie 104
- Z.D.F.-Regel 97
Zielgröße 100
Zielhierarchie 99
Zielkonflikte 98
Zielplan 100
Zielplanung 98
Zwischenziele. *siehe* Meilensteine

Für die Praxis

Andreas Hirsch-Weber, Stefan Scherer
Wissenschaftliches Schreiben und Abschlussarbeit in Natur- und Ingenieurwissenschaften
Grundlagen, Praxisbeispiele, Übungen
ISBN 978-3-8252-4450-7
Ulmer. 2016.
216 S., 42 Abbildungen,
13 Tabellen, kart.
€ 19,99 | € (A) 20,60

Mit Motivation und Erfolg das Studium meistern - hier erhalten Studierende einen Einblick in wissenschaftliche Schreibkonventionen von natur- und ingenieurwissenschaftlichen Disziplinen unter besonderer Berücksichtigung des Verfassens von Abschlussarbeiten. Der Band behandelt den formalen Aufbau, Ausdruck und Stil, die textliche und formale Einbindung von Quellen, die Planung eines Schreibprojekts (z. B. als Teil einer experimentellen Arbeit) sowie die Visualisierung von Abschlussarbeiten. Schreibkompetenz aus den Schreiblabor des KIT für die Umsetzung in der eigenen praktischen Arbeit, speziell auf die Natur- und Ingenieurwissenschaften ausgerichtet.

Mehr unter www.utb.de

Der Praxisleitfaden

Maria Lammerding-Köppel, Jan Griewatz
Erfolgreich präsentieren im Studium
ISBN 978-3-8252-5220-5
Ulmer. 2019.
121 S., 30 Abb., 15 Tab., kart.
€ 19,99 | € (A) 20,60

Dieses Buch unterstützt Studierende und Nachwuchswissenschaftler/innen bei der Verbesserung ihrer individuellen Vortragsqualität. Wissenschaftliche Ergebnisse effektiv, überzeugend und authentisch zu präsentieren, ist eine grundlegende Kompetenz für jeden Studierenden. Die Zuhörer wollen interessiert, informiert und überzeugt werden. Um diese Erwartungen zu erfüllen, benötigen die Präsentierenden das effektive Zusammenspiel von Wort, Bild und Körpersprache. Dieser Praxisleitfaden zeigt, was einen wirkungsvollen Vortrag ausmacht, wie persönliche Stärken und Optimierungspotenzial erkannt werden können und wie sich ein individueller Vortragsstil entwickeln lässt. Die Autoren beschreiben praktische Situationen und geben Hilfestellungen, die sofort umsetzbar und anwendbar sind. So lassen sich auch schwierige Situationen problemlos meistern.

Mehr unter www.utb.de